JN101053

ルターの心を生きる

江藤直純

LITHON

本書を謹んで、徳善義和先生に捧げる。

はじめに

古典とは遠い昔の著作というだけではありません。今ここに生きている私たちに意味のあることを語りかけてきて初めてその名に値するでしょう。古典中の古典である聖書によって魂の底から揺すぶられ、新たないのちの息吹を吹き込まれた人がその時代と社会の中で格闘しつつ書き記した書物もまた、古典として時空を超えて私たちに生きる道を示してくれることを私も経験しました。その人こそマルティン・ルターです。

歴史上の大きな節目である宗教改革五〇〇年の二〇一七年を頂点に幾多の記念の礼拝や行事また学びの催しが、ルーテル教会はもちろんのこと、日本でも世界でも行なわれました。私もまたそれに奉仕するように招かれては、あちこちで語りました。ルターが経験した福音の再発見、教会というものの捉え直し、キリスト者の生き方と時代と社会の諸課題への取り組みの刷新等、いずれも五世紀を隔てた私たちにも大きな示唆を与えるものばかりです。中には、批判的に学ぶ必要のあることも含まれています。

ルター（ルーテル）の名を冠する教会に属し、ルターに学んで来た者の一人として私もそれらを可能な限り、集まった方々と分かち合ってきました。しかし、一度にお話しできる方の数は限られています。少し時間は経ちましたが、幸い私の心身もお支えを受けある程度働けるようになってきたので、これまでお話ししてきたことをまとめて、一冊の書物の形で広く教会にお届けし、信仰の成長と教会の発展に少しでもお役に立ちたいと思い立ち、作業に取りかかりました。

ルターの著作また当時と現代のルーテル教会の神学的立場を表明する文書を手に取って読んでくださるのが望ましいとは思いつつ、それが容易にかなうわけでもないので、本書ではなるべくルターと関連文書の本文を紹介します。私が神学の恩師たちから教えられた解釈に加えて、私なりの理解も表に出しています。

本書に収めた二〇編の文章は、教会の礼拝はもとより、信徒の学びの集まり、教職の研修会、大学の講演会等々で語ったものが主であり、中には雑誌に寄稿したものもあり、数編は書き下ろしです。いずれも講演のスタイルを取っていて、学術論文の体裁はあえて避けています。また、最初から体系的な構想を立ててそれぞれを話したのではなく、時期も対象も会の性格も異なる講演を集めたものですから、重複も少なくありません。繰り返しはそれが肝腎なポイントであることの表れだとご理解ください。初出の原稿の題名を変えたり加筆訂正をしています。一編一編は単発の講演ですから、どれから読み始められても構いません。関心のあるテーマから読み進んでください。

ルターと関連文書を読むためにラテン語やドイツ語また英語で書かれたものが日本語に翻訳されているお蔭で、私たちも自由に読み、学び、語り合うことができます。教会の先輩・神学の先達である方々、とりわけその中心的役割を担ってきてくださった徳善義和先生にこの機会に衷心から感謝申し上げます。

ルターの時代から五〇〇年を経て二一世紀に入り世界は大きく変化しています。未曾有のパンデミックにも襲われています。そのような時代だからこそ、改めて「神の前で」自分自身と世界を見つめ直しつつ、「キリストの恵み」を受け取り直しながら、日々新たに生きていきたいと思います。そのために「ルターの心」を学びつつ、読者と共にその歩みをしていく一助に本書がなることを願いつつ。

二〇二一年一月

江藤直純

ルターの心を生きる

目次

目次

ルターにとっての福音の喜び

一　遠い人ルター？

時間的・空間的隔たり

ローマ・カトリック教会の伝統の中にいらっしゃる方々にとっては、正直に言えば、マルティン・ルターという人は、知識的にはともかく、心情的にはずいぶんと遠い存在なのではないでしょうか。そもそも五〇〇年も昔の人です。誕生は一四八三年、織田信長などよりも五〇年も前のことです。亡くなった一五四六年は関ヶ原の戦いや徳川幕府の成立に先立つこと半世紀以上です。しかも、生まれ育って活躍したのはドイツです。時間的、空間的に隔たっているだけでなく、彼こそが西方キリスト教に分裂をもたらしたプロテスタントの元祖だと目されているので、遠く感じても無理からぬことです。

もう二〇年以上前のことですが、ルーテル教会の一人がカトリックの学校に音楽を学びに行って、ルーテル教会の者だと名乗ったら、「ルーテル、ああ、あの悪いことをして破門された人の教会ね」と言われて、びっくり仰天したと聞かされたことがありました。このエピソードはいささか極端かもしれませんが、同じキリスト教会といっても一般のレベルではかなり距離があったかもしれません。

実は二〇一七年は宗教改革五〇〇年記念の年です。一九一七年の宗教改革四〇〇年記念の年は、日本でももちろんプロテスタントの側では大きな記念行事が行われましたが、当時のカトリック教会の文献には、ルターがやったことは「リフォーメーション」(Reformation、英語ドイツ語などでは宗教改革のことをこう呼びます)、再形成ではなくて、「デフォーメーション」(Deformation)、形を歪(ゆが)め崩すことだったと非難する論文も発表されていました。今から一〇〇年前のことです。

けれども、変化は確実に起こって来ています。現にきょう私は上智大学主催の夏期神学講習会にルターの福音理解について話すようにお招きを受けているのです。たしかに大きな変化が起こっています。新しい理解がカトリック教会の中でも起こっています。最近のカトリック教会がルター研究を反映させて「マルティン・ルターはプロテスタントのキリスト者にとっても、カトリックのキリスト者にとっても、共通の信仰の父である」と言っているといううれしい報告もあります。一九九九年一〇月三一日に宗教改革の本拠地ドイツのヴィッテンベルクでヴァチカンとルーテル世界連盟の間で公式に調印されたのは『義認の教理に関する共同宣言』という歴史的な文書です。義認というキリスト教の教理の中でも中心的な重要性を持つ教理を巡って一六世紀に決定的な分裂をした両教会が、二〇世紀の後半に、地道に、真剣に、四〇年にわたって聖書的神学的な対話を重ねてきた結果、たどり着いたのがこの合意文書です。教会の一致を目指すエキュメニカル運動の歴史の貴重な里程標になるこの文書に両教会の代表がサインをしたのです。その後丸五年をかけて、日本のローマ・カトリック教会と日本福音ルーテル教会は共同で邦訳を刊行し、それを祝って聖イグナチオ教会で初めての記念合同礼拝をもちました。

さらに、二〇一四年一一月には、第二ヴァチカン公会議の中で発布された『エキュメニズムに関する教令』五〇周年を覚えて、カトリック教会、日本聖公会、日本福音ルーテル教会の三者で大変印象的な合同礼拝を東京カテドラルで行うことができました。その一年前、二〇一三年にはヴァチカンとルーテル世界連盟の国際レベルの神学的対話のための「一致のためのルーテル＝ローマ・カトリック委員会」が『争いから交わりへ』という今日の視点からルターと宗教改革を見直し、五〇〇周年記念の合同礼拝をも可能にする画期的な文書を刊行し、邦訳も二〇一五年に出されました。世界のキリスト教会は過去二〇〇〇年間になかった大きな変化を経験しつつあります。過去五〇〇年間は違いばかりが強調されてきましたが、今日両者の共通点を探し確認し、その上に新しい交わりを築き上げようとする動きが確実に進んでいます。遠い関係だったのが、思いのほか近い関係にあることを、ルーテルもカトリックも互いの福音理解を学び合う中で気づいてきたのです。

二　人間としての存在価値が確かめられない苦しさ

現代に生きる日本人

ところで、ルターの話に入る前に、現代に生きる日本人とその精神状況について少し考えてみましょう。ＧＤＰ国内総生産は依然世界第三位であっても、はたしてＧＮＨ国民総幸福量という物差しで測れば、いったい世界何位でしょうか。経済大国であることが国民一人ひとりの幸せに直結しているかと言えば、むしろそうとは言えない状況にあることを残念ながら認めないわけにはいかないのではないでしょうか。

現代の日本社会での深刻な問題は、人間が自らの存在価値を脅かす諸力に取り囲まれているということでしょう。社会を覆い貫徹している競争原理と成果主義、新自由主義とグローバルエコノミー、さらには家族とコミュニティーの絆の希薄化と喪失、医学はどんどん発達し長寿化・高齢化していくのに一向に収まらない死の恐怖とそれに伴うスピリチュアル・ペイン（魂の痛み）、社会的には止むことのない少数者への差別と弱者への偏見。

それらの悪の力が支配する中で、なんとしても獲得し確認したいのが自己という存在の肯定、しかも無条件の肯定、それの受容、しかも全面的な受容です。これこれの条件・基準を満たさないといけないという条件付きではなく、また部分的にではなく、まるごと全部のありのままの自己という存在の受容と肯定がほしいのです。それがないと、人は生きていく資格が奪われていくように感じるのです。存在そのものが脅かされるとしか受け取れないのです。しかし、それが簡単にはかなわないのが今日の社会ではないでしょうか。競争原理、成果主義という尺度が貫徹すると、少数の勝者でないと生きていていいという確信が持てなくなるのです。目に見える絆、人間関係が希薄になると、たとえいくら経済的に潤っていても、生きている喜び、実感が持てないのです。生が支えられないのです。一四年間続いた自死者数三万人は、今はそれを数千人下回ったとはいえ、この国が依然として生きていくのが困難な社会であることの証左です。

人間がどれほど努力しても、自力ではどうにも自分自身を肯定も受容もできず、価値を見いだせず、したがって自らの力では癒しも得られない、そういう悩みと苦しみを抱えて多くの人々が生きている、それが現実なのです。人間としての価値が限られた尺度でしか評価されない社会は生き辛いのです。

そして、その解決が、自分の内にないならば、「自分の外から与えられる」しかもはや道はないのです。

罪・罪人・救い

マルティン・ルターは、「人々の前（coram hominibus）」ではたとえどれほど立派に生きていても、あるいは修道士としてどれほど良く振る舞ったとしても、全き義である「神の前（coram Deo）」では、自らの正当性を主張できない人間の苦しみを極限まで味わいました。それは、個々の罪もさることながら、人間の内に潜む根源的な罪性（原罪）の深さに気づかされたからでした。それゆえに神関係は破綻したと思っていたのです。救いを、この場合、神の前での存在の受容、肯定、さらには愛を獲得するためには、自らのいかなる努力によっても人間は無力であることを思い知らされることは悲しく辛いことでした。

彼にとっての義認（iustificatio）とは「神関係の正常化」（共同訳聖書）に他なりません。義と認められる（義認）、義と宣言される（宣義）、あるいはカトリック教会の中でよく使われてきた言葉を使えば、義と化す（義化）、義と成す（成義）ことは、いずれも主語は自分ではなく、神ご自身です。自力では神様に義（正しい）と認めていただくことはできず、義と成ることもできない、しかし、義と認めていただかなければ、生きていくことができない。その場合、最後の、そして唯一の解決法は、自力ではダメなら、外から一方的に義を与えていただくしか道はありません。それを「恵みによってのみ（sola gratia）」とルターは言ったのです。その恵みを受け取るのが信仰だから「信仰を通してのみ（sola fide）」と言ったのです。救いは自分の外からしか来ないので、「我々の外から（extra nos）」と表現したのです。

苦しみの類比

現代人の社会的実存が味わっている苦しみ、自らの存在価値の全面的受容も無条件の肯定も自力ではなされ得ない苦しみ、あるいは死を前にしての生の基盤や枠組みが揺すぶられ崩壊する経験をするスピリチュアル・ペインと、中世末期のルターの宗教的実存が味わった神の前での義を巡る苦しみとは、まったく同質とは言えないにしろ、両者に共通性を見出すことは出来るのではないでしょうか。それは、その解決には己を無条件に包み込み受容し肯定し愛する、大きく超越的な存在と、その一方的な先行する恵みとを抜きにしては考えられないということでしょう。ここに時間的・空間的な隔たりを有しつつも、両者には苦しみの類比があり、また未だ不十分ではありますが、その苦しみからの救いの道の類比を見ていくことができるのではないでしょうか。

ルターは、神の前に立つ良心という宗教的実存として、自らの根源的罪性の赦しと、それからの解放という救いを求めて、修道院の中で悶え苦しんだのでした。さらに、聖書への限りない沈潜と信仰の師シュタウピッツの指導によって、ヴィッテンベルクの修道院の塔の一室で、宗教改革的福音の再発見に導かれるのです。彼と現代日本人との生の経験の間には、苦しみの類比が見られ、そしてまたそれの解決のための救いの類比を見出すことができるのならば、ルターが再発見した福音は現代の日本人にも有益なのではないでしょうか。

三　ルターの生涯と働き

略年譜

ルターの生涯を概観してみましょう。

一四八三年　ドイツのアイスレーベンに生まれる。
一五〇一年　名門エルフルト大学に入学、まず教養学士、教養学修士の課程を修め、法学部に進学する。
一五〇五年　帰省からの途次シュトッテルンハイムで落雷に遭遇し、それがきっかけでエルフルトのアウグスチヌス隠修修道会戒律厳守派に入る。〇七年に司祭に叙階される。
一五〇八年　ヴィッテンベルクの修道院に移り、ヴィッテンベルク大学で教え始める。そこで聖書学士、神学博士となり、聖書学の教授に就任する。
一五一三年　詩編講義、以下、ローマ書、ガラテヤ書、ヘブライ書等、生涯聖書を講じる。
一五一七年　「贖宥の効力を明らかにするための討論」を求めて九五箇条の提題を発表。それをきっかけに、討論、召喚命令、提訴、審問、大教勅等々が次々に起こり、ついにローマ・カトリック教会から破門される。
一五二一年　ウォルムス帝国議会に喚問されるが、自説の撤回を拒否する。
一五二二年　ワルトブルク城で新約聖書のドイツ語訳を約一〇週間で完成。『九月聖書』刊行。宗教改革運動を指導、数多くの改革文書を執筆し、また聖書講義を刊行する。教会形成に尽力し、さらには社会の諸問題にも発言をしていく。

一五四六年　アイスレーベンで死去（六二歳三か月余り）、ヴィッテンベルク城教会に埋葬される。

主な著作

大別すれば、まずは聖書講義。『詩編』『ローマ書』『ガラテヤ書』『ヘブライ書』はじめ多数に上りますが、最後の一〇年間は『創世記』を講解しました。

第二はもろもろの宗教改革文書と呼ばれるもので、教会の改革を主とし、またもろもろの社会問題への意見も少なくありません。活版印刷術の発達により、迅速にまた広範に伝播しました。有名なものだけ列挙すれば、こうです。『スコラ神学駁論』『ハイデルベルク討論』『善きわざ（善い行い）について』『ローマの教皇制について』『ドイツのキリスト者貴族に与える書』『教会のバビロン捕囚について』『キリスト者の自由』『マグニフィカート』『この世の権威について』『ドイツ全市の参事会員にあてて（学校設立の訴え）』『讃美歌集』『天来の預言者らを駁す』『農民の一二箇条に対する平和勧告』『奴隷的意志について』『キリストの聖餐について　信仰告白』『小教理問答』『大教理問答』『シュマルカルデン条項』『諸公会議と教会について』『ユダヤ人とその偽りについて』その他です。説教も多数に上ります。

さらには、膨大な数に上る手紙類は牧師ルターの面目躍如です。また自宅で学生らと食卓を囲みながら話したものを記録した『卓上語録』も有名です。

学問的なものはラテン語、説教などはドイツ語でと使い分けながら、両者を駆使しています。ただ聖書という一冊の書物にすべてをかけた人ルターが生涯に書き残したもの、また記録されていたものを集めた『ワイマール版ルター著作全集』は全一〇〇巻に及びます。

四　福音の再発見

第一回詩編講義

新任の聖書学教授ルターの務めは言うまでもなく聖書の講義です。最初に取り上げたのは詩編の全一五〇編。取り掛かったのは一五一三年の夏ごろでした。第一編から始めていきましたが、彼は詩編第三一編に至ってはたと行き詰まります。冒頭の第二節「あなたの義（ツェダカー）をもって助けてください」（『口語訳』）に困惑するのです。（現在広く使用されている『新共同訳』では「恵みの御業によってわたしを助けてください」となっていて、むしろルターが苦悶の末にたどり着いた意味が良く表されています。ちなみに『岩波訳』では「あなたの正義によって私を逃れさせてください」となっています。）

なぜこの詩編の一節がルターを困惑させたかと言えば、自分は善い行いをし、修道士としての道に精進したうえで、遂に神の義という尺度に適う者になりたいと一生懸命努めています。いわば、神の義に束縛されているのです。ならば、絶対的に正しい「あなたの義によって」に続くのは「私たち罪人を裁いてください」あるいは「裁くのを止めてください」となるのではないでしょうか。彼はそう考えました。もっともでしょう。それが「神の義」

ですから。しかし、聖書には「あなたの義をもって助けてください」とあるのです。当時、唯一普及していた聖書は『ウルガタ版聖書』と呼ばれるラテン語訳で、それを直訳すれば「あなたの義によってわたしを解放してください」となっています。人を裁くはずの「神の義」でもって「解放してください」というのもやはり理解できないのでした。

当時を振り返って

ルターは詩編第三一編を講じていたころの精神的、神学的葛藤の様子を、最晩年にこのように振り返っていました。

さらに、私は非の打ちどころのない修道士として生活したのであるが、神のみ前においては、きわめて不安定な良心をもった罪人であると感じ、自分の償罪(しょくざい)によって神をなだめたと確信することはできなかった。私は、義であって、罪人を罰する神を愛さないで、むしろ、この神を憎み、冒瀆(ぼうとく)でないにしても、ひそかに神に対して怒っており、(次のように)言って、たしかにとめどなくつぶやいていた。「原罪によって永遠に失われたみじめな罪人が、十戒によってあらゆる種類の災厄におしつぶされるだけではまだ足りないかのように、福音によっても、悩みに悩みを加え、そのうえ神が福音を媒介としてその義と怒りとをもって私たちを脅かされるとは」と。このように、私は猛り立ち混乱した良心をもって憤慨していた。……(「ヴィッテンベルク版『ラテン語著作全集』第一巻序文」、『ルター著作選集』)

「神の義」の新しい解釈

けれども、ルターの行き詰まりに対して、パウロのローマ書一章一七節また詩編第七一編の研究を通して、遂に新しい解釈が示されました。それは、くだんの「神の義」の「神の」という文法で言うところの属格は普通「所有」を表します。しかし、日本を代表するルター研究者、徳善義和氏の説明（『マルチン・ルター　生涯と信仰』）によれば、この詩編第三一編の「神の」は、譬えるならば「お父さんのプレゼント」という時の「の」の用法と同じだというのです。お父さんがプレゼントするのだけれども、いったんその行為をしてしまうとプレゼントされた物はもらった人のものになりますね。お父さんのプレゼントは実は私のプレゼントになるではありませんか。ルターはこの理解をローマ書一章一七節の講義の中で確かに知ったというのです。先ほどの序文の続きにこう述懐しているのです。

ついに神のあわれみによって、昼も夜も黙想にふけり、私はことばの脈絡に注目していた。すなわち、記されているままで言えば、「福音には、神の義が啓示されています」というのと、「正しい者（義人）は信仰によって生きる」というのである。そこで神の義とは、義人が神の賜物によって、すなわち、信仰によって生きる、そのような義であることを理解しはじめた。それは、こういう意味だ。神の義、すなわち、恵み深い神が信仰によって私たちを義とされる受け身（受動的）の義は福音によって啓示されたと。信仰によって神関係の正しくなったものは生きると記されているとおりである。ここで私は、全く生まれかわらされ、開かれた門を通ってパラダイスそのもののなかへ入れられたように感じた。ここにおいて、聖書全体のもつ他の面が、ただちに明らかになった。次に、私は、記憶のまま、聖書を通覧した。そして、なお、他の用語においても同様なことを知るにいたった。神のわざは、神が私たちのうちになさるわざであり、神の力は、神が私たちを強められる力であり、神の知恵は、神が私たちを賢い者とされる知恵であり、神の勇気、神の救い、神の栄光も（同様である）。

ルター派が強調する「受動的な神の義」という福音理解がここに明らかになったのです。「裁く義ではなく、賜物として与えられる義である」、ここに世に言う「宗教改革的福音の再発見」があったのです。

喜ばしい交換

人間が救われることとイエス・キリストとの関係は一体どういうことでしょうか。中世からの伝統にも影響されながら、ルターが明らかにした福音的な救いの起こるそのやり方・消息は次のように説明されています。宗教改革三大文書と俗に呼ばれるルターの著作の一つに『キリスト者の自由』と題する小著があります。僅か三〇の項目で、自由、奉仕、愛をキーワードにキリスト者とはどのようなものであるかを論じながら、実はキリストがお与えになる救いの本質を簡明に説き明かしています。

ルターは『キリスト者の自由』の第一二項に次のように記しています。ここが有名な「喜ばしい交換」について明快に語っているところです。

信仰は、魂が神のことばと等しくなり、すべての恩恵で充たされ、自由で救われるようにするばかりでなく、新婦が新郎とひとつにされるように、魂をキリストとひとつにする。この結合から、聖パウロも言っているとおり［エフェソ五・三〇］、キリストと魂とはひとつのからだとなり、両者の所有、すなわち、幸も不幸もあらゆるものも共有となり、キリストが所有なさるものは信仰ある魂のものとなり、魂が所有するものはキリストのものとなる、という結果が生じる。ところでキリストはいっさいの宝と祝福とを持っておられるが、これらは魂のものとなり、魂はいっさいの不徳と罪とを負っているが、これらはキリストのものとなる。ここに今や喜ばしい交換と取り合いとが始まる。（徳善義和『キリスト者の自由・訳と注解』）

キリストと私たち人間、端的に言えば罪人である私とは新郎と新婦の関係だと言うのです。夫婦だから一心同体であり、またそれぞれの所有もまた双方の共有になり、ということは、新婦のものが新郎のものとなり、新郎ものが新婦のものとなる、ということだと彼は言うのです。そうであるので、新婦すなわち私の「不徳と罪」とは新郎すなわちキリストが引き取ってくださってキリストのものとなり、新郎すなわちキリストの「宝と祝福」が新婦すなわち私のものとなるのです。私の持つ罪をキリストが引き取ってくださり、キリストの義が私に与えられるのです。これをルターは「喜ばしい交換」と名づけました。神秘主義的な描写でありますが、おそらく救いの秘儀はこういう言い方でしか適切に言い表せなかったのでしょう。

恵みのみ、信仰のみ、聖書のみ

ルターが唱導し、多くの仲間たちが賛同した宗教改革の特徴をスローガン風に言い表す言葉に「恵みのみ、信仰のみ、聖書のみ」というのがあります。また「キリストのみ」とも言えます。救いを獲得するのに人間の力が全く役に立たないのですから、「恵みのみ」です。差し出された無償の恵みを受け取ってはじめて自分のものになりますから、「信仰のみ」と言います。もちろん、自分のなせる最高のわざとしての「信仰」ではなく、この信仰はあくまで神から聖霊によって与えられた恵みの賜物です。この救いの消息を明確に伝えるのは神の言葉である「聖書」ですから、「聖書のみ」なのです。

繰り返しますと、罪人の救いとは無条件の、一方的な、無償の、神の側からの働きによって起こるのであり、人間にできることはその救いの賜物を感謝して受けることのみなのです。二〇世紀のルター派の神学者、パウル・ティリッヒが言った「受容の受容」(Acceptance of being accepted) はより正確に訳すならば、(私が神によって無条件に) 受け容れられているということを (私が) 受け入れることなのです。私は、これは実に巧みに「恵みのみ」と「信仰のみ」という宗教改革的福音理解を伝統的な神学用語を用いずに現代人に分かりやすく述べていると感心しています。

ローマ・カトリック教会とルーテル教会が「共に告白している」こととしての「義認」の共通理解を『義認の教理に関する共同宣言』から拾い出してみましょう。『争いから交わりへ』でも再確認されています。

われわれは共にこう告白する。人間はその救いのために神の救いの恵みに全く依存する。人間、あるいはこの世の事物に対して人がもっている自由は、救済の視点から見ればなんら自由とは言えない。すなわち、人間は罪人として神の裁きのもとに立っており、解放を求めて自分自身の力で神へと向き直ることも、神の前に自らの義認を手に入れることも、自らの能力によって救いを獲得することも不可能だからである。義認はただ神の恵みによってのみもたらされる。(『義認の教理に関する共同宣言』一九項)

われわれは共にこう告白する。罪人はキリストにおける神の救いの行為を信じる信仰によって義とされる。この救いは、洗礼において聖霊によってキリスト教的いのち全体の基礎として与えられる。人間は義とする信仰によって神の恵み深い約束に対して信頼を置くが、この信仰は神への希望と愛とを含む。この信仰は愛において行動的となる。それゆえキリスト者は実践がないままにとどまることはありえず、そうあってはならない。しかしながら、人間のうちで信仰の自由な賜物に先行したり、あるいは後から伴ったりするものはすべて、義認の根拠ではなく、義認をもたらすものではない。(同前二五項)

ルターが再発見し、命懸けで宣べ伝えた宗教改革的福音理解は、長く根気強い神学的な対話を積み重ねた結果、かつては敵対と分裂に至った両教会の間の共通の理解であることが五世紀近くを経て明らかになってきたのです。何と喜ばしいことでしょうか。

五　救いの喜びから奉仕へ

宗教改革のさなかにルターとその教会とが批判された点の一つに、あそこまで受動的な信仰を強調し、人間のなすわざは救いには役に立たないと断言するならば、そこからは善い行いへの導きも励ましも出て来ないのではないか、ということがありました。しかし、それもまた大きな誤解でした。ルター自身は、善い行いのことをけっして「救いの前提」ではないが、たしかに「救いの実」として大いに推奨しているのです。

一見相反する二つの命題

やはり同じ『キリスト者の自由』という小さな書物の冒頭には、次のような二つの命題が並べてあるのです。

キリスト者はすべてのものの上に立つ自由な主人であって、だれにも服しない。
キリスト者はすべてのものに仕える僕であって、だれにでも服する。

誰が見ても正反対のような、あるいは矛盾しているようなこの二つの命題が共に成り立つのがキリスト者の実相だというのです。これはいったいどのように理解すればいいのでしょうか。そこで、この二つの命題の間にどのような接続詞を挟めばいいのかを考えてみますと、たしかにさまざまな接続詞が可能だと思われます。あまり深く考えずに、見た目には並立しているからと言って、「そして」とか「また」「それとともに」という類いの接続詞もありえます。また、「しかし」とか「そうではなく」「にもかかわらず」といった逆接のつなぎ方も考えられます。

しかし、私はルターの思いに即して考えれば、単純に並列でもなければ反対でもなく、最もふさわしいと思われるのは「それゆえに」だと思うのです。なぜかと言えば、罪の赦しの福音のゆえに、罪や悪、死の力の束縛から解放されて自由となっているのがキリスト者の本質ですが、そこにとどまらずに、自由にされているがゆえに、その自由を用いて、喜んで他者に仕える者、奉仕をする者になっていくのだ、と言っていると思えてならないのです。彼自身がその著作の中で引用している使徒パウロの言葉にも明瞭にこう書かれているではありませんか。「この自由を得させるために、キリストはわたしたちを自由の身にしてくださったのです」とガラテヤ書五章の冒頭に書いていますが、その章の一三節には「兄弟たち、あなたがたは、自由を得るために召し出されたのです。ただ、この自由を、肉に罪を犯させる機会とせずに、愛によって互いに仕えなさい」と勧め、引き続いて「律法全体は、『隣人を自分のように愛しなさい』という一句によって全うされるからです」とまとめています。愛と奉仕へと至らないような自由の生き方はパウロにとってもルターにとっても道半ばなのです。

よく言う「〜からの自由」は人間を抑圧する社会的な悪や内面的な罪から解放することとしてとても重要なものです。普通の国語辞典で「自由」を引けば自由とはこの意味でのことだと説明しています。しかし、聖書とそれに拠って立つルターは、「〜からの自由」にとどまらないで、さらに一歩進んで「〜への自由」へと招くのです。

隣人への奉仕へ

「キリスト者はすべてのものに仕える僕であって、だれにでも服する」この命題を自由の展開とするルターは、『キリスト者の自由』の末尾で、読者への勧めというよりも自分自身の決意として力強くこう述べています。「キリストが私に対してなってくださったように、私もまた、私の隣人に対して一人のキリスト者になりたい」（第二七項）と。ドイツ語の原典からこう訳されていますが、文脈から、またラテン語本文の相当箇所が「キリスト者」ではなく「キリスト」であることから、この箇所を「私もまた、私の隣人に対して一人のキリストになろう」とする翻訳もあります。これは単に文法的な問題というよりも、意味をとれば、「一人のキリスト者」になるとは、とりもなおさず「一人のキリスト」になっていくことだと言えるのでしょうし、隣人に対して「一人のキリスト」となっていくことこそ「一人のキリスト者」の在り方でしょうから、と思います。

そういえば、世界中の人が敬愛してやまないマザー・テレサにも、よく知られた、似た言葉があります。「真のキリスト者であるとは、キリストをほんとうに受け入れること。そして、次々にもう一人のキリストとされていくこと」です。優れた、キリストの道の先達たちはよく似た信仰の深みに達するものだと思わないではいられません。

ルターはさらに続けます。「信仰から、神への愛と喜びとが流れ出、愛から、報いを考えずに隣人に仕える自由で自発的で喜ばしい生活が流れ出る」。またこうも言っています。「キリスト者は自分自身においては生きないで、キリストと隣人とにおいて生きる。キリストにおいては信仰によって、隣人においては愛によって生きるのである」(『キリスト者の自由』第二七、三〇項)。

愛と奉仕とは、核にあるものとそれが形をとって表に現われた姿のことと言っていいのではないでしょうか。キリストが無償の愛によって実行された十字架の死と復活によって与えてくださり、私たちが信仰によって受け取る「罪の赦しの福音」によって私たちは真に自由とされ、その自由のゆえに隣人への愛と奉仕に生きるようにされる。言い換えれば、キリストのゆえに「罪の束縛からの自由」を与えられ、それゆえに「愛と奉仕への自由」を生きていく。人間としてひとたび生を与えられた者にとって、これにまさる喜びがあるでしょうか。これこそが福音であり、これこそが喜びの知らせです。宗教改革者ルターの福音の再発見とは、これに尽きるのであり、今やキリストの教会がためらわずに共有できる福音の核心なのです。さらには、この福音が五〇〇年の昔に有意義であっただけでなく、二一世紀の今日、非キリスト教社会であるこの日本においても有効な使信であることを確信するものです。

五〇〇年目の宗教改革　争いから和解と一致へ

インタビュアー　平　野　克　己
（日本キリスト教団代田教会牧師）

キックオフから五〇〇年改革のゲームが続いている

平野　そもそも五〇〇年前に何があったわけですか。

江藤　一五一七年一〇月三一日にマルティン・ルターが九五箇条の提題、当時の教会の習慣だった「免罪符」に対する質問状をヴィッテンベルク城教会の扉に貼り付けた。それがきっかけとなり、数十年にわたる大きな精神運動が始まりました。それは教会だけにとどまらず、社会に影響を与える壮大な運動となり、やがては日本のキリスト教伝来にもつながりました。

平野　五〇〇年前に起きて、そこで終わったのではないのですね。そうであれば、宗教改革五〇〇年「記念」という表題は正しくないかもしれません。

江藤　ルターが九五箇条の提題や諸文書を書いた、あの出来事が「宗教改革」なのではなく、今年は五〇〇年目の「宗教改革」。つまり、五〇〇年前の出来事がキックオフとなって、今もずっとゲームは続いているのです。あの五〇〇年前の出来事を原点としそれに立脚しつつ改革され続ける教会。それが正しい理解だと思います。

平野　五〇〇年前に新しい流れができた。

江藤　ルターの時代まで一五〇〇年続いていたキリスト教の源泉に立ち返ろうというのが、宗教改革のスローガンでした。同時代のヨーロッパで起きたもう一つの大きな出来事、ルネサンスもまた源泉に返ろうと主張しましたが、それはギリシャ・ローマ文化、ヘレニズム、人間中心に返るというものでした。ルターが中心として始まった宗教改革は、源泉に返るという点では同じですが、その源泉は聖書。そしてヘレニズムではなくヘブライズム。人間中心ではなく、神中心に返ろうというものでした。

平野　もう一度聖書を読み直して、自分たちの生活を見直そうとしたのでしょうか。

江藤　当時は、罪が赦されないと天国に入ることはできないが、赦されてもなお煉獄でしばらく罪を償わなければならないと教えられていました。そこで免罪符を買えばその期間が短くなる、という習慣がありました。そこでルターは問いを投げかけたのです。それは本当に聖書が示す救いなのか、寄付という善い行いをして立派な人間になったら天国に受け入れられる、それが本当に福音の中心的なメッセージなのか、と。

神さまの前に罪深い人間「恵みのみ」に救いの源がある

平野　私たちはプロテスタントですが、今でも教会に行くのはもっと信仰を深めるため、もっと善い人間になるため、と思いがちです。牧師のほうも「礼拝に来なさい」、「献金をしなさい」と教育することが最優先のことだと勘違いをしてしまいます。善い行いをして善い人間になれば善いことが起こるという思いが、案外まだ私たちに染みついているのではないでしょうか。

江藤　ルターは自らを振り返り、どんなに修行に修行を重ね、精進に精進を重ね、聖書を読むことに励んでも、それでも自分が立派になって救いにいれていただくなんて、自力ではどうやってもできない。成長したら天国に入れる、そんな仕方では救いはない。ルターは神さまの前ではそういう自己理解を持っていました。

平野　それでは、どうしたら神の前に立てるのでしょうか。

江藤　これはルターが聖書から示されたことですが、私が神さまを満足させることで救われるのではなく、「向こう」から来ていただくしかありません。私の側が階段を昇って、救いに至ることができないのであれば、向こうから来ていただくしかない。ルターのスローガンに三つの「のみ」があります。「恵みのみ」「信仰のみ」「聖書のみ」です。私たちの精進や努力ではなく、ただ「恵みのみ」に救いの源がある。キリストを通して神さまが恵みを差し出してくださっている。すでに赦しを与えてくださっている。そのことに、とことん執着します。「信仰のみ」とは、一つの欠けもない見事な信仰ではなくて「恵みのみ」にしか生きることのできない私に、恵みを与えてくださったことに感謝して受け取るという信仰です。しかもそれは、恵みによって与えられる信仰です。プロテスタント的に言えば「信仰義認」ですが、「信仰によって義とされる」とは、恵みのみによって生きる、その恵みを信仰のみによって受け取る、ということですね。日本で昔から使われてきた表現を用いれば、他力本願。自力ではなく、キリストの愛のみ。そこが原点であり、出発点ですね。

平野　「行い」ではなく「信仰」によってですね。そうなると、次には「立派な信仰を持っていれば救われる」という考えに陥りがちです。逆に言えば、信仰が未熟だから恵みをもらえない、こんなことが起こるのは信仰が足りないからだ、などと思ってしまいます。「信仰義認」と言いながら、いつの間にか信仰が信心に、つまり行いになってしまう。

江藤　「信仰義認」と「行為義認」というコントラストですね。何か悪いことがあると、信仰という私の力に問題があると誤解してしまう。肝心なことは、未熟な信仰「にもかかわらず」神さまが私たちを救いへと招いてくださっているということ。立派になったら救いましょう、ではなくて、立派になれない私を救ってくださっている。一方的に神さまから与えられる恵み。それを信じ、受け入れるのが信仰です。

平野　教会生活や日常の生活で、信心の優等生になろうとしますけれども、そうではなく、もう一度、イエス・キリストの十字架の恵みに立ち返るのですね。

江藤　それが宗教改革の原点です。優等生になればより善い信仰になるのだったら、この世の原理と何も変わりません。企業であれ学校であれ、上に上がることが善い。上がれない人はダメだとなれば、それは聖書の示す救いではない。映画化されて改めて話題になった遠藤周作の『沈黙』にキチジローという男が登場します。彼は何度も踏み絵を踏んでは懺悔をし、また踏む。その挙げ句に、司祭をお金で売ってしまいます。しかし、そんなダメな彼が救いに入れられるために、キリストは十字架に架けられています。踏み絵に足をかけた司祭ロドリゴは救われたのか否かと尋ねる方もおられますが、ユダのように裏切る者のためにもキリストは十字架に架けられました。それが聖書の核だと、私は宗教改革の伝統の中で思っています。

すべての兄弟姉妹は誰かのために祈る祭司

平野　プロテスタントと言えば「万人祭司」でもあります。

江藤　日本では明治以来「万人祭司」と訳されていますが、ドイツ語から正確に日本語に訳すと「全信徒（全受洗者）祭司性」です。キリストが大祭司になられて、そのもとで私たちはキリストと一つになったのだから、すべての洗礼を受けたキリスト者は祭司の「性質」を与えられている、という意味です。「万人」ではなく、洗礼を受けたすべての信仰者が祭司として召されているんです。中世以来キリスト者は上と下、聖と俗に分けられていましたが、そこをルターは批判したわけですね。神の前に人間はすべて平等という考え方は、近代を生み出すという意味でも非常にインパクトがあったでしょう。

平野　洗礼を受けたら誰もが祭司なのですか。

江藤　まず祭司の務めとは何か。ルターによると、民の願いや訴えを神に執り成すこと、そして神の御心を民に取り次ぐことです。具体的には、み言葉の奉仕です。教える、説教する、洗礼を授ける、聖餐をささげる、罪に定めたり赦したりする、他の人たちのために祈る、といったことです。これは、私たちに託された教会の務めです。信仰者に奉仕するために専門の勉強をした牧師が教会から委託されているわけです。牧師とは別に信徒には、祭司の心、祭司の働きが託されています。み言葉を分かち合い、他の人のために祈る。これが祭司の働きです。

ルターが提示した「シュマルカルデン条項」に「福音は何によって伝えられるか」という項があります。福音が伝えられるのは説教の言葉を通じて、そして洗礼によって、聖餐によって、赦しの宣言によってとあり、こう続きます。「兄弟姉妹相互の会話と慰めによって」と。私はこの言葉に初めて触れたとき、すごく感動しました。

平野　とても大事なことですね。そのことが忘れられると、祭司は牧師だけの役割になってしまいます。私たちはみな洗礼を受けたときに神の子となったのですから、信徒一人ひとり、「洗礼を受けたときに」祭司になる任職式を受けたということなんですね。

江藤　牧師になったとき按手を受けましたよね。実は、私たちはみな洗礼を授けられたとき、既に按手を受けているんです。洗礼式で牧師が「父と子と聖霊のみ名によって」と受洗者の頭に手を置いて祈るのが第一の按手。神の子にされ、キリストの体に組み入れられ福音伝道の同労者になったのです。

平野　教会が高齢化しても、人数が減っても、私たちの役割はビクともしない。私たちは誰かのために祈るという大切な役目があるんですね。

江藤　祭司であることの最大の務めは、執り成しの祈りをすることですね。ディートリッヒ・ボンヘッファーの著書『共に生きる生活』に「キリスト者は互いにキリストをもたらし合う者として出会う」とありますが、そうした役目が託され、実際になされています。

時代の大きな転換期に聖書を読み、神の前に問う

平野　今二一世紀にあって、政治や社会、経済などあらゆることが行き詰まりを迎えています。宗教改革は、ルネサンスと並んで、ヨーロッパ中世と近世の境目にあった。中世という枠組みが壊れて新しい社会が興った時代の大きな変革期に、なぜルターは聖書を読み、どうしてこんな大きな文化運動ができたのでしょう。

江藤　社会が大きく変わる時代という意味では、今も同じですよね。ただ、ルターはまず社会変革の大きな見取り図を描いてそれを実現したのではありません。彼は修道院にいたときも、その後も、ひたすら聖書を読みました。そして聖書に従い、人間の問題を人間の約束事や関係性によって解決するのではなく、神さまの前に出して問うた。それが、ルターの聖書を生きる生き方だったと思います。自分のあり方と、み心を神さまに問い続け、根本的な信仰理解が示されたら、「社会もこんなふうに変えていこう」という諸々の変革も出てきたわけです。いま私たちは、この世界を存続・変革させようとしていますが、あくまで神さまに対して「自分たちは何者なのですか」と問いながらですね。

平野　日本では戦後、これまでの価値観が崩壊して多くの若者が教会に来ました。しかし今の時代に教会は古いといいますか、あまり期待されていないのではないかと、ついついニヒリズムに陥ってしまいます。

江藤　キリスト教会二〇〇〇年の歴史を振り返ってみると、最初の三〇〇年の間は社会から圧迫されて、四世紀になってようやく国家に認められます。そして、クリスチャンであることが当たり前の時代になり、それが一〇〇〇年続きました。しかし、たとえばアメリ

カはキリスト教国といわれますが、今、カリフォルニア州では教会に通っている人は二〇パーセント程度です。ドイツでは教会税を納めない人が年々増えているといいます。キリスト教は「ザ・宗教」だったのに、今ではイスラムも、ヒンズーも、仏教もあるなかで、それぞれの宗教が、後ろ盾を持たずにやっていこうとしています。当然キリスト教も政治的、社会的な後ろ盾がない状態へと移ってきています。今、クリスチャンであるとは、後ろ盾なく信仰生活をすること。その只中にあって信仰と福音の根本を見直すというのが今日の状況ですね。

平野　そこでやはり恵みによる信仰ということなんですか。そこに返る。前に進むために、そこに返るということなんでしょうか。

江藤　ルターが源泉に返れと言ったのは、後ろ向きになれということではなくて、そこから未来へ歩みだすためですね。

義認に生かされ、時代の要請にどう応えるか

平野　プロテスタントは「み言葉によって改革され続ける教会」といいますが、どうもそれぞれの教派や教会の伝統にとらわれているように思えます。五〇〇年目の宗教改革を考えるときに、教会をもっと自由に考えられるようになるでしょうか。

江藤　宗教改革は、教会に多くの変化をもたらしました。自国語で礼拝ができ聖書が読める、聖書の説き明かしとしての説教が聞ける、信徒も二種陪餐できる、賛美歌は聖歌隊だけでなく会衆みんなが歌う、目に見える変化ですね。カトリックでも第二バチカン公会議の後、自国語でミサを執り行うようになったり、新しい賛美歌集ができたりと、自由に変えることができました。

　でもルターには大胆に変える面と、そうではない面がありました。ルターは礼拝の基本的な形について変

えていません。質的なところでどうしても必要なことがあれば変えた。「キリストは神さまから私たちに与えられた恵みである」と肝心なことさえ押さえれば、あとは自由です。教会で自分たちの歌を歌いたいというときに、ルターは自分でも作詞作曲しましたし、当時の民謡を取り入れて賛美歌にしたものもあったんです。たくさんあっていい。形はさまざまに変わります。このことは、もっと私たちの教会で共有したいですね。今こうして話している私たちが三〇年も四〇年も現状のまま話せるわけではない。その時代の人にふさわしいものがあります。

平野　ところで先生はボンヘッファー研究で博士号をとられました。ルター派の牧師であるボンヘッファーはルターから、特になにを引き継いだのでしょう。

江藤　日本のボンヘッファー研究は圧倒的にバルト＝ボンヘッファーの線です。しかしボンヘッファーはバルト以上にルターの神学を継承していることは明らかです。具体的には「十字架の神学」です。もっとも神らしくない、みすぼらしい十字架の姿の中に、神はご自身を隠された形で啓示された。ボンヘッファーの獄中書簡に繰り返し「苦しみたもう神だけが救う」と出てくる。ボンヘッファーにとってのキリスト教の神というのは、まぎれもなく十字架の神、苦しみたもう神なんですね。それはルターがハイデルベルクでの討論以来「十字架の神学」で示そうとしたことと共通しています。

また、ボンヘッファーは『現代キリスト教倫理』で、「究極のものと究極以前のもの」という印象的な言葉を使って、究極以前のこの世の事柄にコミットすることの重要性を説いています。究極の事柄とは義認だと彼は言うんですね。キリストのことを受肉と十字架と復活の主と言い、究極の事柄とは義認だと言ってはばからない。これはルター派の「義認こそ、教会が立ちもし倒れもする教え」をまさに受け継いでいると言えます。究極の事柄を、究極の事柄として大切にする人が、究極以前の事柄にどう対処するのか。それは、それぞれの時代の要請に応えていくことなのでしょう。時代の制約のなかで、一六世紀にルターはユダヤ人を批判した。その四〇〇年後のドイツで、ボンヘッファーはユダヤ人を迫害するナチスと闘った。キリスト者といえども社会倫理では、時代の限界、人間の限界の中で誤った判断をしたこともあったのです。しかし、ルターとボンヘッファーの根本にあるのは、義認に生かされて、この世をどう生きるかということです。

五〇〇年前のことを
私たちは共に懺悔します

平野　最後にどうしても伺いたいことがあります。ルターによる宗教改革のキックオフから五〇〇年経った今、世界のことはともかく、悲しいことに私たちの教会だけでも、教会のなかで争いがあります。日本基督教団でもそうです。教区総会や教団総会に出て、希望をもって帰ってくることがとても難しいという話を聞きます。それに対して、カトリックとルター派は対話の道を歩んでいると聞いています。和解と一致の道こそが、これからの教会にとって大切なことだと思うのですが……。

江藤　二〇一五年に『争いから交わりへ――二〇一七年に宗教改革を共同で記念するルーテル教会とカトリック教会』が出版されました。昨年（二〇一六年）の一〇月三一日には、私たちのルーテル教会も加盟しているルーテル世界連盟（ＬＷＦ）とバチカンとが共催で、宗教改革五〇〇年を記念する共同の祈り（礼拝）を持ちました。ＬＷＦ議長ムニブ・Ａ・ユナン監督と、フランシスコ教皇が共同司式者として並んで礼拝を司ったのです。今年（二〇一七年）の一一月二三日には長崎の浦上天主堂で、日本のカトリック教会とルーテル教会が平和の祈りを共に持ちます。これは五〇〇年前どころか一〇〇年前でも、第二次世界大戦前でも考えられなかったことが起きています。

これが今の世界の動きです。これはただ仲良くしましょうというのではありません。私たちは五〇年にわたって教理の突き合わせをしたり、『義認の教理に関する共同宣言』（一九九九年）を出したりもしてきました。そのような土台の上で教理だけを取り上げると教会は分裂してしまうので、この世に向かって共に奉仕をするといった働きも少しずつ積み重ねてきたのです。

伝統も神学も異なるルーテル教会とカトリック教会が、それぞれの伝統や神学が指し示しているお方はただお一人、同じイエス・キリストであると共に告白しています。その考え方で私たちは五〇〇年前のことを懺悔しています。フランシスコ教皇とユナンＬＷＦ議長の共同声明に「私たちは共に懺悔します」とあります。それは、教会の分裂をもたらしたからです。私たちも五〇〇年記念でなくて五〇〇年目の宗教改革ということで、キリストご自身が望んでいらっしゃるように、私たちが一つになるようにしたい。それは教会の自己満足のためではなくて、この世界に神が愛であることを伝えるために、この小さな教会が、互いに心を一つにしようということです。それができなければ、世界に平和はありません。

五〇〇年前には福音を強調するために分裂せざるを得なかった教会が、今五〇〇年目に、平和のために和解と一致を実現することはとても大切なことだと思っています。聖書に「あなたがたはキリストの体であり、また、一人一人はその部分です」（一コリ一二27）とあります。「あなたがた」を、一人のクリスチャンという意味だけではなくて、私たちの教団、私たちの教派、私の属する各個教会、そのように読んでみると、みんながキリストの一部であると素直に認めあえるはずです。それがキリストの説いておられる愛なのだと思います。五〇〇年を経て、ようやくここまでたどりつきました。一〇〇年後に世界がどうなっているか分かりませんが、宗教改革六〇〇年には、そのとき必要な改革をしていたいものですね。

平野　貴重なお話をありがとうございました。

宗教改革の精神と現代日本人の心

一　五〇〇年を経ての大きな変化

一〇〇〇年前、正確に言えば九六三年前の一〇五四年にキリスト教会は東西に分裂し、西方教会もまた五〇〇年前の「九五箇条の提題」という事件をきっかけにカトリック教会とプロテスタント教会に分裂しました。しかし、この半世紀の間に歴史は大きく動き、エキュメニズムは単なる理念・願望から現実へと進んできました。

一九九九年一〇月三一日にルーテル世界連盟とローマ・カトリック教会とは「義認の教理に関する共同宣言」を発表しました。かつてそれをめぐって袂を分かつことになった宗教改革の核心部分で双方の教会は「基本的真理」を共有していると世界に公表したのです。キリスト教史上画期的なこの共同宣言は、すでに世界メソジスト協議会（WMC）、アングリカン・コミュニオン（全世界聖公会、ACC）でも支持・承認されましたし、今年にはいって世界改革派教会共同体（WCRC）もその輪に加わりました。その「共同宣言」の基礎の上に、昨年の一〇月三一日にスウェーデンのルンド大聖堂で、フランシスコ・ローマ教皇と、ルーテル世界連盟のムニブ・ユナン議長の共同司式で、まさに歴史的な合同での宗教改革五〇〇年の記念礼拝が開かれたのです。日本でも来たる一一月二三日に長崎の浦上教会（天主堂）でカトリック教会と日本福音ルーテル教会とは合同で平和を求める記念礼拝を行なうのです。世界に向けて和解と一致、平和を呼びかけるキリスト教会自身がお互いの間で和解と一致、平和を築くエキュメニカルなあり方にようやくたどり着いたのです。本日の日本エキュメニカル協会主催のこの集まりもまたそのことのしるしの一つであります。

二　福音の再発見

宗教改革の目に見える成果だったいくつもの事柄、聖書が自国語で読めるようになったことも、賛美歌を会衆が声高らかに賛美できるようになったことも、聖餐はパンと葡萄酒の二種陪餐になったことも、すべてのキリスト信徒はみな祭司の性質を持つことも、現在ではまったくキリスト教会の共通のものになりました。

それでは、マルティン・ルターが高く掲げた「恵みのみ（sola gratia ソラ・グラティア）」「信仰のみ（sola fide ソラ・フィデ）」という点についてはどうでしょうか。

「なぜなら、わたしたちは、人が義とされるのは律法の行いによるのではなく、信仰によると考えるからです」（ロマ三28）。「義とされる」、実際には正しくも清くも生きることはできていない罪人であるにもかかわらず、つまり、救いに入れていただくのにふさわしい行為はできていないにもかかわらず、神様に正しいと認められる、受け入れていただける、救いに与からせていただけるというのです。それはひとえに人間の側の努力の結果、修練や修行、信心によるのではないのです。同じローマ書三章二二節にこう記されています。「すなわち、イエス・キリストを信じることにより、信じる者すべてに与えられる神の義です」。

そうです、信仰義認という言葉で慣れ親しんできたあの福音です。同じ使徒パウロはガラテヤ書の中ではこう言っています。「けれども、人は律法の実行ではなく、ただイエス・キリストへの信仰によって義とされると知って、わたしたちもキリスト・イエスを信じました。これは、律法の実行によってではなく、キリストへの信仰によって義としていただくためでした。なぜなら、律法の実行によっては、だれ一人として義とされないからです」（ガラ二16）。

でも、けっして誤解してはいけないのは、私のキリストへの「立派な信仰」が、「熱い信仰、深い信仰」が、私を救ったのではないのです。「ただキリスト・イエスによる贖い（あがない）の業を通して、神の恵みにより無償で義とされるのです」（ロマ三24）。キリストの十字架によって表され成就した、一方的な、無償の「神の恵み」が、人間を義としたのです。パウロはエフェソの信徒への手紙の中で、一点の曇りもなくはっきりとこう言い切っています。「事実、あなたがたは、恵みにより、信仰によって救われました。このことは、自らの力によるのではなく、神の賜物です」（エフェ二8）。「恵みにより、信仰によって」この順序です。日本語では同じ言葉「により」「によって」と訳されていますが、英訳では、by grace, through faith（バイ・グレイス、スルー・フェイス）です。救われることの原因はあくまで「恵みにより」であって、その通路が「信仰を通して」なのです。「自らの力」自力で獲得したものではなくて、「神の賜物」ギフト、プレゼントなのです。信仰はその賜物を感謝しつつ受け取る手なのです。手が救うのではなくて、賜物が救うのです。恵みによってのみ人は救われるのです。この消息を「福音の再発見」と呼んだのです。

三　人間を計る物差し

ルターがあれほどまでに苦悶し苦闘した義認の問題、それは人間存在が、他の人々との相対的な比較によってではなく、絶対的に義であり、純粋に聖であり、完全に愛である神の前に立つときに、そのお方に認めていただけるか、受け入れていただけるか、生きることを許していただけるか、宗教的な表現をすれば、救っていただけるかという、人生の究極的な問題であります。それがかなわないならば、生きていく資格がないとみなされるのです。当時はそれを地上で罪を赦され、さらには罪を償う場所である煉獄にいる期間を少しでも縮めていただき、最終的に天国に迎え入れていただき、永遠の命を与えていただくということに人間の最大の関心があったのです。求めても求めても、そのために修行に励んでも励んでも、汚れたこの身を洗っても洗っても、かえって自分の罪深さ、自己中心性、高慢、欲望の正体が見えてきて、ルターは苦しみ、とうとう救いは自分の内側にはなく、ただ「私たちの外（extra nos エクストラ・ノス）から」来るということを知らされて、やっと究極の救いの確信を得たのです。だから「恵みのみ」と言い、「キリストのみ」と主張したのです。これが福音なのです。

さて、この福音の真理は現代日本の九九パーセントの人々にとっていったいどのような意味があるのでしょうか。ルターが生きた西洋中世末期、一五世紀後半から一六世紀前半のドイツであれほどまでにリアルだった罪と救いへの宗教的関心は、二一世紀前半の、非宗教的な、非キリスト教的な日本社会でいったいどうなっているのでしょうか。中世どころか、近世、近代に進み、今や近代どころかポスト近代に差し掛かっているのが現代世界です。

もちろん、私の子ども時代から競争というものはいつもありました。でも、一九八〇年代は日本社会の九割の人々が自分は中流に属していると思っていました。人生のレースでトップでなくても存在が否定されたと思うところまでは行かなかったと思います。しかし、それから半世紀近く経って、「勝ち組」「負け組」のレッテルを貼られ、気がつくと一部の富裕層とそれ以外とに二極分化し、子どもの七人に一人が「貧困」に属するようになりました。そういう経済状況の格差以上に深刻なのは、生きていていい人とそうでない人というい わば「いのちの選別」という思想がじわっじわっと浸透していることです。優生思想など卒業したと思っていたのに、実はそうでもないのです。念のために申し上げますが、私自身がこのような思想と呼ぶほど体系だってはいないにしろ社会の風潮あるいは価値観に共鳴共感しているのではありません。人間が何ができるかどうかで評価され、評価されるだけでなく、存在そのものが肯定されたり否定されたりする風潮あるいは価値観が広く行き渡っていることに強い懸念を抱いています。

いのちとか人格とか人権というものに普遍的な価値が認められているといいのですが、有効性とか有用性といったある種の尺度で計ったとき、そのいのちが否定されることが恐ろしいのです。その基準で評価され判断されることは、その基準を超えていると見られている少数の人々にとっては快感であっても、それ以下だと評価されそう扱われる人にとっては苦痛であり、苦難です。苦しみです。経済的な報酬の差というだけではありません。突き詰めれば、存在の、生の否定になるからです。

この懸念が誇張した言い方ではないことを証明する、あまりに衝撃的な事件が起こったのが昨年二〇一六年の七月末の未明のことでした。神奈川県の相模原にある重い障がいを持つ人たちの入居施設に、深夜にそこの元職員が忍び入り、安眠していた全く無抵抗の利用者たちを一九人殺害し、二四人に大怪我を負わせました。「彼らは生きていく資格はない。生きている方が本人にとっても周囲の人たちにとっても不幸なのだ」といった趣旨のことを言ってはばからず、世間を震撼させました。それも驚くべきことでしたが、全国からの非難の声にもかかわらず、ネットの世界では加害者の思いを、「それが本音だ」「彼の言う方が正しい」と支持する声が多く飛び交ったということにも大いに驚かされました。つい先だっては、あるテレビ局がその男に取材し、その心の声を放送しました。それによると、もう一年数か月も経っているのに、彼は根本的な考え方は少しも変わっていなかったのです。「社会に役に立つ」「成果を上げる」ことができないならば、「生きるに値しない」との人間観です。

この人の場合は全く極端です。心の中でどう考えようと、それを殺人傷害という行動に移すのですから、常人ではありません。しかし、彼の思いの根底にある考え方は、けっこう広く行き渡っている考えではないでしょうか。そして、それが実は多くの人を苦しめているのです。

人間が人間を計る物差しにはいろいろありますが、一番分かりやすく、一番行き渡っているのが、「人は何ができるか」という、行為に表される能力です。もちろん「自力」によってです。その物差しによって計られて、評価されるかされないか、受け入れられるか受け入れられないか、存在が認められるか認められないか、生きることが許されるか許されないかが決められるのです。まさに自己救済、自力救済です。そう考えると、いのちの無条件の肯定、存在の絶対的な受容ということは人間の尺度とは別のものに根拠づけられないといけないということです。

四　受動的な恵み、能動的な生き方

人間である限りこれこれをしなければならない、あるいはしてはならないということが神の権威によって与えられ示されたのが「律法」と呼ばれるものです。それに応えてその要求を満たす者は神に受け入れられる、満たしえない者は受け入れられない。これが使徒パウロの言う「行いの法則」(ロマ三27)でしょう。そして「人が義とされるのは律法の行いによるのではなく」（ロマ三28）と断言します。なぜなら、もしそうだとすれば、誰であれ、人は義とされることはかなわないからです。まったく不可能なのです。並みの感覚の人間ならいざ知らず、あれほど鋭敏な良心、あるいは感性をもった使徒パウロとか改革者ルターとかのような人は、「神の前に」、そうです、あくまでも相対的な、他の人との比較によってではなく、絶対的な「神の前に」立たされると、自分はどうしても義と認められるとは思えずに、逆に裁かれるしかないと恐れおののくしかなかったのです。

そのときの救いはただ一つでした。自分の内から来るのではなく、自力で勝ち取ることができるのでもなく、「自分の外から」「ただ恵みによって」「神の賜物として」「義を与えていただく」ことによってのみ救われるのです。これ以外には救いはどこにもなかったのです。「事実、あなたがたは、恵みによりby grace、信仰によってthrough faith救われました。このことは、自らの力によるのではなく、神の賜物です。行いによるのではありません」（エフェ二8—9）。

この宗教改革の根本メッセージは現代日本に果たして意味があるでしょうか。それは、非宗教的ではありますが、成果主義・結果主義・業績主義とでも呼ぶべき「律法」が、「行いの法則」が支配して、一人ひとりの存在の根底が脅かされている私たちの社会が、そしてそこに蠢（うごめ）き苦しんでいる人たちが、心底求めているものではないでしょうか。さまざまな破れや欠け、人間関係と神関係の断絶、生きる方向性の的外れ状態、また能力の有無、多少といった現実を抱えて生きている私たちが、それにもかかわらず、いえ、そうだからこそ、「私たちの外から」「ただ恵みによって」「神の賜物によって」、私たちの存在は無条件に受容され、全面的に肯定されるのです。そしてそこにのみ救いはあるのです。この競争原理が覆い尽くし、成果主義・結果主義・業績主義が生活の隅々にまでいきわたっている、息苦しい現代日本で、この救いのメッセージこそが存在を脅かされている人々への福音になるはずなのです。

長らく「信仰義認」と言ってきましたから、この「恵み（による）義認」「恩寵（による）義認」の現代風の主張では、信仰の出番がなくなるではないかと恐れる方もいらっしゃるでしょう。ここでは、「外からの」「恵みによる」「賜物としての」義認あるいは救いを強調すると、信仰を前提にしないのか、と疑問に思われるかもしれません。信仰とは、先程も申し上げましたように、恵みを「受領する」こと、しかも与えてくださるお方への感謝と信頼をもって「受領する」ことです。まず信仰があって、それを神が嘉（よみ）してくださって私に恵みが与えられるのではないのです。恵みの神に出会って、神から恵みを与えられて、私に感謝と信頼が生まれるのです。ルターは、信仰をも聖霊からの賜物だと言い切るのです。

もう一つだけ言い添えれば、「外から」とか「恵み」とか「賜物」とか「受領」とかばかり言いますと、その姿勢はすごく「受動的」、受け身だと批判されるのではないかとの懸念に対してです。そのとおり、ルターの救済論は徹底して「受動的」です。私たち現代人の価値観では積極性、主体性、能動性が評価されこそすれ、受動性の強調はどこか違和感を感じられてしまいます。しかし、ルターの福音理解はあくまでも「受動的」です。神の恵みこそが最優先事項です。

しかし、心配はありません。無償で、無条件で、一方的に、恵みを与えられた者は、つまり救いの約束に与かった者は、もはや自分の救いのためにあくせくすること、自力で善行に励もうとすることは全く不要になります。その縛りから解放されます。キリストと一体化された者は、あとはただただ感謝の思いから自由に隣人愛に励めばいいのです。そうすることへと招かれています。そこではまさに「能動的」な、「主体的」な生き方が展開されるのです。これこそルターの『キリスト者の自由』の核心なのです。

人と人のきずなが弱っている現代で、個人的だけでなく構造的な悪がはびこり不正義が力を振るっている社会で、私たちには、キリストに導かれつつ、隣人のために、隣人とともに生きる生が期待されているのです。ルターもこう言っています。「自分のためにではなく、隣人のために生きて、仕える生に、神の祝福があるように」と。

今年、五〇〇年目の宗教改革の年に、その精神を現代日本で、そこに生きる人々と分かち合っていきましょう。

Doing ではなく、Being で
――宗教改革の精神が現代に語り掛けること

一　立ち止まって足もとを見直す

何事にも始まりがあります。それは、今のそしてこれからの在り方・生き方の出発点、あるいは原点です。人の生涯についても然り、大学にとってもまた然りです。今日私たちは私たちの大学、聖学院大学の創立を記念して、その出発点、原点にあったものに思いを馳せ、ここでこれから生きていく上でぜひとも必要な「ヴィジョン」と「ミッション」を今一度明らかにし、それを生きていくための「パッション」を改めて奮い立たせたいと思います。

二　二つのR

さて、二一世紀を生きる私たちですが、近代を産み出した出来事に思いを馳せてみましょう。皆さんは、二つのRと聞いて何を思い浮かべますか。一つはルネサンス（Renaissance）です。再び生まれること、再生、新生。この世界史上の出来事は日本では戦前から「文芸復興」と訳されてきましたが、現在はもっぱらカタカナで「ルネサ

ンス」です。一四世紀後半からイタリアを中心に花開いた美術を中心とする文化です。ギリシャ・ローマ文化、ひっくるめてヘレニズム文化の精神を受け継ぎ、明るくおおらかに人間の美しさ、素晴らしさを賛美し、その可能性を信じ、ヒューマニズムとそれがもたらす真善美を高らかに謳い上げました。今日まで脈々と続き発展してきた人間中心主義の文化です。

もう一つのR、それはリフォーメーション（Reformation）、一六世紀以来のキリスト教界内で起こり、世界史的な大きな影響を及ぼした精神運動のことです。明治以来「宗教改革」と訳されてきてすっかり定着していますが、本来の意味はre（再）、formation（形成）、再形成とでも言ったらいいでしょうか。発祥の地はドイツ。しかし、北欧のみならず、様々な形と強調点の違いを伴いながら、スイスやフランス、イギリスやオランダにも波及し、カトリック教会の中でも新しいうねりを起こしました。教会の在り方への自己批判や改革の動きはそれ以前からもありましたが、この宗教改革と呼ばれる運動では、徹底した人間の罪の自覚と神による救いが強調されました。ルネサンスとは違い、こちらは聖書とヘブライズムの伝統に拠って立ちました。人間中心ではなく、徹底して神中心の信仰と神学、人間観と世界観が語られました。

このように正反対の性格を帯びているようですが、一つだけ共通するものがありました。実はそのスローガンは、アド・フォンテス（ad fontes 源泉に帰れ）です。ルネサンスの源泉はヘレニズム文化。リフォーメーションでは聖書に帰ることを志向したのです。でもそれは後ろ向きということではなく、前に進むために原点、源泉を明らかにし、それにしっかりと立つことが強く意識されたのでした。

三　自立・自律・自由・自力

五〇〇年ないしそれ以上前のルネサンスや宗教改革に続く近代には、現代を生きる私たちにとって基本的に大事なものが現われています。それを四つの「自」のつく熟語で言い表すと、自立、自律、自由、自力です。

ヨーロッパだけでなく日本でも言えることですが、中世あるいはそれ以前の古代では、個々人の自立ということは重んじられていませんでした。自立ではなく、むしろ依存することが当然でした。自分よりも上の権威と権力に依存するのです。親であったり、主人とか主君であったり、伝統であったり、組織への依存です。それが美徳でしたし社会構造がそうなっていました。内面的に言えば、そこでは自律は尊ばれず、外なる権威・権力による他律が支配していました。ということは、自由ではなく、制約、束縛、抑圧、支配、総じて不自由が世界を覆っていました。大多数の人間はそういう環境の中で生きていました。社会はそれを良しとしていました。

そういう中世に異議を申し立て、それを突破した人間として挙げられてきたのがマルティン・ルターでした。中世ヨーロッパには二つの権威と権力の頂点がそびえていました。精神界を支配する教会という権威、その最高の霊的権威がローマ教皇でした。また、数多の領邦君主や王侯を束ねる神聖ローマ帝国を統べ治めるのが皇帝、こちらは世俗界の最高権力者。その両者から迫られても「我、ここに立つ」と宣言して信じるところを一歩も譲らず、さらには破門状を公衆の面前で焼き捨てて信念を曲げず、帝国アハト刑に処せられて命の保証が奪われても少しもひるまなかった一人の人間。まさに、自立と自律、自由を生き抜き、何ものにも屈しない強靭な個人です。近代精神そのものと言って良いでしょう。

だからこそ、宗教改革の出来事と共に世界史に名を残し、宗教家として世界の偉人の一人に数えられ、高校の教科書にも必ず取り上げられています。おそらくこの日本においてイエス・キリストを除けば、最もよく知られているキリスト者でしょう。

四　「人々の前で」、あるいは「神の前で」

しかしながら、ルターという人の真骨頂はいわゆる近代的人間像の先駆けというところにはない、と私は敢えて申し上げたいのです。もしもルターが人間の自由、自立、自律を謳い上げたヒューマニストだったなら、彼は当然ルネサンスの群像の中に位置づけられることになります。しかし、ルネサンスを代表する芸術家たちとも思想家たちとも、ルターは真逆の方向を向いていたのです。彼らが理想とした価値観、人間観とルターのそれとは正反対だったのです。『キリスト者の自由』という書物も著したルターなのに、どこが違うのでしょうか。

ルターの父親は一介の農民から刻苦勉励して銅山の所有者また市の有力者となった人でした。上昇志向を絵に描いたような人物です。ですから、長男マルティンへの期待は大きく、高い教育を授けようと五歳からラテン語学校に通わせ、大学は当時の名門中の名門、エルフルト大学に進ませます。マルティンは先ず教養学部で修士まで終え、それから法学部へ進みます。このままエリートコースを突き進めばやがては宮廷顧問か市長か。人間的に言えば、「人々の目の前では」(coram hominibus コーラム・ホミニブス) まさに勝ち組です。彼は自由で、自立的で自律的な人間として、高い評価を得たことでしょう。

しかし、ルターはそういう生き方をしませんでした。落雷に遭遇し、彼自身予想もしていなかった道に変わりました。彼は立身出世を約束された道から正反対の、修道士としての人生を歩むようになりました。もちろん、大転換の背景には、当時の人口の三分の一を死なせたペストの大流行も、友人の死も、自身の大怪我などもあり、死と向き合いながら人生をいかに生きるべきかを考えていたでしょう。この事件をきっかけに、自分のいのちを深く見つめるようになったのです。しかも、いのちを、自分自身を神の前で見つめるようになったのです。死を考えることはとりもなおさず生を考えることでした。

ルターという人は、他の人々との比較で見るならば、成績も良く、能力も高く、間違いなく輝かしい将来が待っていました。修道院に入ってからも、その勉学も修業も他の人に抜きん出ていました。けれども、修道士マルティンはどこまで精進してもその成果に満足することはできませんでした。いえ、満足できないどころか、かえって不安と恐れが増すばかりでした。

なぜでしょう。それは、自分の精進の成果を他の人と比べるのではなくて、絶対的に聖で絶対的に義である「神の前で、神の目の前で」(coram Deo コーラム・デオ)自分を見つめたからです。そこで露わになるのは、どこまでも自己中心的な、自己の本性でした。小さな黒い染みは黒っぽいないし灰色の背景の前では目立ちません。黒の背景ならば見えません。しかし、純白の紙の前ではどんなに小さな染みでも見逃されるはずはありません。

ルターは他と比べて優秀だとかそんなこととは関係なく、「神の前での」自己の罪深さを知ったのです。とどのつまりは自己中心的な自分。人を愛するときも、善行をするときも、結局は自分の喜びのため、自分の救いのため。少しでもうまくいけば、そこには高慢が頭をもたげてきます。自己満足、自己追求、他者を利用してでも実現したい欲望。最も宗教的な場面でさえ、神を求めているような時でさえ、自分本位な思いが心の底にある。それが聖書の言う「罪」だと知ったのです。刑法や民法に触れるかどうかではないのです。絶対的な聖と義の神様、まったき愛と純真さの神様との関係の中では、自分の存在が罪ではないと言い張れないのです。

それだけではなく、「神の前で」胸を張って自分こそは正しい存在だ、受け容れられるべきだと言えないだけでなく、自分自身の力では、自分の努力では、そのような神に認められる正しい存在にはけっしてなれないことを思い知らされて、ルターは絶望に陥ったのです。

五　救いは「私たちの外から」

自分に神の前での自分の問題を解決する能力があるならば、自力で解決すればいい。しかし、それが不可能だと分かったら……。自己救済の可能性がないと分かったら……。そのときには絶望に陥る、虚無に打ちひしがれるしかない。順境にある時はいい。しかし、ひとたび自分の罪、悪、死の恐ろしさと直面せざるを得なくなったら、どうするか。どうしようもない。それが人間中心の結末なのです。

ルターがそうでした。聖書を読めば読むほど、絶対的に聖で絶対的に義である神を知らされ、その神によって裁かれるしかないと絶望に追いやられていたのに、なんと、そこから救い出したのは、同じその聖書でした。聖書を通して神からの救いのメッセージを聴いたのです。

「神は、その独り子をお与えになったほどに、世を愛された。独り子を信じる者が一人も滅びないで、永遠の命を得るためである」（ヨハ三16）

「人は皆、罪を犯して神の栄光を受けられなくなっていますが、ただキリスト・イエスによる贖いの業を通し

て、神の恵みにより無償で義とされるのです」（ロマ三23―24）

ルターの発見、否、再発見は「救いは外から」です。自力による救済は不可能と知ったとき、神の恵みによりイエス・キリストの十字架による贖いによって救いに値しない自分が救われると聖書の言葉を通して確信できたのです。救いの根拠は私たちの外にあるのです。階段を下から一段一段昇っていくことで神に近づくことができないなら、どうしたらいいのか。そうです。神の方から階段を降りてきていただくしかないのです。

宗教改革のスローガンとして「恵みのみ（sola gratia ソラ・グラティア）」「信仰のみ（sola fide ソラ・フィデ）」「聖書のみ（sola scriptura ソラ・スクリプトゥーラ）」とよく言いますが、自分の力ではなく神の恵みによって、キリストを通して与えられるその恵みを感謝して受け取る信仰を通して、そのことを証ししている聖書によって、私たちは救いに入れられるのです。

六　Doing ではなく Being で

現代ではなく五〇〇年前の、日本ではなくドイツ。中世末期のヨーロッパと二一世紀の日本にどんな共通点があるでしょうか。ルターの話が今を生きている私たちに一体何の意味があるのでしょうか。周囲を見回しても誰も神の裁きや死後の命に関心を持っているようには見えません。習慣としての宗教は存在していても、神や救いは深刻な生き死にの問題ではなさそうです。では、宗教改革は私たちに無縁でしょうか。

現代日本だけではないでしょうが、まちがいなく現代日本では、尊ばれるいのちと尊ばれないいのちがあります。評価される存在と評価されない存在があります。極端に言うと、生きていていいと認められる人間と生きていくのに値しないと判断される人間があります。後者だった場合、どれほど苦しく、悲しいことでしょうか。しかも、その判断基準、価値評価の基準が何かができる、できないという成果、結果、能力になっています。この尺度で、人間のいのちが仕分けされています。さまざまな個体差がありますから、そこに救いはありません。

人間をそのDoing（ドゥーイング）、何ができるか、どうできるか、その出来映えはどうかで比較します。それが人間の評価の尺度である限り、ある人々は存在が認められ、救われても、それ以外の多くの人々はうめき、苦しみ、救われません。それが私たちの生きている社会なのです。

このような社会にDoingとは全く違う基準、尺度、価値観はないものでしょうか。それがBeing（ビーイング）です。人が、たとえある意味では出来が良くても悪くても、ある種の能力が優れていても劣っていても、成果や結果の評価が高くても低くても、それとは全く無関係に、存在そのものBeingが無条件で受け容れられ、全面的に肯定される価値観です。

これは人間に内在する物差しではありません。それを持ち出せば必ず選別が起こります。だから、この価値観は人間社会の価値評価のやり方ではありません。人間的な観点からすれば、不平等に見え、不合理だと言われるでしょう。理屈に合わないと非難されるでしょう。けれども、愛の観点からすれば、納得がいきます。いえ、正確に言えば、愛は愛でも、相手の価値によって生じる愛、その価値が私にどれほどの快、快感、快楽を与えるかということで決まる人間的な愛ではありません。相手の価値に左右されない純粋な愛、無償の愛、神の愛、アガペーの愛なのです。神の愛、アガペーによって愛されるからこそその人はかけがえのない価値があるものとされるのです。

Doingによらず Beingそのものが認められ、受け容れられ、愛される。ただ恵みのみ——それこそが真の救いです。人間社会の基準では克服できないこの難問を突破し解決するのは何でしょう。それは、人間を超えた存在による判断です。それが究極の解決なのです。それがルターによる福音の再発見です。宗教改革の根本原理は二一世紀の日本社会でこそ最も必要とされているものではないでしょうか。

七　人に仕える神

今日私たちが記念している聖学院の建学の精神は「神を仰ぎ、人に仕う」と言われてきました。人を愛する、人に奉仕することは言うまでもなく尊いことです。しかし、それが真の意味で可能になるのは、神を仰ぐときです。しかも、その神は天の高みから苦悩する人間を冷たく見下ろし、基準にかなわない者はバッサリ断罪するような神ではありません。罪に苦しみ、弱さを嘆く人間をあたたかく無条件で受け容れ、その罪を皆引き受け、赦し、その存在を全面的に肯定する十字架の神です。神を仰ぐと言いますが、私たちが仰ぐ神はそのような十字架の神なのです。

自分が愛された者だけが他者を愛することができます。自分が赦された者だけが他者を赦すことができます。自分が仕えられた者だけが他者に仕えることができます。自分が生かされた者だけが他者を生かすことができます。愛し、赦し、受け容れ、生かしてくださる神、つまり仕えてくださる神があってこそ、私たちの人を愛し、赦し、受け容れ、生かす生き方、つまり仕える生き方が可能になります。

私が勤めるルーテル学院大学の大芝生の真ん中に立っているモニュメントにはルターの紋章と共に彼の言葉がドイツ語と日本語で刻まれています。彼がかつて語り、今も私たちに語りかけている言葉です。「自分のためではなく隣人のために生きて仕える生に神の祝福があるように」。創立記念日を祝う皆さんにこの言葉を贈ります。

義人にして、同時に罪人

一　キリスト者としてのアイデンティティー
——ボンヘッファーの場合

分裂状態の自己認識

私はいったい何者か。この問いは、人が真摯に人生を生きているかぎり、何かしらの形で現れてくるものです。そしてひとたびその問いが自分に突きつけられると、答を見いださないではいられないのです。ちょうどあのアウグスティヌスが「わが魂はあなたのみ懐に憩うまでは安らぎを得ることはない」と言ったように、この問いに対する究極の答を見いだすまでは、表面的にはともかく、魂の深みにおける安らぎはありません。逆に、それさえあれば、たとえどのような困難な状況にあっても、その自己認識が究極的な安心を支えるのです。それゆえその問いは、行き着くところ、宗教的な問いとならざるをえないのです。

二〇世紀の殉教者の一人と数えられることもあるディートリッヒ・ボンヘッファー（一九〇六—一九四五）とい

うドイツのルター派の牧師は、ナチス・ドイツへの抵抗運動のさ中に捕らえられます。戦局が悪化していく最後の二年間を獄中で過ごし、ついに敗戦直前に処刑されたのですが、彼が獄中で書き残したものの中に、私たちのテーマを考える上で大きな手掛かりになる詩があります。

この詩「私は何者か」は、ボンヘッファーの死をも恐れぬ英雄的な生きざまを謳いあげたものではありません。いいえ、むしろ、彼の心の中での葛藤を正直に表現しているのです。少し長いですが、引用してみましょう。


私は何者か？　彼らはよく私に言う、／私が自分の獄房から／平然と明るく、しっかりとした足どりで、／領主がその館から出てくる時のように歩み出ると。

私は何者か？　彼らはよく私に言う、／私が自分の看守たちと／自由に、親しげに、はっきりとした口調で、／あたかも私のほうが命令しているように話し合っていると。

私は何者か？　彼らは私にこうも言う、／私が不幸の日々を／冷静に、微笑みつつ誇り高く、／勝利に慣れた人のように耐えていると。

私は本当に、他の人々が言うような者なのか？／それとも自分が知っているような者でしかないのか？／籠の中の鳥のように動揺し、憧れて病み、／誰かに首を締められた時のように息をしようともがき、／色彩や花々や鳥の声を求めて飢え、／渇いたようにやさしい言葉や人間的なぬくもりを求め、／恣意や最も些細な無礼にも怒りにふるえ、／重大なできごとを待ちかねてうろうろし、／無限に遠い所にいる友だちのことを心配しては気力をなくし、／疲れ、祈り・思索し・創造する余力ももはやなく、／くたびれ果てて、みんなに別れを告げる用意をする。

私は何者か？　後者か、それとも前者か？／私は今日は後者で、明日は前者なのか？／同時にその両方なのか？　人前では偽善者、／そして自分の前では軽蔑すべきメソメソした弱虫なのか？／それとも、私の中になおあるものは、／既に手中にした勝利から算を乱して退却する／意気阻喪した軍隊と同じなのか？

私は何者か？　ただひとりでこう問う時、その問いは私をあざける。／私が何者であれ、ああ神よ、あなたは私を知り給う。／私はあなたのものだ。


（Ｅ・ベートゲ編、村上伸訳『ボンヘッファー獄中書簡集』）


最初の三連では、繰りかえし「私は何者か？」と問いながら、「彼ら」つまり「周囲の人々」がボンヘッファーのことをどう見ているのかという点を語っています。「平然と明るく」「自由に、親しげに」「冷静に、微笑みつつ誇り高く」この困難な時期を耐えて生きている。まるで領主のように、囚人どころか看守のように、勝利に慣れた人のように。ボンヘッファーとはそういう人なのだ、と「人々」に思われているというのです。確かにそうだったのでしょう。地獄を生き残った人の証言は、このことを支持しています。

けれども、ボンヘッファー自身は、たとえ他の人々が知らないとしても自分だけは確かに知っている「まったく別の自分」を知っていたのです。孤独と不安にうち震え、疲れはて、祈る気力すらもなくし、死を覚悟している自分。それも間違いなく自分自身なのです。だから、こう自問しないではいられないのです。「私は本当に、他の人々が言うような者なのか？　それとも、自分が知っているような者でしかないのか？」

彼は正直です。誠実な人です。ですから、「私は何者か？　後者か、それとも前者か？」と問うのです。他の人々の前の自分と、他のだれが知らなくても自分が知っている自分、つまり自分の前の自分。前者も、そしてこの後者もまたやはり「人間の前で」のアイデンティティーであり、自己認識です。しかも、どちらも間違ってはいないようです。

神の前で

ところが、ボンヘッファーの最終的な答は、このいずれでもありませんでした。彼が行きついたのは、「私が何者であれ、ああ神よ、あなたは私を知り給う。私はあなたのものだ」というまったく新しい次元でした。自分を含めた「人間の前で」（coram hominibus コーラム・ホミニブス）のアイデンティティー、自己認識の地平から、「神の前で」（coram Deo コーラム・デオ）のアイデンティティーへと飛翔したのです。人々が見ている自分がどうであれ、「あなたは私を知り給う」。あなたがご存じの「あなたのもの」というその私こそが、私の究極のアイデンティティーなのだと信じ、その判断を受容し、そのような者として自分を生きるのです。それがボンヘッファーでした。

私たちの自己認識は、他者はいうまでもなく自分を含めた「人間の前で」、つまり、人間（にんげん）を人間（じんかん）と読ませて、人と人との間柄関係を生きる者としてとらえる見方から得られます。そしてこの見方には深い真理があると言えるでしょう。しかし、それと同時に、もう一つ、人間あるいは私と神との関係の中で自分をとらえる見方、つまり「神の前で」人間を理解する見方があるのです。ボンヘッファーは自分を神との関係の中で、しかも、神からの見方によって、自己を理解したのです。このような二重の視点によって人間をとらえるのは、キリスト教信仰の特徴でしょう。

二　ルターの人間（キリスト者）理解
――義人にして、同時に罪人

部分的に、あるいは全体的に

マルティン・ルターはそのような二重の視点をもつ人間観にしっかりと立つことによって、常識的な、あるいは論理的にはとても受けいれがたい、しかし、彼としてはどうしても譲れない、人間観を提示したのです。一人の人が「義人にして、同時に罪人」（simul iustus et peccator シムル・ユストゥス・エト・ペッカトール）であるというのです。普通の考え方では納得できません。そこで、いろいろな解釈が施されてきました。

「かつては罪人、いまは義人」、もしルターがこう言ってくれていたら、どんなに受けいれやすかったでしょう。キリストの十字架の死による贖罪を信じて神によって義とされることをプロテスタント神学では「義認」あるいは「宣義」といいます。カトリックでは「義化」あるいは「成義」と言うのではないでしょうか。もし、義と認めるだけでなく義とするのが時間的な経緯の中で起こることならば、「同時に」ではないけど、同一人物が「かつては罪人、（しかし感謝すべきことに）いまは義人」といって解決するのです。しかし、「同時に」ではないのでこれはルター的ではありません。

それでは、「徐々に罪人（でなくなり）、徐々に義人（になっていく）」」、いまはその過程にあるという具合に理解すれば「同時に」という難問はクリアーできるようです。つまり、現在は「部分的に義人、部分的に罪人」であるといえばいいのです。アウグスティヌスの立場はこれだと言えるでしょう。

しかし、ルターが“simul”「同時に」というとき、それが意味したことは「全体的に義人、（そして同時に）全体的に罪人」であって、「部分的に義人、部分的に罪人」ではありませんでした。このような言葉は、もし同一の次元あるいは同一の視点から発せられているならば、まったくの論理の破綻です。しかし、キリスト者であるルターは、実存的、経験的にはどうしてもおのれの罪深さを否定できないのです。もしいかなる罪もないというなら、それはおのれを欺いていることになる、つまり偽善者であると言わざるをえないのです。では、キリストが与えられる恩恵はむなしかったのでしょうか。もしそうなら、人には絶望しかないことになります。ルターは『ローマ書講義』の中でいいます。「聖徒は対内的には常に罪人である。だから対外的には常に義とされる」と。「常に罪人、常に義人」なのです。

罪とは何か

このように考えてくると、どうしても「罪」ということ自体を考え直さなければならなくなります。確かなことは、罪が道徳的な罪科とは限らないということです。すばらしく道徳的な、あるいは宗教的な行いをしているときでも、そこに「高慢」があるとき、あるいは自己中心的な動機があるとき、そこには罪があるのです。どこまでも真剣に求道しているそのさ中にも、霊的な装いのもとに肉の欲が忍び込みます。「私はいかにして恵み深い神と出会うことができるだろうか」と言いつつも、神をおのれの救いのための手段として利用しようとするなら、そこにあるものは自己愛であって、神への純粋な愛ではありません。

何もそこまで厳しく問い詰めなくてもと言いたくなっても、しかし、究極の基準である神のみ前で、神との関係で吟味すれば、そう認めざるを得ないのです。

神の審判と神の義

けれども、神の前で失われた者であることは、しかしそれゆえ、神に近い者であることなのです。裁きのもとにあることは、同時に憐みのもとにあることなのです。罪と恩恵とは排他的な時間的前後関係にあるのではなく、両者は「同時に」存在するのです。

それが神のみ前での現実ならば、その両者を同時に信じ受けいれることこそが、真実に信仰によって生きることなのです。

ただし、両者とも自分の中から出てきたのではないことは言うまでもありません。自分の中に見いだすのは、自分が失われたこと、しかし、キリストの中に見出すのは、自分が救われていることなのです。自分の中には罪の力を、しかし、キリストの中には罪の無力さを見いだすのです。これが現実なのです。これを信じるのが信仰なのです。

だからルターからは「聖徒は対内的には常に罪人である。だから対外的には常に義とされる」という定式が出てくるのです。ここで、「対内的」とは人間の側からの評価、「対外的」とは神の側からの認定を指すことは改めて言うまでもないでしょう。あの〝coram Deo〟（神の前で）と〝coram hominibus〟（人間の前で）という二つの次元、二つの視点があるからこそ、矛盾したものが同時に存在できるのです。

三　義人

――みなすのか、変革するのか

判決かつ形成力

人間の目には依然として罪人なのに、神がキリストの十字架によって「義と認め」てくださるというこの出来事、現実の罪にもかかわらず無罪放免すると言ってくださるこの恵みの出来事は、いわば法廷での判決でありつつ、しかし、それにとどまらないのです。なぜなら、この判決の言葉を発するのが神だからです。「『光あれ』といわれた。こうして、光があった」（創一3）との創世記冒頭の記事は、神の言葉は生きて働く、創造の力を持ったものであることを示しています。「（神の）言葉はむなしく戻らない」（イザ五五11）のです。それと同じように、「義と認める」と宣言なさったら、「義人とする」、罪人を変革なさるのです。

だから、ルターはこうも言っています。「現実には罪人であっても、憐みたもう神の認定によって義人である。自覚することなく義人であるが、自覚的には不義なる者である。現実には罪人、希望において義人である。」

こだわりの理由

なぜ宗教改革者はあれほどまでに、「義人にして、同時に罪人」という定式にこだわったのでしょうか。それは、第一に、自己の罪深さへの真摯な、深刻な反省によるものです。けれども、それと同じく、いえ、それ以上に、それゆえの恩恵の大きさへの信仰的理解がそう言わせるのです。どれほど罪深い存在であろうとも、にもかかわらず、義と認め、義としてくださるお方がおられるのです。

ですから、いまや「赦された罪人」は、その救いを、自己の内なるものにではなく、あくまでも外なるものに見いだすのです。そして、この外なるものによる救いほど確かなものはありません。私は揺れ動きます。善きわざに励みつつも罪を犯し、信じつつも疑うのです。もしもそのような私の中に救いの根拠があったら、そんな救いは危うくて仕方がありません。外なるキリストだからこそ、確かなのです。

四 「同時に罪人」に徹する生き方

義認の信仰に生きるということ

どこまでいっても罪人だという自己認識は、だからと言ってふてくされた開き直りや無気力の生き方になるのでもなく、かと言って、いつの日か義人になれるよう、際限もなく希望もないまま努力を重ねるつらく苦しい生き方に導くのでもありません。ただひたすら恩恵にのみ依存する生き方が開けてくるのです。

そして、そのとき、もはや自らを神の前に正当化しようとの徒労をする必要もなく、また自らの救いのために心を煩わせ、あくせくしないでいいのです。では、怠惰な生活が待っているのでしょうか。いえ、そうではなく、自分のために生きなくていい以上、何はばかることなく、「他者のために生きる」ことができるのです。

ボンヘッファーの生き方と最後の選択

冒頭に紹介しましたボンヘッファーは、悲惨な戦争を終結させ平和をもたらすために、牧師でありながら、最後はヒトラー暗殺計画に加担しました。十戒に「汝、殺すなかれ」とあること、いかにヒトラーが悪人とはいえ彼を暗殺することは明らかにこの戒めに違反することを重々承知していました。暴君なら殺してもよいとする古くからある倫理学説をもって、自己正当化を図ることをしませんでした。そうではなく、自由と決断により「罪を引きうけること」を選びとりました。なぜそれができたのか、それは彼が自分の生の裁きを、そしてまた救いを、究極の裁き主また救い主であるお方にお委ねしたからです。

「義人にして、同時に罪人」という人間観は、「信仰義認」つまり「信仰によって義とされる」という救いの理解と抱きあわせで成り立っています。そしてそこから、自らの救いを自分自身にではなく、自分の外なるお方に委ねるのですから、あえて他者のために罪を引きうけるような大胆な生き方ができるようになるのです。「信仰義認」の教理から善いわざ・行為を軽んじたり無視するということにはけっしてなりません。むしろ、自分の救いとは切りはなすことができるゆえに、自由で大胆な生き方、行為が可能になるのです。

五　命ある限り「義人にして、同時に罪人」を生きる

あくまでも自らの古い生と戦い続ける生

信仰によって義とされたとはいえ、同時に、古い、罪人としての生を生きています。ですから、新しい生を与えられた者として古い自己との戦いをしていくことこそ、「罪赦された罪人」であるキリスト者にふさわしい生き方です。ただし、この信仰に生きる者は、ここでいう戦いの主体がもはや自分ではなく、内なるキリストであることを知っているのです。

ルターが「(主は)信じる者の全生涯が悔い改めであることを欲していたもう」と述べていることにまさに対応して、日毎の死、そして日毎の再生というダイナミックな生がキリスト者によって展開されるのです。

絶えざる生成の過程

このような生は、とうぜん、成長という要素を含みます。けれども、それは単純な上昇的成長ではないでしょう。なぜなら、「義人にして、同時に罪人」、しかも部分的にではなく全体的にそうなのです。ですから、その成長は弁証法的な意味でたえざる生成の過程だと言うべきでしょう。非有—生成—存在、罪—義認—義、罪人—改悛者—義人といった過程が、生涯にわたって、しかも、「同時に」の重みを少しも失わずに、しかし、終末の完成を待望しつつ、力づよく繰りひろげられるのです。

このことの背後にあるのは、自己完結的ではなく、水平(人間と人間)と垂直(人間と神)の関係性を生き、その二重の関わりの中で自己をとらえる人間観です。そこから他者へと大きく開かれた倫理を生きるよう促されます。そして、そのような生は、生の究極的な根拠を自己の外に求めることの確かさに裏付けられているのです。

福音に聴き、福音を証しする教会

一　「教会とはだれか」という問いの立て方

教会、改めて問うまでもなく

「教会」、この言葉になじみのない方はいらっしゃらないでしょう。キリスト者やクリスチャンという言葉と教会員という言葉はほとんど同義語として用いています。礼拝に出掛けることも教会に行くという言い方をします。教会堂（礼拝堂）のことも教会と言います。もっとも入信の前には「教会ってなんだろう」と考えたことも何度もあるでしょうが、今は何も考えずに、自明のこととして、この語を使っています。

しかし、時に改めて「教会とは何か」と考えることは、自覚的に信仰生活を送るためにはたいせつなことです。特に、宗教改革五〇〇年という節目を迎える今年は良い機会です。

思いがけない問いの立て方

二〇〇〇年に及ぶ長い歴史の中で、人々は繰り返し「教会とは何か」と問い、聖書に答えを求め、歴史の中で検証もしてきました。宗教改革の時もその本質が問い直されました。

けれども、ルターの文章の中には「教会とはだれか」と問うことこそ重要だと言っていることに気が付きます。彼はこう言っています。「キリスト者の個々の教会はどこにあり、だれであるかということを知ることが、第一に必要である」（「キリスト者の集まり」『ルター著作集』第一集第五巻）。

「教会とは何か」と問うている限りは、ある意味、知的な、いわば客観的・抽象的なこととして、一つ間違えば他人事（ひとごと）として、あるいは制度や組織のこととして考え議論することもできるでしょう。しかし、「教会とはだれか」と問えば、その答えによっては、私自身の問題になり、逃げ隠れはできなくなります。私の在り方、私の生き方そのものに関わってくるのです。「教会とはあなただ」と言われたとしたらどうしますか。いえ、たしかにそう言われているのです。

二　教会はエクレーシア

聖書の中のもともとの言葉

言うまでもなく教会というのは日本語です。キリスト教伝道が再開された明治になってから使われ出しました。

それ以前、漢訳聖書には教会と訳されており、明治六年のヘボン訳聖書では集会、公会が用いられていました。仏教の伝統では、信者が仏を礼拝し、法を聴聞する集いを教会と呼んでいましたから、教会という言葉はキリスト教の新造語ではなかったのですが、後に主としてキリスト教の集まりを指すようになってきました。

日常的な用語法では「宗教（とくにキリスト教）の教義を説き広め、また礼拝する建物または組織」と思われています。信者が集まって作った団体という理解です。しかし、実は新約聖書の原語（ギリシャ語）の「エクレーシア」という言葉の意味は、「神から召し集められた者たちの群れ」の意です。人間が集まって作るのではなく、神が召し集められてできた集団です。主語が逆で、主体は神さまになっていることに注目しましょう。

旧約の「神の民」

創世記で天地と人類が創造されたあと、まず描かれているのはアブラハム、そして彼を祖とするイスラエル民族の歴史物語です。アブラハムに語りかけられたのは「わたしはあなたを大いなる国民にし／あなたを祝福し、あなたの名を高める／祝福の源となるように」「地上の氏族はすべて／あなたによって祝福に入る」（創一二2―3）という神の言葉です。彼らだけを救おうというのではなく、人類すべてを救うために特別な使命（ミッション）を担いなさい、という神の彼への命令です。

その子孫であるイスラエルにも「あなたは、あなたの神、主の聖なる民である」「あなたの神、主は地の面にいるすべての民の中からあなたを選び、御自分の宝の民とされた」（申七6）と言われます。そして神の救済史に貢献することが期待されているのです。

新約の「教会」もそれを引き継ぐ形で、新約聖書では新しいイスラエルとしての教会に向かって「あなたがたは、選ばれた民、王の系統を引く祭司、聖なる国民、神のものとなった民です」（一ペト二9）と宣言されます。それは彼らだけが特権を享受するためではなく、「それは、あなたがたを暗闇の中から驚くべき光の中へと招き入れてくださった方の力ある業を、あなたがたが広く伝えるためなのです」（同前）。アブラハムやイスラエルと同様に、教会を招かれたのは、この世全体が神さまの祝福に与かるように、そのためにすべての人に（暗闇から光へと招き入れる）救いの業を伝えなさいとの使命（ミッション）を託すためです。そのために「神によって召し集められた者たちの群れ（エクレーシア）」、それが教会なのです。

アブラハムもイスラエルも神の民として召し出されるのに世界中で最もふさわしい、最も優れた立派な人々だったとは言えないでしょう。教会もまたそうだったでしょう。使徒パウロは「兄弟たち、……人間的に見て知恵のある者が多かったわけではなく、能力のある者や、家柄のよい者が多かったわけでもありません」「神は……世の無に等しい者、身分の卑しい者や見下げられている者を選ばれたのです」（一コリ一26—28）と言って憚(はばか)りませんでした。それは神さまが何らかのお考えでそうなさったのです。神のご計画、神の選びです。神の福音です。私たちにとってもそのとおりですね。

託された務め

祝福の源となり、救いの業を宣べ伝える、つまりキリストの福音を伝達するということをもう少し詳しく聖書に聴いてみましょう。使徒パウロは「十字架につけられたキリストを宣べ伝えています」（一コリ一23）と自分に与えられた務めを一言で言い切っています。もちろん十字架と共に主の復活も証ししました（一コリ一五3—5）。その福音をいただいたのだから、これからは「自分たちのために死んで復活してくださった方のために生きる」（二コリ五15）ように勧め、託された務めをこう述べています。「神は、キリストを通してわたしたちを御自分と和解させ、また、和解のために奉仕する任務を私たちにお授けになりました」（二コリ五18）と。ここが福音と福音に生きる者の務めの要点です。神と和解させていただいた（関係を修復していただいた）者が、今度は他の人々に神がすでに和解してくださっていることを宣べ伝え、神に罪赦された者が神の赦しを証しする、そうすることへと招かれているのです。

「キリストの体」はキリストの働きを行う

新約聖書は教会のことをもう一つとても特徴的な言葉で言い表しています。これまた使徒パウロの実にユニークな表現です。「あなたがたはキリストの体であり、また、一人一人はその部分です」（一コリ一二27）。教会はキリストを頭とする有機体だと言うのです。一人ひとりはその部分、つまり、手であり、足であり、口であり、目であり、耳であり、あるいは小指の爪先であり、……。どんなに小さく不用のように見えても、どの部分もすべてなくてはならないのです。それがあってはじめて、私たち教会はキリストの体としての働きができるのです。あなたもなくてはならないキリストの体の一部なのだ、そう言われているのです。

では、キリストはその体を使ってどのような働きをなさるのでしょうか。それは地上の主イエスの働きを福音書がどう描いているかを見れば分かります。マタイはこう叙述しています。「イエスはガリラヤ中を回って、諸会堂で教え、御国の福音を宣べ伝え、また、民衆のありとあらゆる病気や患いをいやされた」（マタ四23、ほぼ同じ記述は同九35）と。教えること、福音を伝道すること、いやし（奉仕）をすること、この三つだというのです。三つを合わせて、広い意味の宣教（ミッション）と呼べるでしょう。

ということは、これが現在にも続くキリストの体である教会の務めだと言えるのです。私たちの教会（教区、全体教会）が伝道に専念しつつ、同時に（幼児）教育やさまざまな奉仕の業（福祉的な働きなど）をしているのもまさにこの教会理解に立っているからに他なりません。

忘れてはならない「羊飼いと羊たち」の関係

教会が神の民、キリストの体であり、広い意味の神の福音の宣教、具体的には伝道と教育と奉仕の働きを託されている信仰者の群れであることを聖書に基づいて述べましたが、もう一つ忘れてはならない教会の本質を聖書にある比喩を用いて語れば、「羊飼いと羊たち」の関係にあるということです。旧約以来の伝統で神はイスラエルの牧者（羊飼い）と呼ばれ、「牧者が、自分の羊がちりぢりになっているときに、その群れを探すように、わたしは自分の羊を探す。……わたしがわたしの群れを養い、憩わせる、と主なる神は言われる」（エゼ三四12、15）、それに信頼する様は詩編に美しく謳い上げられています。「主は羊飼い、わたしには何も欠けることがない。主はわたしを青草の原に休ませ／憩いの水のほとりに伴い／魂を生き返らせてくださる」（詩二三1―3）。

だからこそ、ルターは「シュマルカルデン条項」の中でこれ以上ないくらい明確に教会とは何かを、また、教会とはだれかをこう語ります。「なぜなら、神に感謝すべきことに、七歳の子どもも、教会は何であるかということとを知っているからである。すなわちそれは、聖なる信仰者たちであり、羊飼いの声に聞き従う羊たちである」（『ルーテル教会信条集〈一致信条書〉』）。これが教会の本質なのです。制度でもなく組織でもなく、なによりも「聖なる信仰者たち」という信徒の交わりであり、かれらは羊飼いに守られ生かされている「羊の群れ」だというのです。

三　説教と聖礼典
――ルターの強調した教会理解①

神の言葉が教会を生み出し、形作る

「エクレーシア」が、同じ信仰を持つ人間たちの結社・団体ではなく（社会学的に見ればそういうことになっても）、神様がある務めを託すために召し集められた集団であるならば、召し集めるために最も必要なのは愛と恵みに溢れた「神の言葉」です。それを語りかけられることによって、自分が愛され、罪赦され、生かされていることを知った人だけが、神の愛、罪の赦し、新しいいのちを隣人に伝えることができるのです。

その神の愛、罪の赦し、新しいいのちをもたらすもの、伝達する媒体（メディア）こそが、神の言葉であり、具体的には福音の説教（宣言）とそれを見える形で表した聖礼典（洗礼と聖餐）なのです。神の恵みが見えない言葉（説教）と見える言葉（聖礼典）とを通して宣べ伝えられる場が、教会なのです。ですから、ルーテル教会は教会とは何かという問いに対しては「それは、全信徒の集まりであって、その中で福音が純粋に説教され、サクラメン

ト（聖礼典）が福音に従って与えられる」（「アウグスブルク信仰告白」第七条）とずっと信じてきたのです。私たちのルーテル教会が福音の説教（あくまでも「福音」の説教）と聖礼典（サクラメント）を強調するのは、このような信仰理解、教会理解に立つからです。

四　すべての洗礼を受けたキリスト者は祭司
――ルターの強調した教会理解 ②

万人祭司、正確には、全信徒祭司性

ルターの宗教改革の教えの一つとして有名なのが「万人祭司」です。聖職者と平信徒（今は使わない言葉です）とを区別せず、すべての人が神の前に平等だとの勢いよい主張だと思われていました。近代の民主主義的な考えに通底していると言えるでしょう。革命的に新しい主張ですが、しかし、ルターの思いに正確・忠実に沿って言えば、「万人＝すべての人」ではなく、「全信徒＝すべての洗礼を受けたキリスト者」はみな祭司であるということを言っているのです。その本来の意味は、もっともっと深く福音的で、私たちすべてのキリスト者に大きな恵みと課題とを与えるものなのです。

宗教改革以前の中世の教会には聖職者（司教、司祭他）とふつうの信徒の間には厳然とした身分的な差異があり、宗教的な役割も権限もまったく異なっていました。そういう中で、ルターの次のような主張は聞く人すべてを完全に驚かせました。だれが祭司であるのか、だれが祭司に成り得るのかと言えば、洗礼によってキリストに合わ

された者だというのです。

「キリストが祭司であるゆえに、キリスト者は祭司である」（「教会の教職の任命について」）、「すべてのキリスト者は霊的階級に属す」、それが可能になるのは「洗礼、福音及び信仰のみが私たちを霊的にしキリスト者にする……私たちはことごとく洗礼によって祭司として聖別されたのである」（「ドイツのキリスト者貴族に与える書」）と言うのです。すべての洗礼を受けたキリスト者が等しく祭司であるならば、霊的とそうでない二つの階級や身分は存在しないことになります。

祭司の務め、それはとても大切なものです。さまざまな理由で痛みや悲しみ、苦しみを負っている者の嘆きや訴えを神に執り成すのも、神の愛や赦しや慰めや励ましなど神の御心、御意志を取り次ぐのも、祭司の務めです。そのような任務を行う祭司となるように、洗礼において真の大祭司であるキリストとひとつにされたがゆえに、私たち一人ひとりもまた祭司にされたと、ルターは宣言するのです。「キリストは……ご自身に属するすべてのキリスト者にも分け与えて、彼らもまた信仰によってキリストとともにみな王となり、祭司となるようにしてくださる」（「キリスト者の自由」）。

このことは、私たちが祭司の性質を与えられて祭司の役割を果たすようになるのには、宗教的な修業や訓練、人間的な知識や能力とはまったく無関係に、ということは、一方的に、恵みゆえに起こるというのです。ルターがいつも言うように、キリストの「恵みのみ」であり、それを素直に感謝して受け取る「信仰のみ」なのです。祭司となるための按手は洗礼の際に受けるあの聖霊を求める按手がそれなのです。

祭司の七つの務め、中でも中心的な務め

民のために神に執り成し、神の御心を民に取り次ぐという祭司の具体的な役割としてルターは次の七つを挙げます。まず、御言葉の奉仕、つまり教えること、説教すること、神の言葉を宣べ伝えること、また、洗礼を授けること、聖餐をささげ、もしくは執り行うこと、罪を帰したり赦したりすること、他の人たちのために祈ること、捧げものをすること、あらゆる教えと霊について判断を下すことです（「教会の教職の任命について」）。これらの中で、最も大切で、かつだれにでもできること、それは「他の人たちのために祈ること」「執り成しの祈りをすること」です（「キリスト者の自由」）。私たちもそうするように招かれています。

執り成しの祈りをだれもがしているとすれば、そしてそれが不可欠だとすれば、つまりだれかがだれかのために執り成しの祈りをしているとすれば、ふと気づくことは、それではだれかが私のためにも執り成しの祈りをしてくれているということです。執り成しの主イエス・キリストがそうしてくださっており、だから「ひとりの小さなキリスト」であるキリスト者のだれかが私のために執り成しの祈りをしてくれているということです。そのお蔭で支えられているのです。

あれほどあちこちの教会のため、そこにいる信徒たちのために労している使徒パウロが他者のために祈り、また彼らに祈ることを勧めるだけでなく、「わたしのためにも祈ってください」「祈ってください」（エフェ六19、20）と懇願していることをも覚えておきましょう。

兄弟姉妹相互の会話と慰め

祭司の務めの第一に御言葉の奉仕が挙げられていました。だれが主日礼拝で説教していいかどうか、それは、教会の中で「正規の召し」、秩序だてた公の委託のもとになされなければなりません。日本福音ルーテル教会では「信徒もまた御言葉を語る」ことは承認されています。よい訓練と準備を経て、教会の委託のもとで信徒説教がなされる道は開かれています。

しかし、御言葉を語ることは説教という形だけに限りません。その本来の務めである罪の赦しを伝達することがどのようになされるかについてのルターの考えは『ルーテル教会信条集〈一致信条書〉』の中の「シュマルカルデン条項」で明確に示されています。読む者をハッとさせる教えです。第一は説教、第二は洗礼、第三が聖餐、さらに鍵の権能（赦しの宣言）、最後に「また兄弟相互の会話や慰めによってである」というのです。兄弟姉妹相互の会話、これこそすべてのキリスト者ができることで、またするように招かれていることです。会話はだれもがしています。その中で、キリストが与えてくださっている罪の赦しをも語り得るか、語っているか。これは私たちに与えられた恵みの特権であると同時に大きな課題でありチャレンジです。福音宣教は教会の中でだけ行うものではないのです。

五　教会のしるしが語りかけること

二つ、三つ、四つ、七つ、それとも十一

ふだんあまり耳にしないかもしれませんが、教会では昔から「教会のしるし」という言葉があります。それによって真の教会が描写されたり、知られたりする特質のことです。宗教改革の時には、最終的にはニケア信条に挙げられている教会の四つの特質「唯一の・聖なる・公同の・使徒的な」で合意していきました。また、福音主義の側は「神の言葉の説教とサクラメントの正しい執行」が「教会のしるし」だとも主張しました。同じプロテスタントでも改革派の流れにはその二つに「戒規」を加える伝統があります。

ルターはのちに別の主張もしましたので、見てみましょう。「公会議と教会について」（一五三九年）では、「一　みことば、二　洗礼、三　聖餐、四　鍵の権能、五　奉仕者、六　神を讃え感謝する祈り、七　聖なる十字架、すなわち苦難を引き受けること」を列挙しました。そのあと「ハンス・ヴォルストに対して」（一五四一年）においては「一、洗礼、二　聖餐、三　鍵の権能、四　説教の務め、五　使徒信条、六　主の祈りをはじめとする祈り、七　この世の権威の尊重、八　神が祝福される秩序としての結婚、九　兄弟たちとともに苦しむ十字架、一〇　復讐しないこと、忍耐や警告、十一　断食」を挙げました。

十字架、その先にあること

それらを見ればその教会が真の教会であるかどうかが分かるという意味であれば、この二つのリストのどちらも興味深いのですが、私はあるものに目を引かれました。それは前者の七番目「聖なる十字架、すなわち苦難を引き受けること」と後者の九番目「兄弟たちとともに苦しむ十字架」です。教会ですから十字架がその「しるし」として挙げられるのは自然ですが、ここではどちらも教会堂の塔の上に立てられているあの十字架でもなければ、聖壇の上に置かれている十字架でもありません。ましてやアクセサリーとしての十字架の飾りでもないことは言うまでもありません。

十字架は主イエスが私たちの罪のためにかかられたあの十字架を指すことは間違いないでしょうが、それだけでしょうか。神が聖であるから教会も聖だとされ、キリストが愛されるから私たちキリスト者も愛することへと促されるのと同じように、主イエスが苦難を引き受け十字架にかかられたから、私たちもまた苦難を引き受け十字架にかかるのであり、そのことが教会のしるしとされているのではないでしょうか。そうならば、教会が、それを構成している私たち一人ひとりが「苦しみを引き受けること」「兄弟たちとともに苦しむこと」が、それによって真の教会であることが知られるようになる「教会のしるし」のたいせつな一つだということになります。

「善い行い」とその具体化

聖書の代表的な教えは隣人愛です。愛するということはしばしば心の働きとして情緒的に受け取られがちですが、それだけではなく、具体的な行為を伴います。もちろん、その時々、その場その場で、その相手によって最も必要で適切な行為は異なります。そうではありますが、次のことは間違いなく「愛する」ことの大事な表れです。

それは「（隣人が持ち、それゆえに苦しんでいる）苦しみを（自分が）引き受けること」また「兄弟たち（が今苦しんでいるならば、彼ら）とともに（私もまた）苦しむこと」です。ここまで踏み込まないで、いくら愛していると口で言っても、そうは認められないでしょう。

英語で同情、共感を意味するシンパシーも元はギリシャ語のシュン（〜と共に）とパトス（激情、熱情。しかし古くは出来事、経験、不幸、災難を表した）の組み合わせから来ていますし、同じ意味のコンパッションも元はラテン語のコム（〜と共に）とパティオル（苦難を受ける）から来ています。ドイツ語の同情や憐憫に当たるミットライトもミット（〜と共に）とライト（悲しみ、悩み、痛み、苦しみ）から来ています。同情や共感、憐れみは感情ですが、そういう感情を抱く時には相手の具体的な苦しみや悲しみ、痛みを身を持って自分も苦しむ、悲しむ、痛む行為がなされることをそれらの言葉は示唆しているのではないでしょうか。前か後かは別にして、自分自身の側でもその行為を伴うことが必須だと教えているように思えます。キリストは私たちの苦しみ、悲しみ、痛みをご自身の十字架を通して身を持って引き受けられたのでした。

教会のしるしがいくつであれ、その一つに十字架が挙げられていること、それは主イエス・キリストが愛する相手の苦しみを共にすることのシンボルであると同時に、教会自身がキリストの教会であるならば、教会もこれまた「兄弟たちと共に苦しむ」ことが不可欠であることを、ルターは私たちに教えてくれているように思えてなりません。隣人愛は単に心の問題というだけではなく、隣人の（それはとりもなおさず兄弟たちの）「苦しみを引き受けること」にまで踏み込まなければならないし、私たちにそうしようではないかと勧めていることだと信じます。

六　九九パーセントの人々と共に生きる信徒

圧倒的なマイノリティーであることの強み

社会の多数派がクリスチャンである欧米社会では信仰の証しはずっとしやすいだろうな、というつぶやきが、いつまでたっても国民の僅か一パーセントしかキリスト者がいない日本社会に生きる信徒から漏れ聞こえそうです。周囲とできるだけ同じに見えるように振る舞うことを求める「同調圧力」がことのほか強い日本社会で、少数派の信仰に生きることが容易だなどとはけっして言いません。夫婦揃って同じ信仰というカップルは教会員の中で半分です。家族からの教会生活への理解と協力を得るのも楽ではないでしょう。

初代教会の経験

それは宗教的にまったく異なるギリシャ・ローマ文化の中で、圧倒的少数派だったキリスト教徒が味わった苦労と共通します。しかし、その中で、たくさんの犠牲がありましたが、三世紀以上を経て、ローマ帝国の中で公認され、やがて国教になりました（国教になることの是非はさておいて）。

人間臭い多神教の神々と絶対的な唯一神、祭儀が中心の宗教と心の在り方を問う信仰、現世でのご利益を強調する宗教とそれとは無縁な、罪の赦しと永遠の命を中心とする信仰、権力と権威とを兼ね備えた崇高な神々と十字架上で死ぬおよそ神らしくない神……いろいろな違いがある中で、使徒パウロは「十字架の言葉は、滅んでいく者にとっては愚かなものですが、わたしたち救われる者には神の力です」（一コリ一18）と信じ、「わたしはあなたがたの間で、イエス・キリスト、それも十字架につけられたキリスト以外、何も知るまいと心に決めていた」（同二2）ので、ひたすらそのお方のみを信頼し、そのお方のゆえに与えられる神の恵み、救い、希望を語ったのです。この世的な価値観とはおよそ違いましたが、それゆえに、そのお方へのひたむきな信仰は、人々の魂に深い印象を与え、やがて受け入れられていきました。

もう一つ、注目すべき報告があります。アメリカのある宗教社会学者が自分の研究から、最初の三世紀の間にローマ帝国で辺境イスラエルから起こったキリスト教が無視できないほど多くの信徒を獲得して行ったのに最も大きな影響力があったのは、キリスト者たちの愛の奉仕だったと言っていることです。奉仕は信者獲得のために人の注目を引くように行うものではありません。その反対です。しかし、神の愛を受けたがゆえに、今度は自分たちが無償の愛の奉仕を弱い立場の人々に惜しみなく行っていく姿は、人々の心に響きました。さらには、そのような生き方をさせるものは一体何かという関心を高めて行ったのです。

日本社会という異教社会で、キリシタンの時代の成長もそうでした。これからもそうでしょう。教会がその立ち位置をゆるがせにしないで、神の愛の奉仕にいそしめばいつか実を結びます。

信徒には越えられない境界はない

信徒の生きる世界、それはこの社会。それは人口の九九パーセントの人々と同じ生活の場です。そこでその人たちと人生のさまざまな悩みや苦しみ、痛み、もちろん喜びも共有できるのです。教会の中という狭い世界だけが活躍の場ではありません。社会の中の多くの人々――もちろんその大多数はノンクリスチャン――と共に生きる中で、言葉と行為による、そしてその存在による証しと奉仕ができるのです。主はそのために信徒を社会の中に派遣しておられるのです。礼拝の結びは「派遣の部」です。日曜日に福音で充電されたら、一週間そのエネルギーを愛の奉仕と福音の証しのために使い、また教会に戻ってくるのです。アブラハムや神の民イスラエルやキリストの体である教会のように、私たちの人生はそれを繰り返します、主に用いられる祭司として。

ルター派教会、その歴史と特徴

生い立ちと教会としての特徴

ルター派教会とは、マルティン・ルターとその協力者たちにより一六世紀にドイツで始められた宗教改革の中で生まれ、聖書と古典信条および改革運動の中で作成された信仰告白（信条）に拠って立つ教会を指します。改革者たちはそもそも教会内の改革を志向したのですが、結果的に福音主義的な教会を立てることになりました。周囲から異端者と見なされていた指導者の名と結びつけ、言わばルターの徒という蔑みの響きを込めてルター派と呼ばれるようになり、ルター自身は望まなかったのですが、後にルター派教会と名乗るようになりました。教会の名前に個人の名前を冠するのは比較的珍しい現象です。日本では明治期にルターが紹介されて以来ルーテルと呼ばれてきたことから、伝統的にルーテル教会と称されることが多いのです。

律法と福音として語られる神の言葉を中心とし、神学的には恵みによってのみ、信仰を通してのみ義とされ（義認を与えられ）、罪の赦しを受け、新しい愛と奉仕の生と永遠の命への約束に導かれることを最も強調しました。直接的には当時広く販売されていた贖宥状（しょくゆう）（償いの免除。長く免罪符と呼ばれてきた）への異議申し立て（一九五箇条の提題」一五一七年）をきっかけに始まりました。これは中世の告解のシステムへの問いかけであり、突き詰めれば人間の救いは、神の恵みだけではなく、人間のなす宗教的な善き行為も加わって初めて勝ち取ることができるとする考え（行為義認）を否定し、彼が聖書において再発見した福音の神髄、つまりただ仲保者イエス・キリストの十字架の死と復活によって与えられた神の恵みによってのみ救われるという信仰義認の教えを貫いたのでした。

また全信徒祭司性を唱え、信徒に聖職者と対等の霊的身分と尊厳と召命があることを宣言し、彼らを教会と社会における従属的地位から解放し、福音宣教と教会形成への責任ある関与へと促したのです。また教皇を頂点とする位階的教会制度を批判しました。さらには、聖書をドイツ語（後には宗教改革が広まった各国の言語）に翻訳し、誰もが自国語で読み解釈できるようにしたのです。み言葉、つまり福音の説教とサクラメント（聖礼典）を重んじ、それに奉仕するために教会の秩序として正規の召しにより立てられる教職（牧師）の存在を位置づけました。西方教会の伝統を継承しつつも、福音主義に基づく礼拝改革に努め、説教を重視し、コラールの導入などで会衆の参与を図り、また教育を推し進めました。ルターにとって教会とは御言葉によって創造された信じる者の共同体であり、聖徒の交わり以外の何ものでもありませんでした。

拠って立つ信条と歴史的広がり

改革運動が起こると共に、ルターの聖書講義や幾多の改革の諸文書また「大・小教理問答」（一五二九年）などが迅速広範に伝播されていきました。また既存の教会との論争の中で福音主義の立場を鮮明にするために起草された「アウグスブルク信仰告白」（一五三〇年）が国会に提出され、それへのローマ・カトリック側からの反駁への応答として「アウグスブルク信仰告白弁証」（一五三一年）が上梓されました。シュマルカルデン戦争とアウグスブルクの宗教和議（一五五五年）の後の福音主義陣営内での神学論争による分裂を収め一致を回復するために「和協信条（梗概・根本宣言）」（一五七七年）がまとめられ、その三年後に「アウグスブルク信仰告白」や三つの古典信条および他の信仰告白文書と共に「一致信条書」（一五八〇年）として刊行されました（邦訳は『ルーテル教会信条集〈一致信条書〉』一九八二年）。これが改革運動の精神、福音主義の神学を明瞭にし、ローマ側との共通点と相違点また考え方を異にする再洗礼派への批判点を明らかにしました。ドイツにおけるルター派の諸教会は組織的には領邦別の制度を持っていましたが、これにより信仰的には一つのルター派教会の内実を整えるようになってきました。

改革運動の広がりとともにドイツ各地の多くの諸侯や帝国自由都市参事会がルター派の立場を受け容れていき、帝国内で法的に公認され、現在のルター派または合同教会としての領邦教会を形成し、今はドイツ合同福音ルーテル教会を組織しています。さらにデンマーク（当時はノルウェーとアイスランドを含む）とスウェーデン（フィンランドを含む）もルター派教会となります。スカンジナヴィアの諸教会は国家とさまざまな結びつきの強い国民教会となりましたが、二一世紀になり国家と教会の関係も見直されて、独特の強い連携は続いていますが、もはやいわゆる国教会とは言えないでしょう。バルト地方のラトビアでもルター派が多数です。東及び東南ヨーロッパ諸国でも一六世紀にはルター派が受容されましたが、対抗宗教改革によって少数派となりました。西ヨーロッパにも数の上では少数ですが伝播しました。

北米及び南米、オーストラリア等では一七世紀から二〇世紀にかけてヨーロッパからの多数の移民に伴ってルター派の教会も起こされていき、アメリカでは民族別の教会だったのが合同を重ね、ついに現在のアメリカ福音ルーテル教会となりました。また神学的には保守的なルーテル教会ミズーリ・シノッドもアメリカを中心に世界に一定の広がりを持っています。

ヨーロッパと北米のルター派教会と宣教団体は一九世紀後半から世界宣教に活発に乗り出し、アフリカとアジア（南インドには一八世紀初頭から）に多くのルター派教会を建て、一九六〇年代には多くが自立しました。

日本には一八八二年にアメリカの南部一致ルーテル教会から最初の宣教師が派遣され、翌八三年から九州で宣教を開始し、現在の日本福音ルーテル教会が誕生しました。福音伝道と共に教育と社会福祉事業を幅広く展開しているのも特徴の一つです。第二次大戦後ミズーリ・シノッドの宣教からは日本ルーテル教団が，またノルウェーの宣教団体により近畿福音ルーテル教会と西日本福音ルーテル教会が生まれました。他にもルター派の流れをくむ複数の教会が国内で伝道しています。

世界のルター派教会はその名称を国名・地名を冠して〇〇福音ルーテル教会と名乗るのが多数ですが、〇〇ルーテル教会だけの場合もあります。とくに東欧では〇〇アウグスブルク信仰告白福音教会と称して信条的な立場を打ち出しています。中にはスウェーデン教会やノルウェー教会のようにルター派だと名前に出さないところもあります。

教会の一致のためには福音がそこで純粋な理解に従って一致して説教され、サクラメントが神のみ言葉に従って与えられることで十分とし、形式的な統一を必要としません。また教会統治に関しても監督制に限らないのです。伝統的に幼児（嬰児）洗礼を認めてきましたし、近年は小児陪餐（堅信前の陪餐）を実施しているところも多くなっています。J・S・バッハなどの貢献で優れた教会音楽の伝統を持つこともよく知られています。

ルター派の歴史の中で、正統主義のあとに一七世紀から一九世紀にかけて敬虔主義が広がったことと、一九世紀にディアコニア運動がディアコニッセらの奉仕活動と共に活発に展開され、ドイツの内国伝道（インネレミッシオン）など社会的な貢献がなされたことも特筆されるべきでしょう。これはまた信徒たちの大きな働きの成果です。

第二次世界大戦ではルター派に特徴的な社会倫理の教説である二王国論の解釈によってヒトラーの圧政に国を挙げて抵抗運動をできた国とできなかった国に分かれました。

世界的な交わり――ＬＷＦ

大戦後いち早く一九四七年に設立されたルーテル世界連盟（ＬＷＦ）は二〇一九年現在九九カ国の一四八加盟教会、七五五〇万人のキリスト者から成るルター派の教会の世界規模の交わりです。教理基準として新旧約聖書を教理、生活、奉仕の唯一の源泉また規範とし、三つのエキュメニカル（古典）信条及びルター派教会の諸信条を重んじ、とくに「変更されないアウグスブルク信仰告白」とルターの「小教理問答」に神の言葉の純粋な解明を見出していて、その二つの受容が加盟教会に求められています。ＬＷＦは包括的宣教（ミッション）理解に立ち、協力して福音伝道と開発を総合的に推進し、社会的、経済的、ジェンダー的その他もろもろの不正義のゆえに貧困その他さまざまな困難に虐げられている人々の擁護、支援、自立援助に取り組み、人権、正義、平和、環境保護のため奉仕しています。

ＬＷＦはまたエキュメニカル運動に極めて熱心です。世界教会協議会（ＷＣＣ）の有力なメンバーでもあります。とくに、第二バチカン公会議直後一九六七年からＬＷＦと教皇庁キリスト教一致推進評議会との間で神学対話を重ね、五世紀近くに及ぶ教理上の対立を超えて、遂に一九九九年に「義認の教理に関する共同宣言」調印に至りました。そこには「義認の教理の基本的諸真理に関する合意を含み、その説明においては依然として残る相違点がもはや教理上の断罪の機会とはならない」ということが明示されているのです。これは加盟教会を拘束するものとして公式に受容されたものです。これに基づき「争いから交わりへ」（二〇一三年）が両教会でまとめられ、二〇一六年にローマ教皇とＬＷＦ議長の共同司式により宗教改革五〇〇年をルター派とカトリック教会が共同で記念する画期的な礼拝を行うに至り、二〇一七年には日本を含む世界各地で同様の礼拝がもたれました。この「共同宣言」は後に世界メソディスト協議会（ＷＭＣ）、アングリカン・コミュニオン（ＡＣＣ）、世界改革派教会共同体（ＷＣＲＣ）が支持、承認しました。これらの出来事は教会史上の画期的な出来事だと言って過言ではないでしょう。

国際レベルの合意に至る前に、ヨーロッパのルター派と改革派の間では「ロイエンベルク協約」（一九七三年）、英国と北欧のルター派と聖公会では「ポルヴォー共同声明」（一九九二年）、さらにアメリカの両者の「共同の宣教に召されて」（一九九九年）をはじめ世界各地で伝統を異にする教会と宣教協力さらにフルコミュニオンまでのエキュメニズムの実を結んできています。これは互いに多様性を重んじつつ目に見える和解と一致へと進んでいることの証左です。なおミズーリ・シノッドに繋がる教会は国際ルーテル協議会（ＩＬＣ）を形成し、独自の路線を歩んでいます。

ルターと協働者たちの宗教改革以降、ルター派正統主義、合理主義と敬虔主義、新ルター主義、ディアコニアと世界宣教、ルター・ルネサンス、二度の世界大戦、包括的宣教とエキュメニカル運動という具合に五〇〇年にわたるルター派の歴史はその時代、社会、文化の中で絶えず福音の原点に立ち返りつつ改革を繰り返す旅路でした。グローバルで大変動が予想される二一世紀にあってもますますそうすることでしょう。

賜物と課題としての全信徒祭司性

一　はじめに

いよいよ宗教改革五〇〇年の記念すべき年を迎えました。もちろん、これは五〇〇年前に起こった宗教改革と呼ばれる出来事を記念するということにとどまりません。今年がルターが宗教改革を始めて五〇〇年目の、その進展の過程にあるのだという理解を私は基本に据えたいのです。それは、「常に改革され続ける教会（Ecclesia semper reformanda）」でその長い歴史の中には紆余曲折はあろうとも、終末の完成にいたるまで、たえず福音の原点に立脚しつつ、それを現時点で（イマココデ）聴き直しつつ、絶えず自らを改革する運動を行なっていくということです。

たとえば、「唯一の、聖なる、公同（普遍）の、使徒的な教会」（「ニケア・コンスタンチノポリス信条」）の一部をなす諸教会が実態としては互いに批判し合い、共に一つの聖卓に与かることができないという分裂した状態では、まさに自己改革の道半ばだと認めないわけにはいかないのではないでしょうか。罪の重みに打ちひしがれて真の救いを切望していた当時の民衆の魂の状況とは（表面的には）ずいぶんと異なる二一世紀の日本の民衆の魂の飢え渇きに対して、聖書を通して語りかけておられる神の言葉を私たちはどのように聴いていて、どのように語っているのでしょうか、もしそれが不十分だと認めるならば、これまた教会は自己改革の途上にあると言わなければならないのではないでしょうか。その意味で、宗教改革は既に五〇〇年経ったとはいえ、依然としてその途上にあるという認識にともどもに立たなければならないと考えます。

あの宗教改革において、もろもろの教会生活の中の習慣（たとえば、いわゆる免罪符、正確には贖宥状）を改めることなどよりもはるかに中心的なことは、信仰義認を核とする福音の再発見であったことは言うまでもありません。しかし、だからといって宗教改革はそのことに尽きるのではありません。信仰義認の再発見を中心にして、（いささか古い言葉を使うならば）一点突破、全面展開で、実に多くの側面で改革がなされて行きましたが、その重要な一つが「全信徒祭司性」と呼ばれる信徒論、教会論、宣教論に関わることであります。キリストの体とされた教会とはだれなのか、どうあるのか、そのことをルターはどう言っているのか、今日の日本の教会でどう展開していくのか、そのことをご一緒に考えてみたいと思います。

二　すべての洗礼を受けた信徒には祭司の性質が与えられている

明治期にルター（当時の表記はルーテル、ルッター）と彼の働きが日本に紹介されたとき、Reformation（リフォーメーション。改革、再形成）に「宗教改革」という訳語を定めたのも卓見だったと思いますが、「万人祭司」という表現も聖職者と（いやな表現ですが）「俗なる平信徒」の身分的な相違を打破するメッセージが込められたその明快さ、分かり易さゆえに極めてインパクトが強く、それゆえこの表現がある意味日本での、少なくとも教会史では定着したと言えます。その功績は認めつつも、正確さを欠くことも言い添えなければなりません。万人といえば、どうしてもすべての人（中世的なキリスト教一体世界＝コルプス・クリスチアーヌムにおいてはすべての受洗者はすべての人とほぼ同義であったにせよ）すなわち人間全部だと思ってしまいかねませんが、実はルターの意図はそうではありません。だれが祭司であるのか、祭司に成り得るのかと言えば、ルターの答は、洗礼によってキリストに合わされ、キリストを信じるようになった者すべてということです。「キリストが祭司であるゆえにキリスト者は祭司であり……信仰によってキリストとひとつである」（「教会の教職の任命」）、「キリストは……ご自身に属するすべてのキリスト者にも分け与えて、彼らもまた信仰によってキリストとともにみな王となり、祭司となるようにしてくださる」（「キリスト者の自由」）と言っているのです。。ということはつまり、その人の人間的資質や宗教的能力や訓練の有無、多寡とは全く無関係に、ただ一方的に、恵みのゆえに「洗礼を受けた」ことによりただちに「祭司とされる」ということが起こるのです。祭司となる按手はと言えば、洗礼を受けるときになされるあの按手がそれにあたるのです。

すべての洗礼を受けた信徒が等しく祭司であるならば、当時一般に思われていたように、そして現在でも意識的無意識的にそう思われているように、キリスト者の間には二つの霊的階級ないし霊的身分があるのではないことになります。「すべてのキリスト者は真に霊的階級に属し、ただ職務のため以外には、彼らの間に何らの差別も存在しないからである」、なぜならば「その洗礼、福音および信仰のみが、私たちを霊的にし、キリスト者にするから」。もはや等しく洗礼の恵みに与かっている以上は「彼らはすべての霊的階級に属する真の司祭であり、司教であり、また教皇だからである」（「ドイツのキリスト者貴族に与える書」）。

近代世界を支える原理の一つである人間の根源的な平等性の認識のゆえに、キリスト者の間でも従来の二つの身分ないし階級が否定され、神の前の平等がもたらされたのではありません。洗礼のゆえにすべてのキリスト者にキリストがもつ祭司性が付与されて平等とされたので、そのような神の前での平等が社会の中での人間の平等性に目を開かせ思いを至らせる基となったと理解するべきでしょう。宗教的・信仰的真理がいわば世俗化されて社会的・普遍的な原理となっていった例と言えるでしょう。

三　聖書的・教会史的な祭司理解

聖書が描く神の壮大な救済史を見れば、アブラハムを先頭にいつの世にも神と人類の間には仲保者ないし仲介者が置かれています。彼は「祝福の源となるように」と言われ、「地上の氏族はすべてあなたによって祝福に入る」とその役割を与えられました（創一二2―3）。それが旧約以来一貫して神の民（イスラエル）の務めなのです。だから、新約でも教会（新しいイスラエル）は「あなたがたは、選ばれた民、王の系統を引く祭司、聖なる国民、神のものとなった民」（一ペト二9）と定められたのです。

歴史の中で、民は神に自分たちの訴えを聴いてもらい、神はその民にご自分の言葉を伝えます。後者のために、み言葉を取り次ぐ預言者を立て、前者のために民の窮状やその訴えを執り成す祭司を置かれました。神の言葉そのものであり、究極の「大祭司」であるのはイエス・キリストです。その役割がキリストの体である教会に託されたのです。教会がみ言葉を取り次ぎ、祭司職を担って執り成しをする、それが教会の存在意義なのです。「和解のために奉仕する任務をわたしたちにお授けになり」「和解の言葉をわたしたちにゆだねられた」（二コリ五18―19）と使徒パウロは言いました。ポイントはこれらの任務が教会全体に与えられたということです。

マクグラスは、彼が編集した『キリスト教神学資料集』（下）の中に、五世紀の教皇レオ一世の「すべてのキリスト者はこの王的国民の構成員と考えられ、（キリストの）祭司的職務に参加している」という貴重な言葉を採録しています。もっともこの信徒理解はその後の一〇〇〇年間継続的に保たれることにはならず、むしろ結果的には差異が強調されるようになってしまいました。

やがてルターの時代には、民に神の言葉を取り次ぐのも、神に民の思いを執り成すのもどちらも仲保者としての祭司の役割というふうに捉えられるようになりました。

四　祭司性の独占

原始教会の誕生以来、集団にはその指導層が選ばれてきました。使徒言行録六章には祈りとみ言葉の奉仕に専念する一二人に加えて、食事（ということは生活全般）の奉仕をする七人が選出され、按手がなされたことが記録されています。一コリント書には教会の中に霊的な賜物の多様性にしたがってさまざまな役割を担う人々（一二8―10、28）が挙げられており、その後の一テモテ書には「監督、奉仕者、長老」について詳述してあります。エピスコポス、ディアコノス、プレスビテロス（後に順序が変わります）の三つの職制が存在し、機能していたことに注目したいと思います。これが今に続く聖職の三職位なのです（司教＝主教、司祭、助祭＝執事など）。

教会の中には指導者も奉仕者も必要ですし、歴史の中で果たされてきたその意義を認めなければなりません。しかし、三つの職位が存在することが、本来は教会に託されていた祭司の務めの総体が司祭たちに独占されていかなかったか、そのことを自問しなければならないでしょう。もっとも、それは教会の奉仕職が牧師のみに集約されて行った多くのプロテスタント諸派においても、同じことが起こっていなかったかどうかを問うべきです。全信徒祭司性という優れた概念が生まれたルター派においても、例外ではありません。

指摘したいことは、教会全体、信徒の群れ全体に託されている性質であり務めであるところの祭司性また祭司の務めの問題と、その教会の中の特定の務めを担う教職者（牧師）あるいは聖職者をめぐる問題とは切り離せませんが、区別されなければならないということです。ルターたちはあれほど強く全信徒祭司性を主張しましたが（彼の公的活動の前期と後期で力点の置き方の違いがあるという議論はあっても、主張そのものに変更があるわけではない）、教会から「正規の召し」により公に託され任じられた教職（しばしば説教者と呼ばれた）の必要性もまた明言し、その養成にも力を注ぎました。もちろん、だからといって祭司の務めを教職者が独占することに与しませんでしたし、また、全信徒祭司性のゆえに教職を立てることを廃絶する動きが起こってもそれにも賛同しませんでした。私たちもまた、教会における教職の必要性を認めるものです。

しかし、教会史の中で全信徒祭司性の精神が教職制のゆえに曇らされなかったか、現在も曇らされていないかどうか、強い言葉を使えば、それが独占されていないかどうか、本来の趣旨で生き生きと生き続けているかどうかをこの時に検証・吟味したいのです。

五　信徒の共通祭司職

二〇世紀の教会史での最大の出来事の一つ、第二バチカン公会議（一九六二―六五年）は、「教会憲章」を発表し、その第一章で教会の神秘について語った後、第二章では教会を「神の民」と規定し、神の民の祭司職を説いています（追って「信徒使徒職についての教令」でも）。「神の民の中に集められ、ひとつの頭のもとにキリストのひとつのからだを構成する信徒はだれであれ」「創造主の恩恵と贖い主の恵みによって受けた自分のすべての力を用いて、寄与するように招かれている。」「信徒の使徒職は教会の救いの使命そのものへの参与であり、すべての人は洗礼と堅信を通して主ご自身からこの使徒職に任命されている」。役務としての位階的祭司職（つまり、司祭や司教など）と区別されつつも、すべての信徒が「信徒の共通祭司職」に召されていることを謳いあげています。位階的祭司職についての理解と私たちの教職理解との相違を認めつつも、「信徒使徒職」「信徒の共通祭司職」の強調には強い共感を抱くものです。

私たちは一方ではいわゆる教会内での信徒の働き、とくに礼拝の中での奉仕の枠を広げてきました。たとえば、司式（教派によって司会と呼びます）ないし司式補佐、聖書朗読や配餐補佐、祈祷、さらには説教（信徒説教。伝統によっては信徒が話すのは奨励や証言と呼んで教職のみに許される説教と区別します）などです。信徒による礼拝司会などは教派的伝統によっては長く当然だったかもしれません。礼拝での信徒の奉仕の働きの拡大とともに、それ以外の諸活動での貢献の幅を従来以上に広げて考えていかなければならないと考えます。これについては、教職論と合わせて十分に議論され、理解を得つつ、さまざまな教派的伝統を超えて、実践されていく必要があります。

六　この世性の新しい評価と展開

この世での祭司職の働き

私たちはここでは、それ以外のいわゆる社会の中での祭司としての生き方、在り方を考えましょう。なぜならば、信徒の特性の最も特徴的なものとして「この世性」をあげることができるからです。日本の場合、信徒たちは国民の九九パーセントの非キリスト者の人々とその生活、達成や困難、喜びや悲しみを共有できるのです。職場も学校も家庭も地域社会も共通なのです。信徒には超えられない壁、入っていけない領域はないのです。そのような生の場を共有しているという大きな利点があることがこの問題を考える際の第一の点です。

第二に、ルターの大きな貢献の一つとしてドイツ語で「ベルーフ」と呼ばれる召命観・職業観の決定的に大きな転換を挙げることができます。それまでは召命とは聖職への召しのことでした。今日の日本の教会でも多分にそうでしょう。召命とは牧師や神父に召されることに他なりません。しかし、ルターは農村や都市で暮らすふつうの人々が従事しているさまざまな職業もまた神が召してくださっている務め（ベルーフ）だと説いたのです。そのことにより、職業観は一変し、気がついたらベルーフ（英語ならボケーション）は職業という意味が前面に出るようになりました。

もっとも、この世の職業はかつてのように専業で有給の職業にだけ限定しない方がよいでしょう。無給の家事もそれに含まれるのは当然ですし、昨今は地域社会のみならずさまざまな分野での多種多様なボランティアとしての働きも神の召命に応えてなす活動と言えるでしょう。いずれであれ、それらがその人にとっての召命ならば、そこがキリスト者としての生の正念場なのです。そこでこそ信仰が、あからさまにか目立たない形かはともかく、紛れもなく基盤にあるのです。信仰に促され、信仰から力を得て営まれ、信仰がそこでの生き方や態度や発言に滲み出るのです。直接信仰問答をしなくても、その生のすべてが信仰を表明しているはずなのです。

けれども昨今の経済活動を見てみると、どのような職業に従事してもそれは神からの召命だと素朴に信じるのをためらわれる場合もあることを認めなければならないでしょう。世に言うブラック企業はどうでしょう。強欲資本主義の手先となるのはどうでしょう。搾取や抑圧の先兵になっても、それを神の召しと言って自己肯定して良いものでしょうか。ここはよほど慎重でなければならないでしょう。

そういう留保を持ちつつも、信徒がこの世で生きるときに、民の訴えの神への執り成しも神の言葉の民への取り次ぎも含めた、この世での祭司職の働きの場をかなり広く、またその働きの形を柔軟にかつ具体的に捉えなければならないでしょう。ルターの二王国論（この表現はしばしば誤解されて理解されるので）あるいはもう一つの表現、神の二つの統治の様式（二統治説）によれば、神は福音と律法でこの世を（私たちを）治めると説きます。それは裏返せば、神の働きに呼応しての人間の働きの場が、罪の赦しを中核とする福音の宣教が直接的になされる領域（狭い意味で、教会の中と言っていいでしょうし、ルターの神学では神の右の手の働きと呼ばれてきました）と、正義や公平や平和がそこに住む人々の信仰の如何にかかわらず実現されるように律法（神の左手）に導かれ理性の力を発揮しながら働く領域（社会とかこの世と言っていいでしょう）とがあるのです。その二つの領域が静的・固定的・現状維持的に理解されるのを防ぐために、ボンヘッファーはあえて「四つの委任」という動的な概念を案出しました（『現代キリスト教倫理』）。その四つとは、「教会と家族と労働と政治的権威の領域」と言われ、「教会において、結婚と家族において、文化において、政治的権威において」とも記されています。この四つの領域こそが信徒が祭司職を生きる場ではないでしょうか。教会の中での信徒の祭司職については稿を改めることとし、残りの三つは「この世性」が支配する場です。そここそが信徒が祭司性を発揮することが期待されている場なのです。

『宣教のパラダイム転換』から示唆を受ける

そのことを考える手掛かりとして、唐突のようですが、宣教学者D・ボッシュの名著『宣教のパラダイム転換』をひもときたいと思います。なぜなら、伝統的な宣教理解だけではこの世での働きを宣教と結び付けることができないからです。福音宣教を狭義の伝道と等置すると、この世での働きの中で祭司性の発揮と受け取れるものが極く限られることになるのは信徒の方ならどなたも経験しておられることです。だからこそ、ボッシュがその著書の中で一三の新しい宣教のパラダイムを挙げていることに示唆を与えられたくて、以下に列挙します。それらとは、他者と共にある教会としての宣教、ミッシオ・デイとしての宣教、救いを媒介するものとしての宣教、正義の追求としての宣教、エバンジェリズムとしての宣教、文化脈化（コンテキスチュアリゼーション）としての宣教、解放としての宣教、文化内開花（インカルチュレーション）としての宣教、共同の証しとしての宣教、神の民全体の働きとしての宣教、異なる信仰の人々に対する証しとしての宣教、神学としての宣教、希望に満ちた行動としての宣教です。

エバンジェリズム（いわゆる伝道）としての宣教を否定するものでも軽んじるのでも断じてありません。そのことの大切さは重々承知しています。それ抜きには福音宣教はありえないと確信しています。そのために最大限の奉仕をしていきたいと願っています。事実、教職だけでなく、信徒もそのために全力をあげています。そのことを一〇〇パーセント認めた上で、今私たちはそれ以外の宣教がありうること、その働きの中で、信徒ならではの貢献があること、それを祭司性の発揮と呼ぼうと信徒使徒職の実践と名づけようと、間違いなくそういう働きの場、生き方の場があることを受け入れたいのです。上述の一三の宣教のパラダイムはこれだけでは内容が分かりにくいとは承知しつつも、いまここで詳述するゆとりはありません。しかし、そこで今日的なこの世の中での全信徒祭司性の新しい展開が起こり得ると私は信じています。

祭司の務めの最大のものは、隣人（近くにいるにしろ遠くにいるにしろ）への執り成しです。キリスト者は自分にキリストの言葉をもたらす者としての兄弟を求めているとボンヘッファーは『共に生きる生活』の中で力説していますが、それはキリスト者に限りません。信徒がこの世で出会う人々にキリストの言葉をもたらすことが託された務めなのです。しかし、その言葉は多種多様な表現（言語も行動も）を取ること、取り得ることをボッシュは示唆しています。そこにこれからの福音宣教の可能性と希望を見るのです。

七　賜物と課題、教職の奉仕

キリスト者が祭司とされるのは、ひとえにキリストが祭司でありそのキリストに結びつけられるからです。洗礼が按手なのです。もちろん教職への按手がありますが、それはいわば第二の按手なのであって、洗礼の際の按手が基本的な按手なのです。

しかし、これこそ一方的な恵みです。私たちが洗礼に与かるのにどのようなふさわしさをもっていたでしょうか。それでもキリストは罪人である私たちをご自身に受け容れ、ご自身の体とされ、ご自身の働きに手足として口として用いられるのです。それこそ神の恵みの行為です。イニシアティブは神の側にあります。それはまさにミッシオ・デイ（神の宣教）の所以（ゆえん）です。私たちは自分の能力や資質を振り返ってそのような自分が祭司であることに恐れを感じる必要は全くありません。「あなたがたがわたしを選んだのではない。わたしがあなたがたを選んだ」（ヨハ一五16）と言われる方が召し、遣わされるのです。祭司としての働きの場も種類も存在の在り方も新たに広げられています。それがどこで何なのか、きっと示されるでしょう。それに自らを合わせていくことは新たな信仰のチャレンジです。恵みとしての課題にほかなりません。そのために教職は豊かに福音を取り次ぐという奉仕にいっそう励まなければなりません。それもまた賜物であり課題なのです。

「キリスト者の自由」と自己実現

一　自己実現とそれを阻むもの

人間である以上は

人間が人間である限り、食欲、性欲、睡眠欲といった本能を満たすことは必要ですが、それを満たしさえすればそれで満足というわけではないことはどなたもよくご存じのとおりです。なにもそれほど高尚なことでなくても、人はそれぞれが持っている願いや欲求を少しでもかなえていきたいと思うものです。一歩前進二歩後退となっても、もう一度一歩前進しようと頑張ります。そうする自由をもっていると自覚しています。

欲求の五段階

このような人間のいのちの営みを前へ、上へと突き動かす原動力を「欲求」という言葉で説明する心理学があります。アメリカのマズローという心理学者はその欲求を五段階に分けて説明しています。第一番目が生理的欲求、食事も排泄も睡眠も含めた生命維持のための基本的欲求です。第二が安全への欲求、健康、雇用、財産、身の安全等々。このいずれもよく理解できることです。いのちの基本的欲求と言えるでしょう。物理的あるいは物質的欲求とも言えるでしょう。

三番目は何でしょうか。これをマズローは社会的欲求と名付けました。人間は閉じられた空間の中で一人きりで生きているのではないのです。いくら生理的欲求が満たされ、安全が確保されても、それらは必須だけれども、それだけでは満足できないのです。大小さまざまなレベルがありますが、人間社会という中で、友情、愛情、家庭、社会……それらを求めます。この欲求を所属（帰属）と愛の欲求ともいう所以でしょう。金銭的な報酬だけでなく、人間関係の豊かさも人間のいのちにとってなくてはならないものです。

その存在が認められ、働きが誰かの役に立ったと喜ばれたり、競争に勝ったり……それへの社会的な評価が欲しいものです。それは第四の自尊欲求と呼ばれるものへと続きます。尊厳欲求とも承認欲求とも言われます。価値ある存在と認められ、尊重されることを求めるのです。

そして第五番目の、そして最高の、また最も人間的な欲求段階とされるのが、自己実現の欲求です。自己が本来持っている絶対的な自我を完全に実現すること、自己の内面的な欲求を社会生活において実現することと言っていいでしょう。第三、四、五段階の欲求は精神的な欲求と言われます。

人間を超えた存在との関わりが出てくると

ここまではおそらく誰にとっても了解可能な話しです。しかし、それは人間の群れの中での、言い換えれば人間の前でのいのちの営みです。けれども、人間はただ人間の間でだけ、人間の前でだけ生きているのではありません。人間を超えた存在、世に神と呼ばれる存在を信じる人々が多くいます。信じてはいないけれども、そういう存在を予感している人々も少なからずいます。否定しても否定しても否定しきれない人もいます。なにしろ、その存在を肯定することも否定することも科学的には証明することができないのですから、厄介この上ありません。

そのような神の存在に気づき、それをひとたび受け入れると、いのちの営みも、それと連動する人間としての欲求も、前述の五つだけではすまないことになります。マルティン・ルターがそうでした。あの五つの欲求ならば十二分に満たされていたでしょう。第二と第三の欲求も人並み以上に満たされていたし、将来の保証もあったのですが、あの落雷事件をきっかけに世俗的栄達の道を断念して、修道院に入りました。そこでも日夜精進に励み、その結果高い評価を受けていました。立派な修道士、聖職者、神学者になるということが自己を実現することだというのならば、彼は第五段階まで間違いなく到達しつつありました。

ルターの苦闘と喜びの経験と、その結果の分かち合い

けれども、ルターにとっては人間の間で、人間の前で生きることが究極の願望ではなくなっていました。神の前で、それも聖書が示す絶対的な義と聖である神の前で生きようとしていましたから、そのような神の目に適う生き

方をすることが彼の願い、彼の最も深い欲求でした。それを実現するために修練に修練を重ねました。しかし、どんなに努力をしても、いえ、努力すればするほど明らかになってきたのは、神の絶対的な義と聖の前での己の罪深さでした。それゆえに、どうしても救いに入れていただくことは自分には実現できない、その意味で究極的な自己実現は自分には果たせないという絶望的な壁を認識せずにはいられなかったのです。人間としては不自由の極みです。

それが、何と言うことでしょう、全く思いもかけず闇夜に光が射し込み、突如その壁が外から打ち破られ（自力で「突破して」ではなく！）、自己を縛り付けていた縄目から解き放たれたのです。文字通り自由の身とされたのです。願ってもいなかったいのちの在りようと営みが可能とされたのです。彼はこれを「福音」と呼び、罪の赦しとして感謝して受け容れました。彼はこれを自ら達成した自己実現とは思わず、ただただ恵みの賜物と受け止め受領したのです。

ルターはこれを「キリスト教的人間（キリスト者）の自由」と表現し、その消息を明らかにし、一人でも多くの人に分かち合いたいと切望し、一五二〇年の秋、一気呵成に三〇の項目からなる冊子を書き上げました。それは自叙伝風にではなく、魂の葛藤の末に上から与えられた「喜びの告知」という形で書かれています。ですから、私はこの『キリスト教的人間（キリスト者）の自由』という書物をあえて「ルターによる福音書」と呼びたい気持ちを抑えられません。全一〇〇巻に及ぶワイマール版ルター著作全集の中でおそらく日本でも世界でも最も広く読まれ、愛されているこの本をご一緒に読んでみましょう。

二　最も広く読まれたルターの珠玉の小著

古くて新しい書物

宗教改革三大文書の一つに数えられるこの著作は既に明治時代に邦訳が出ています。その先駆は一九一〇―一一（明治四三―四四）年に内村鑑三の『聖書之研究』に載りました。これは内村が弟子に翻訳させたものだそうです。その後も著名なルター研究者である佐藤繁彦が八回訳しており、石原謙は岩波文庫から『キリスト者の自由・聖書への序言』と題して訳業を発表し改訳もしました。徳善義和先生も五たび稿を改め、その研究の集大成として刊行されたものが現在は『キリスト者の自由―訳と注解』（教文館）という書名（原著は『キリスト者の自由　全訳と吟味―自由と愛に生きる』新地書房）で書店に並んでいます。宗教改革五〇〇年記念の企画でルター研究所編著となる『「キリスト者の自由」を読む』は、徳善先生の訳文（リトン版、抄訳）と所員たちが執筆した六つの主要テーマの解説と座談会から成り、不朽の古典を現代において読む意味を説いています。

本講演では、先人の研究を参考にしつつ、五世紀ほど前に書かれた、ルターの信仰理解の精髄が凝縮されている小著を、なるべくテキストに沿って丁寧に読み解き、さらには現代を生きる私たちへのメッセージ――慰めや励ましとチャレンジ――を受け止めていきたいと思います。なお、カギ括弧の中の**太字**の文章は徳善義和著『キリスト者の自由―訳と注解』から引用させていただきました。深く感謝します。

二つの本文

本書は、小品ですが、理路整然と論述がなされています。実は本文（原典）と言われるものはラテン語版とドイツ語版の二つがあり、どちらが先に書かれたかは明記されていません。邦訳はドイツ語版が先だと推測して、ラテン語版を参照にしながらドイツ語本文にしたがって訳出されています。なお、ラテン語版の邦訳は『ルター著作集』第一集第二巻に山内宣訳で収録されています。

どちらの版であれ、全体の文体は極めて穏やかで、論争的あるいは相手方への攻撃的な口調は全くありません。それどころか、教皇レオ一〇世への献呈文も添えられていて、それを読むとルターはローマとの和解を望んでいて、教皇に自分の考える「キリスト教的生活の要約」を理解してもらうことを願っていることがよく分かります。だからといって妥協的とか曖昧とかの批判は全く当たりません。むしろ、ルターが考える福音的なキリスト教信仰の精髄というものが他のどの著作においてよりも簡潔明瞭に伝わってきます。信徒向けの説教という評価は的を射ています。また、当時の教会の公用語であり、学術的な文書が書かれたラテン語だけではなく、ドイツ人なら誰もが読み理解できる（識字率の問題はあるにせよ）ドイツ語でも書かれたからこそ、多くの民衆たちから共感を得ることができたのです。

三　一見相反し、矛盾するかのような二つの命題

出だしは明快、ただちに困惑

ルターは『キリスト者の自由』で、開口一番に実に鮮やかな問いを提示しました。「**キリスト者**（字義どおりに

訳すなら「キリスト教的人間」）**とは何であるか。また、キリストがこれに獲得して与えてくださった自由とは、どのようなものであるか。**」実に明快です。

その直後に、「**われわれもこれを根底から理解できるように、私は次の二つの命題をかかげてみたい**」と言って、あの有名な命題を私たちの目の前に差し出します。

「**キリスト者はすべてのものの上に立つ自由な主人であって、だれにも服しない。**」

そして直ちに、何の接続詞も挟まずに、正反対の命題を提示します。

「**キリスト者はすべてのものに仕える僕**(しもべ)**であって、だれにでも服する。**」

形の上ではほぼ同じです。どちらも「キリスト者は」で始まり、両方共「すべてのもの」に続き、後半も「だれにも／だれにでも」というところも同じです。ところが前者は「すべてのものの上に立つ」「自由な主人」であって、後者は「すべてのものに仕える」「僕」と正反対です。後半でも「だれにも服しない」と「だれにでも服する」とこれまた真逆です。言ってみれば、前者では「これは白です」と言い、後者では「これは黒です」と言っているようなもので、それでは「これ」は一体全体「白」なのか「黒」なのか、どちらだと言っているのかと困惑させられます。

二つの命題は単純に並べてあります。ですから、両方共だというのだろうと推測できますが、果たして正反対のことがどうしたら両立するというのでしょうか。半分白であり半分黒、あるいは白と黒のまだら模様、それとも両者が混ざって灰色？　もしも二つの命題の間に「それとも」とか「あるいは」といった二者択一（白あるいは黒）を示す接続詞があったならば、なんの問題もありません。しかし、そうはなってはいないのです。

反対命題を繋ぐためには

この二つの命題をどのように繋ぐかは、この第一項の解釈だけでなく、三〇の項から成る全文の解釈の仕方に影響するでしょう。「そして」「また」とか「同時に」と並列に並べるか、「けれども」とか「しかしながら」「にもかかわらず」といったふうに、逆接の接続詞でつなぐか、どうしましょうか。事実は正反対の命題が並べてあるのですから、ひとまずはいずれの接続詞も可能です。しかし、だからといって、「キリスト者とは」という問いへの答がまだ明確に出たわけではありません。それでは、それ以外の接続詞の可能性も考えられるでしょうか。

その第一のヒントはルターが第一項で引用している第一コリント書の「わたしは、だれに対しても自由な者ですが、すべての人の奴隷になりました」（一コリ九19、新共同訳）でしょう。また、ローマの信徒への手紙も引用しています。「互いに愛し合うことのほかは、だれに対しても借りがあってはなりません」（ロマ一三8）。なぜここが選ばれているかと言えば、「**愛とは、愛しているものに仕えて、それに服するものである**」（第一項）とルターは考えているからです。

そうしてみると、ルターの中ではこの一見相反するようで、矛盾しているように見える二つの命題ははっきりと意味が繋がっているのです。そうならば、両者は単純に並列の接続詞でも、単に逆接の接続詞でもひとまず悪くはないのです。しかし、私には両命題はもっと積極的な繋がり方をしているはずだと思われます。いろいろ考えられるでしょうが、私にとって一番しっくりと納得がいく接続詞は「それゆえに」「だから」です。これについては、のちほど改めて私の見解を述べましょう。

人間の二つの性質

第二項でルターは「**自由と奉仕とについての、互いに相反するこれら二つの命題を理解する**」ためには「**すべてのキリスト者が霊的と身体的という二種類の性質を持ってい**」て、「**魂の面では彼は、霊的な新しい内的な人間と呼ばれ、血肉の面では、身体的な古い外的な人間と呼ばれる**」と述べています。この理解に立って、彼は自由と奉仕について矛盾・分裂に見えつつも統合したキリスト教的人間観を私たちに提示するのです。

四　内的、霊的な人間―第一部

二部構成

ルター自身は本書を二部構成に明示的に分けているわけではありません。各項の頭に「第〜」「第〜」と付しているだけで、それ以上の見出し、小見出しはつけていないのですが、内容から判断して、明らかに第三項から第一八項までが第一部で「内的・霊的な人」を取り上げており、第一九項から第二九項までが「外的な人」について論じています。第三〇項が総括、まとめと言えるでしょう。さらに言えば、第一部は内的・霊的な人にとっての「キリスト者の自由」が論じられていて、第二部では外的な人における「キリスト者の愛と奉仕」が縷々語られています。

人を自由にできない外的な義

第一部においては、まず「**外的なものは何にせよ、どう呼ばれようと、けっして人を自由にしたり、義としたりすることはできないのは明らかである**」(第三項)と断定していることに注目しましょう。「**人の義とか自由とか、逆に悪とか束縛とかは、身体的なものでも、外的なものでもない**」「**身体が拘束されず、爽快で健康であり、欲するままに食し、飲み、生活していても、それが魂になんの助けになるだろうか。逆に、身体が自らの意に反して束縛されており、病気で疲れ果ててい**[て]、**飢え、渇き、苦しんでいても、それが魂に何の害になるだろうか**」と述べ、それゆえに、「**これらのものはどれひとつとして魂にまで及んで、これを自由にしたり、束縛したり、義としたり、悪くしたりすることはないのである**」と語ります。「これを自由に……」の「これ」とは魂のことだと読み取れます。

これは重大な言明です。人間の持つ五つの欲求が充足されることは必要であるにしても、そのことと魂を自由にしたり束縛したりすることとはまったく別だと言っているのです。ここにルターが問題としている「自由」というものが、一切の外的・身体的なものに左右されない、あるいはそれを超えた自由であり、「人間の前での」自由ではなく、「神の前での」、いわば神学的な自由、言い換えれば「究極的なもの」(ボンヘッファー)であることを明確に宣言しています。「神との関わりの中にある」人間の魂の自由のことです。その意味では、自由は救いと同義語ないし救いとかなり近い言葉であると言えるでしょう。

しかし、外的、身体的な自由の扱いはどうでもいいのでしょうか。それまでのさまざまな圧政、抑圧と束縛があり、固定的な身分制社会が強固で、政治経済も社会も文化も宗教も、民衆を支配する装置として機能していた中世からの解放としての自由の獲得は人間にとって極めて重要な意味があります。そういうことにルターは無関心だったり、反動的だったりしたわけではありません。しかし、ひとたび「内的、霊的」なこと、神の前での魂の問題に気づいてしまった以上、関心は変わってしまったのです。修道士・神学者ルターは、ただひたむきに、最も根源的な、「神の前での」魂の自由を追求し、ということはその自由を可能とする「恵みの神」をひたすらに追求し、聖書の真理、救済の論理を追究してやまなかったのでした。

政治的・社会的自由

だからといって、近代の政治的社会的自由、基本的人権の獲得には宗教家ルターはおよそ貢献しなかったと即断してはならないと思います。彼は、それらの根源にある神の前での人間の罪からの解放、救い、すなわち自由を求め、その道筋を再発見したのです。聖書が証しするのは、人間とはそもそも神に似せて創造されたもの（創一26、27）だということです。だから、神から与えられた尊厳に満たされたものであるはずです。そうならば人間は神の似姿であり、神の愛の対象であり、救いの約束に入れられているものだということになります。その人間が本来の人間以下のありように貶(おとし)められていたので、その生きる主体にふさわしい政治的社会的自由、基本的人権の獲得を目指して戦う運動が近代に展開されていったのです。この結びつきの論証は別途緻密な議論が必要ですから、本講ではこれ以上の深入りはせず、ただ以下のことだけを指摘しておきます。

近代の平等思想と宗教改革における「全信徒祭司性」（神の前での平等）との関係、また近代の政治的社会的意味での自由を獲得する大きな運動と、ルターが論じる「キリスト者の自由」との関係との間にもある種の因果関係を見出すことができるということです。政治学者福田歓一は『近代民主主義とその展望』（岩波新書）の中で、「いっさいの社会的な拘束をもって曲げることの出来ない、絶対的な要求としての良心の自由の要求という考えは、もっとさかのぼれば、宗教改革にあたって、マルティン・ルターが高く掲げた、万人がすべて聖職者［祭司］の資格を持ち、神の前では人間と人間との間になんらの差別はないという、万人司祭［祭司］の教義に行きつくはずであります。」と確信をもって述べているのです。このことは私たちもしっかり胸に刻んでおきたいものです。

魂を自由にする神の言葉

話を戻します。第五項から第一一項のうち、最初の二項は、魂を自由にするもの、すなわち救いを与えるものは神の言葉をおいて他にはないことを力説します。ルターは、「**魂は、聖なる福音、すなわち、キリストによって説教された神のことばのほかには、自らが生き、義であり、自由であり、キリスト者であるようにするいかなるものも、天においても、地においても持っていない**」（第五項）と断言するのです。その言葉を通して、「**キリストに身を委ね、大胆にこれを信頼す**」る確固とした信仰を持つことを勧めます（第六項）。「**みことばとキリストとを十分に自分のうちに形成し、そのような信仰をたえず鍛え、強めていくことが、当然すべてのキリスト者の**〔なすべき〕**唯一の行ないであり、訓練であるべきである**」（第七項）と続けています。

信仰によってのみ義とされる

そのうえで、ルターは本書を執筆するまでに自己の神学の中に確立した「信仰義認」という福音の核心を第一三項までで熱く語ります。「**ここでは信仰のみがあらゆる行ないなしに義とし、自由にし、救うということをはっきりと認め、真剣に心にとめるべきである**」（第八項）。神のみ言葉が律法と福音（契約もしくは約束）であり、律法（その神学的用法ないし第二用法）によって「**自分の無能力を学び、感じ取って**」「**義となるために**〔**役に立つものを**〕**何ひとつ自分のうちに見出さない**」ことになり、絶望させるだけでなく、逆にそこからキリストにおいて「**すべての恵みと義と平安とを約束する**」福音の約束が与えられると言います。驚くべきことに、そして幸いなことに「**神の約束は、戒めが要求するものを与え、戒めが命じることを成就する**」（第九項）のです。典型的な信仰義認論がここに披瀝されているのです。

そのような「恵みにより、信仰を通して成就される義認」という喜ばしい神の出来事が成立する仕組みをだれもが理解できるように、ルターは中世以来の花嫁神秘主義の流れをくみつつ、また誰もが知っている婚姻法を用いながら、独特の表現でこう説明します。「**信仰は、魂が神のことばと等しくなり、すべての恩恵で充たされ、自由で救われるようにするばかりでなく、新婦が新郎とひとつにされるように、魂をキリストとひとつにする**」（第一二項）。そうすると、ひとつとなった両者は「**両者の所有、すなわち、幸も不幸もあらゆるものも共有**」するようになり、「**富んだ、高貴で義である**」新郎キリストが所有するものは信仰ある魂のものとなり、「**貧しくいやしく、悪**

い娼婦である」魂が所有するものはキリストのものとなるのです。キリストの所有とは「**いっさいの宝と祝福**」であり、魂のそれとは「**いっさいの不徳と罪**」でしたから、結婚によってその逆転が起こるのです。それを「**喜ばしい交換と取り合い**」というのです（第一二項）。

ここにはキリストによる、つまり、自分の行いにはよらない、神の側からの一方的な恵みの贈与あるいは賜物、付与としての義がいかにして罪ある人間のものとなるのかが、鮮やかに、たいそう印象的に、かつ分かり易く描き出されています。一五二〇年の本書執筆までに、「ローマ書講義」（一五一五―一六年）、「ガラテヤ書講義」（一五一六年）、「スコラ神学を駁す」（一五一七年九月、いわゆる「九七箇条の提題」）、「第二回詩編講義」（一五一八年）、「二種の義についての説教」（一五一八年）と立て続けに行った聖書研究と神学的思索によって確信するに至っていたので、ルターはこの小著で簡潔にかつ核心を捉えた文体でもって、「恵みによってのみ、信仰を通してのみ」の福音理解を表現できたものと思われます。

すべての洗礼を受けた信仰者は祭司

さらに展開して、第一四項から第一七項までには、明治以来「万人祭司」と訳され人口に膾炙（かいしゃ）してきましたが、正確に言うならば「全信徒（ないし全受洗者）祭司性」という、これまた恵みの出来事が詳述されています。第一四項で旧約のひそみにならって神の長子イエス・キリストが王であり祭司であることを確認したうえで、「**さてキリストは……これをご自身に属するすべてのキリスト者にも分け与えて、彼らもまた信仰によってキリストとともにみな王となり、祭司となるようにしてくださる**」と宣言します（第一五項）。これは祭司となるための資質を洗礼を受けた信徒の中でも特に訓練を受けた能力の優れた者が持つに至った場合に限って、その人は祭司になれるという、自力により祭司になるという話ではありません。「すべてのキリスト者」という以上は例外なくすべてなのです。人間的に見れば当然祭司職にふさわしい者もふさわしくない者もいるでしょう。世の常識に当てはめて考えれば、一般の人間社会ならば、だれもが祭司職に就けるはずがありません。

ところが、「洗礼を受けたすべてのキリスト者（信徒）」は王に、またことにも祭司になれるというのです。これは、赦しを受け義と認められるのにおよそ値しない罪人のだれもが一方的に恵みを与えられ、ただ信仰を通して（しかも、その信仰もまた聖霊のみわざです）「義とされる」というのとまったく同じ論理、同じ救済の仕組みで、「すべての洗礼を受けた信仰者（信徒、キリスト者）は祭司となる」という論理、仕組みが成立しているのです。洗礼によってキリストのものとされたキリスト者は、キリストが持っておられる特権また任務を与えられるのです。まさに「キリストが祭司であるゆえに、キリスト者は祭司である」のです。「祭司である」という前に「祭司にされる」のです。つまり、この尊い務めを担う者にするのは一方的な神の恵みの出来事なのです。

そして、祭司にすることは「**われわれを神のまえに出て、他の人々のために祈るに価する者にする**」（第一六項）こと、そうです、他者のために執り成しの祈りをする者にすることだと言うのです。

第一部において、内的・霊的な人が自由を与えられるのは、律法と福音という神のみ言葉により、「恵みによる義認」あるいは「恩寵による義認」、「信仰を通しての義認」あるいは伝統的な表現を用いれば「信仰義認」によってだということが再確認されました。そのことが明らかにされ、その理解を助けるために「喜ばしい交換」という説明方法が用いられました。さらに、そのようにして恵みに入れられているすべての信徒はみな祭司職に任じられているという全信徒祭司性が告げられました。これらのことは信仰者にとってはただ感謝して受け取る以外にない

「恵みの出来事」だということが明らかにされたのです。

恵みの出来事を説き明かす

第一部の締め括りでは、第一八項でそのような神のなさる恵みの出来事そのものであるイエス・キリストを「正しく説き明かす」ことが述べられています。それもただ単に表面的に物語風に語ればいいのではなく、「**キリストは、私やあなたのうちに、その説教を聞くことから信仰が呼びさまされ、保たれるように、説かれなければならない**」と（第一八項）。

キリストを正しく説き明かすと聞くと、『アウグスブルク信仰告白』を思い出します。なぜなら、そこでは、第一条から、神、原罪、神のみ子、義認という具合にキリスト教信仰の核心部分が述べられた後、第五条は「説教の職務について」なのです。この説教の職務がなければ、罪人の許には福音が届かないことになり、人間にとって（救いの主体的側面において）福音が現実とはならないことになるからです。そうならないように、恵みの出来事（救いの客観的側面）がしっかりと受け取られるように、み言葉が語られなければならないとルターは念を押しているのです。

本書でも同じように、第一八項で福音の説教の必要性について語られているのです。ここまで第一部で縷々述べられた内的・霊的な人がキリストの恵みをいただき、キリスト者の自由を受け、遂には祭司にまでさせられるというこの霊的現実を「人間（私）にとっての現実」とするために、説教がなされなければならないのです。「宣教という愚かな手段」（一コリ一21）である説教がなければならない所以です。

五　自由にされた者の生き方―第二部

善い行い

第一九項からは後半、第二部に入ります。ここからルターの語る内容が変わります。前半が内的・霊的な人がいかにしてキリスト者に固有の自由と義を得ることができるのか、その結果どのような人になるのかに焦点を合わせて論じられていたのに対して、後半はその自由を与えられた者がどのような生を送るのかを主題にして展開されます。地上に身体を持って生きている以上、外的な人に欠かせないのが他者との関わりです。

私は別のところで「人間性は人間性」と題して、完全な霊的な人になる終末以前の時を生きる人間の特性をその「関係性」（人間関係を生きること）、「相互性」にこそあると話したことがあります。それは、関係性また相互性を生きるには外的な行為、具体的には「善い行い」を必要とするということです。

第二部で外的な人について語るのはやはり次のような世間の声がかなりあったことを第一九項は示唆しています。「**ここでわれわれは、今まで語られたこと（第一部）につまずいて、『おやおや、信仰がすべてであって、義となるために信仰だけで十分であるとすれば、いったいなぜよい行ないが命じられているのか。それならわれわれは上きげんで、何もしないことにしよう』といつも言っているすべての人たちに答えたいのである**」。

ルターもまたその中で生れ育てられた中世後期の神学は、いわゆる「行為義認」のみを説いていたというのは正確ではありません。どの伝統に立つものであれ、救い（義とされること）に関しては神の恵みを説くのは当然でした。しかし、それとともにそこには「人間のなすべき分」があると必ず教えられていたのです。「汝の中にあるところのものを行え」と教えられ、その実践が求められ、それが救いには必須だと言われてきたのです。ですから、ルターが説くのは信仰義認であり、それ以前の神学は行為義認であったと長く単純化して明確な対比をしていたのですが、それには十分注意を要します。後者はもっぱら人間の行為によってのみ救いを勝ち取ると説いているように誤解してはいけないのです。そこには必ず神の側がなす恵みの業はあるのですが、それだけではなく人間の行為（善い行い）が伴うことが主張されていたのです。そしてそういう教えは、当時であれ現代であれ、真面目な人間の常識に受け入れられやすいものです。

『キリスト者の自由』もまた、第二部でそのような誤解、しかも深刻な誤解を避けるためにも積極的に行いについて述べています。ルターは第一九項の終わりのほうに「**キリスト者は自由であるかぎり何をも行なう必要はないが、僕であるかぎり、あらゆる種類のことをしなければならないのである**」と述べて、第二部の展開を始めます。後述しますが、「恵みによってのみ」「信仰を通してのみ」を掲げる以上、救いを得るためには、あるいは義とされるためには、罪人たる私たちの側にはそれを勝ち取るのに必要ないっさいのことを行うことは不可能だということ、したがって私たちにできるのはすべてを神の側に委ね、与えられるものを受け取るだけだということを認めなければなりません。救いは受けるばかりだという「徹底した受動性」が強調されなければなりません。

しかし、それはあくまでも「救いを勝ち取るため、義とされるため」であって、それ以外ではないのです。このことはルターにとってあまりに自明なことだったからでしょうか、行為（善い行い）についていちいち繰り返して「救いを勝ち取るためには／義とされるためには」必要はないと言わないときもありました。しかし、やはり誤解を避けるためには、それはしつこく言い続けなければならないのではないかと思われます。その上で初めて、「僕である限り、あらゆる種類のこと（善い行い）をしなければならない」と言えるのです。

別の言い方をしましょう。本書の冒頭の二つの相反する命題、「キリスト者はすべてのものの上に立つ自由な主人であって、だれにも服しない」と「キリスト者はすべてのものに仕える僕であって、だれにでも服する」を思い出してください。両者の繋がり方、位置関係を示す接続詞を考えました。両者を平板に並べる「そして」や、両者の内容が反対だから「しかし」や、いろいろな可能性が考えられますが、私はあえて「だから」「それゆえに」を選びたいと述べました。そうすると、自由と愛の奉仕の関係は、自由を原因、愛の奉仕を結果とする、生きた繋がりが見えてくると思ったからです。『キリスト者の自由』の第一部では「キリスト者の自由」を十分に述べて、第二部で「キリスト者の愛と奉仕」あるいは「愛の奉仕」を詳述しているのは、その二つが単純に並んでいるからではありません。二者択一でもありません。「自由」それも「キリスト者の自由」があるから「愛の奉仕」しかも「キリスト者の愛と奉仕」が初めて可能になるし、求められるからです。

報いを考えずに自由な愛を

第二〇項でルターはこう言います、「**人間は内的に、魂に関しては、信仰によって十分義とされており、ただ、その信仰とその十分さとが（彼岸の）生に至るまではいつも増加していかなければならないという点を除いては、持つべきすべてのものを持っているのであるが、地上においてはまだこの身体的な生のうちにとどまっており、自分自身の身体を支配し、人々と交わっていかなければならない**」と。だから「行い」が必要なのです。

これを受けて徳善先生が、これは「実はルターにおいては大変積極的な意味合いでなされている」と述べておられるのが興味深いことです。「ルターは、魂とからだというように人間を分けて論じはするが、決してその二つを切り離して、別々にしない。魂とからだとしても人間を全人的なとらえかたをする」。「そこでは、自ら、また自らの身体とかかわるにしても、隣人とかかわるにしても、内的に自由な主人、外的に仕える僕という『キリスト者の自由』の生がある。自らのからだとかかわり、隣人とかかわる具体的な生の姿が行ないである。だから、自らのからだや隣人にかかわって、具体的な行ないをもって生活するのであって、いたずらに、無為に怠惰に時を過ごしてはならない。」

大切な点は、「**自由な行ないをすることが命ぜられている**」という第二三項の一節です。自由な行いとは当然隣人への善い行いのことですが、それは個々人に対してするもしないも、また何をするかも、すべて人間の選択に委ねられているとはルターは考えてはいないのです。自由な行い、隣人への愛の奉仕が「命ぜられている」と記されていることを見逃すことはできません。しかしながら、この「命じられている」ということは例の律法のことでしょうか。「律法と福音」の議論で、律法には市民的あるいは政治的用法と言われる律法の第一用法があり、また罪の自覚に導く機能である神学的用法とも呼ばれる律法の第二用法がありますが、ここで問題とされているのはどちらの律法の用法でもなく、そうではなく、義とされ、救いの約束に与かったキリスト者がどのように生きるかについて導きを与えるという意味での律法のことです。それを律法の第三用法と呼びますが、実はこの第三用法をめぐっては、ルター派の中でも意見は一致していないのです。

ルター派の信条集である『一致信条書』に収められている「和協信条・梗概」の中では明確に「律法の第三用法」について記されています。たしかにルター自身はその言葉を使ったことはありませんが、義とされた者に向かって善い行いをしながら生きるようにと勧めています。それは律法といっても、第一用法であれ第二用法であれ、もはやモーセの律法ではありません。使徒パウロがガラテヤ書の中で言っている言葉を使うなら「キリストの律法」(ガラ六2)なのです。

『キリスト者の自由』における第二部はまさにその具体化なのです。もう一度第二〇項を見てみましょう。「……**なぜなら内的人間は、自分に対しこれほど多くのことをしてくださったキリストのゆえに、神と一つになり、喜び楽しみ、自分からも自由な愛のうちに、報いを考えずに神に仕えることに、自分の喜びをみなかけている**」のです。ただし「**肉のうちには、この世に仕え、自分を楽しませるものを求める反抗的意志を見出すからである**」。そうです、「キリストのゆえに」「自分からも自由な愛のうちに、報いを考えずに神に仕えること」が喜びになるというのです。そして「神に仕える」ことは必ず「隣人に仕える」ことを伴うのです。パウロはこうも言っています、「律法全体は、『隣人を自分のように愛しなさい』という一句によって全うされるからです」(ガラ五14)、「『姦淫するな、殺すな、盗むな、むさぼるな』、そのほかどんな掟があっても、『隣人を自分のように愛しなさい』という言葉に要約されます。愛は隣人に悪を行いません。だから、愛は律法を全うするものです」(ロマ一三9―10)と。

ここで念のためにもう一度信仰とは何かを確認しましょう。これは普通考えるように、神・キリストへの揺るぎない、篤い、非の打ち所のない(いわば自己主張的な)信心という意味ではなく、只ひたすらに自分は無であり、神・キリストはすべてであると認める謙虚な姿勢です。「信じます。信仰のないわたしをお助けください」(マコ九24)というあの病気の子の父親の姿です。

善い信仰がよい行いを

二一項において、善い行いをすることは「**それによって人は神のまえに義とされるのだという考え**」をもってするのではなく、「**むしろ、神のみこころにかなうようにと、報いを考えず自由な愛をもってこれをなすべきなのであって、神のご意志をもっともよく喜んで行なってみこころにかないたいと願う以外のことを、求めても意図してもならないのである**」とルターは主張します。

そのうえで、ルターが頑なに守る信仰と行いの順序とは、「よい信仰が善い行いをなす」というものです。よい信仰がまずあって、それが善い行いを生み出すというのです。福音書の言い方によるならば、「良い木が良い実を結ぶ」（マタ七17）のであって、その逆ではないのです。

ではその生き方とはどういうものでしょうか。「**信仰により、また、神の純粋な恵みによって、値なしに義とされ、救われたキリスト者の行ないは、パラダイスにおけるアダムとエバの行ない以外のものとは考えられない**」「**彼（信仰のある人）は信仰によって、再びパラダイスに置かれ、新しく造られたものであるので、義となるためにどんな行ないをも必要としない。むしろ、いたずらに時を過ごすことなく、身体を働かせ、維持するために、ただ神のみこころにかなうようにと、このような自由な行ないをすることが命ぜられているわけである**」（第二二項）。

それゆえに「**よい義しい行ないが、よい義しい人をつくるのではけっしてなく、よい義しい人が、よい義しい行ないをする**」のであって、その逆の、悪い人が悪い行いをするという関係もまた然りなのです（第二三項）。信仰のない人にとっては、「**いかなるよい行ないも義と救いへの助けとはならない**」（第二四項）と言い切ります。つまり、信仰なしの善い行いは救いのためには無意味であるとさえ言うのです（第二五項）。

隣人にとって益となるように

それらを踏まえた上で、ルターは愛をもって隣人に仕えることを、言葉を尽くして勧めます。彼はこう言っています、「**これらすべての行ないにおいては、意図は自由でなければならず、その行ないをもって他の人々に仕え、役に立とうという方向にだけ向けられていなくてはならない**」「**すべての行ないが隣人の益となることを目指すべきである**」「**自分自身のためには自分の信仰だけで十分であって、その他のすべての行ないと生活とは、自由な愛をもって隣人に仕えるために残されている**」（第二六項）と。この勧めはもはや詳しい説明は要らないでしょう。ルターの熱い思いが伝わってきます。

それよりもあの極めて有名な「私もまた私の隣人に対してひとりのキリストになりたい」というフレーズについて考えましょう。既刊のいくつもの訳でもこのように訳されてきた文が、今回の徳善訳（『キリスト者の自由―訳と注解』）では「一人のキリスト者になりたい」とされ、それがドイツ語の本文に忠実だと言われているのです。「ひとりのキリスト者になる」と「ひとりのキリストになる」とでは違うと感じるのは当然でしょう。この変更をどのように理解したらいいのでしょうか。

ルターはドイツ語本文の第二七項でこう言い切っています。「**このあふれるばかりの財宝を私にこのように注いでくださった父〔なる神〕に向かって、私もまた、自由に喜んで報いを考えずに、みこころにかなうことを行ないたい。また、キリストが私に対してなってくださったように、私もまた、私の隣人に対して一人のキリスト者になりたい。そして、隣人にとって必要であり益となり救いに役立つと思えること以外にはなにもするまい**」。また同じ第二七項の終わりのほうには、ドイツ語本文で次のようにも書いてあります。「**それゆえ、神がキリストをとお**

して無代価でわれわれを助けてくださったように、われわれも身体とその行ないとによって隣人を助けることのみを努めるべきである」（徳善訳）。

ここに対応するラテン語本文ではこうなっています。「それゆえにまた私を、御自身のこのような測り知ることのできないほどの富をもって包みたもうた御父に対して、どうして自由に、喜んで、また全き心と自発的熱意をもって、神の前に気に入り喜ばれると思われるいっさいを、私はなさないであろうか。したがって、私は、キリストが自らを私に与えたもうたように、私を、いわばキリストとして、隣人に与える。そしてこの生において、私が隣人に対して必要であり、利益となり、救いとなると考えること以外の何事もなさないであろう。」「それゆえに、天の父がキリストにより我々に無報酬で助けをもたらしていたもうように、我々もまた、肉体とそのわざによって、我々の隣人を助け、おのおの互いに他人に対して、いわばキリストとなるべきである。こうして我々はキリストのものとなり、同一のキリストがすべてのもののうちにありたもう、すなわち、これがまことのキリスト者であるということである。」（山内宣訳、『ルター著作集』第一集第二巻）

両本文は厳密な意味ではどちらかがどちらかの正確な訳文とは言い難いでしょう。しかし、ドイツ語本文の「私の隣人に対して一人のキリスト者になりたい」という文と、ラテン語本文の「私を、いわばキリストとして、隣人に与える」「おのおの互いに他人に対して、いわばキリストとなるべきである」、それこそが「まことのキリスト者である」という文とを並べて読み比べてみると、「隣人に対して、あるいは隣人にとっての一人のキリストとなるという生き方」は、それこそまさしく「キリスト者としての生き方」に他ならないことに気がつきます。だからラテン語本文のように「いわばキリストとなるべき」と言い、「これがまことのキリスト者である」ということと、ドイツ語本文のように「ひとりのキリスト者になりたい」という文とには、表面は「キリスト」と「キリスト者」

という違いはあっても、内実としては少しも齟齬はないと考え、二つの単語の違いを心配しなくていいと思います。

なお、徳善先生は『マルティン・ルター——原典による信仰と思想』所収の「キリスト者の自由」の翻訳（これがリトン刊『「キリスト者の自由」を読む』に再録されている）では、「また、キリストが私に対してなってくださったように、私もまた、私の隣人に対してひとりのキリスト（のようなもの）になりたい」とし、ラテン語本文の「いわばキリスト」とドイツ語本文の「一人のキリスト者」の両者の意味合いを巧みに込められた表現を編み出されたものと思いました。

さらに、そう願う理由が「このあふれるばかりの財宝を」天の父が「私に注いでくださった」からであることをしっかりと確認しましょう。また、私にとっての模倣すべき、あるいは従うべき手本とはどういうことかと言えば、「キリストが私に対してなってくださったように」という表現に尽きています。

その上で、第二八項でキリスト者のなすべき善い行いあるいは愛の奉仕は「**むしろすべては他人を喜ばせ、他人の役に立つための自由な奉仕**」であることを繰り返して強調するのです。

パイプになる

第二九項では、愛の本性を神の愛が隣人に流れていくためのパイプになることとして描写しています。「**見よ、このようにして神の宝は一人の人から他の人へと流れて行き、共有されねばならない。また、各自は、その隣人を、あたかも自分自身であるかのように受け入れねばならない。この宝は、われわれの姿が御自身の姿であるかのようにそのいのちの中へとわれわれを受け入れてくださったキリストから、われわれの中へと流れ込んで来、われ**

われから、これを必要とする人々の中へと流れ込んでいく。さらには、キリストがわれわれすべてのためにしてくださったように、私も私の信仰と義を私の隣人のため神のまえにささげて、彼の罪を掩（おお）い、この罪を我が身に負い、これが私自身のものであるかのように行なう以外のことはなすべきではない。見よ、これこそ、愛が真実である場合の、愛の本性である。」

神の宝とはキリストの福音と言ってよく、罪の赦しと新しい命と言ってもいいでしょうが、この神の宝は自分一人だけが受け取り、仕舞い込み、独占してはいけないのです。だれかと共有するように命じられています。清い水をビンの中に仕舞い込んでいたり、お菓子を箱の中に仕舞い込んでいたりすれば、やがては傷んでしまうことと似ていないでしょうか。私にできること、それは宝物を溜め込み、仕舞い込み、挙げ句の果ては傷めてしまうのではなく、自分がパイプとなって、私と同じようにそれを必要としている人に分かち合うことなのです。それが私にプレゼントしてくださった方の御心なのです。「われわれを受け入れてくださったキリストから」「われわれの中へと流れ込んで来」「われわれから、これを必要とする人々の中へと流れ」出ていくことこそが、神が望んでおられることだとルターは言うのです。

パイプになるとか共有するとかということは何をどうすることなのでしょうか。「キリストがわれわれすべてのためにしてくださったように、私も私の信仰と義を私の隣人のため神のまえにささげて、彼の罪を我が身に負い、これが私自身のものであるかのように行なう以外のことはなすべきでない」と言われています。もちろん私にはキリストと同じようにはできません。しかし、少しでもそれに倣い、それに近づき、それを実行したい、それが「キリスト者になる」ことでしょうし、「一人のキリストになる」ということでしょう。使徒パウロの信仰告白を聴きましょう。「生きているのは、もはやわたしではありません。キリストがわたしの内に生きておられるのです」（ガラ二20ａ）。そうならば、畏れながらも、この取るに足りない私も、貧弱かもしれないけれども、「一人のキリスト」になる、いえ、ならせていただくのです。どうやって？　彼はこう続けます、「わたしが今、肉において生きているのは、わたしを愛し、わたしのために身を献げられた神の子に対する信仰によるものです」（同ｂ）。

信仰によって、愛によって

そして、いよいよ本書の結びの言葉が第三〇項に記されています。「**キリスト者は自分自身においては生きないで、キリストと隣人とにおいて生きる。キリストにおいては信仰によって、隣人においては愛によって生きるのである**」。

第一部と第二部の関係は、まさに「キリスト者の自由」が与えられているから「キリスト者の愛の奉仕」が生み出されて行くという構造です。それゆえに、冒頭に記した二つの相反するように見える命題は、やはり「自由」とされているから、それゆえに「仕える」となります。ですから二つの命題を繋ぐ接続詞は「それゆえに」が本書においては最もふさわしいと思われてなりません。これがまさにルター的であり、まさにパウロ的なのです。

キリストに罪赦された今は、自分にとっての最大の関心事である自分の罪の赦し（救い）のことをもはや心配しないでいいのですから、「自分のために生き」ることは必要なくなったのです。そうであるならば、これからなすべきことはただ「キリストと隣人とにおいて生きる」ことだけになります。だからこそ、ルターは本書の締め括りにおいて、声を大にして言うのです、「キリストにおいては信仰によって、隣人においては愛によって生きるのである」と。これは単なる事実を述べる平叙文にとどまりません。「あなたはもはや（あくせくと）自分自身において（自分自身のために）生きなくていいのだよ。ただキリストと隣人において生きたらよいのだよ。さあ、あなたはこれからは、キリストにおいては信仰によって、隣人においては愛によって生きたらいいのだよ」と優しく慰めに満ちた新しい生き方の許しの言葉でもあるし、「さあ、キリストにおいては信仰によって、隣人においては愛によって生きなさい」とあたたかく、力強い励ましの言葉でもあるのです。チャレンジだと言ってもいいでしょう。これこそがルターが聴き、私たち皆が聴くようにと語られた神の言葉です。福音であり、新しい「キリストの律法」なのです。

最後にご一緒に考えたいのは、本書の書名です。構造的に、また内容的に「キリスト者の自由と愛の奉仕」だと思われるのに、「キリスト者の自由」となっていることの理由は何でしょうか。一見すれば、自らを仕える立場に追い込み、他者の重荷さらには罪をも背負い込むのは、まるでせっかく自由になったのにあえて再び不自由になるかのようです。けれども、ルターに即して言えば、そうすることは人間的に言えば不自由であるかのように見えても、実は神の前ではそれこそが自由な生き方なのです。ということは、人間としてそれこそ真の自由を生きていることになります。愛の奉仕は自由の発露なのです。具体化と言ってもいいでしょう。ですから全編を貫くテーマもキーワードも「自由」なのです。だからこそ書名が「キリスト者の自由」であるのです。

六　ルターが語りかける「キリスト者の自由」という生き方

心と体と魂と

人間には心と体がある、あるいは精神と身体とがあると言います。ときには内面と外面という言い方もします。これは誰もが認める人間論です。経験的に理解できます。しかし、ルターは『キリスト者の自由』において「霊的性質と身体的性質」という二様の性質とか、「魂の面と血肉の面」という表現も「霊的な新しい内的な人間と身体的な古い外的な人間」も用いて、論を展開しています。このルター的な人間論とふつう言うところの「心と体」「精神と身体」「内面と外面」の二元論的人間論とはどういう関係でしょうか。ややこしいけれども、この点をはっきりさせることが、ルターの主張を理解する鍵になります。

本能もあり感情もあり、だから喜怒哀楽もあり、さまざまな人間関係を経験しながら社会の中で生きるところの、ふつうの人間にはあのマズロー心理学が示す欲求の五段階が当てはまります。それをルター流に言えば（身体だけでなく精神もあり、外面だけでなく内面も併せ持つのですが）「身体的な古い外的な人間」ということになります。

ところが、人間には心と体だけではなくもう一つの大切な機能があります。それが「魂」です。魂は心と体の統合機能を担うだけでなく、自我とも向き合い、それを見つめ、自己批判も自己省察もできます。さらに、もうひとつの極めて大切な機能は、自己を超越する存在である「神の働きかけ（霊）をキャッチし」、「神の言葉を聴き」、神と対話し交流し、「神の前で生きる」ことです。神に向けられたアンテナ、つまり、神からの言葉（＝心）を受信するアンテナであり、また神に私の言葉（＝心）を発信するアンテナとも言えるでしょうし、交わりと信頼が深まれば、それは「信仰」とも呼べるでしょう。そのような魂が働き信仰を持って生きる人間を「霊的な新しい内的な人間」とルターは呼ぶのです。もちろん「霊的」とか「内的」と言ってもそれは魂だけで生きているのではなく、心も体も備えているのです。人々と交わり社会の中で生きています。しかし、決定的な新しさは「神の前で生きている」ということです。ルターはこのような人のことを「キリスト教的人間（キリスト者）」とも呼びます。

律法と福音として語りかけられる神の言葉

けれども絶対的に義であり聖である神の言葉は峻厳で、その律法的な言葉を受けたら人間はけっしてその言葉にふさわしく生きることはできないことを思い知らされ、己を罪人だと認識するしかなく、自分の「生活と行ないとがすべて神のまえに無であり」「永遠に滅びるほかはない」し、「自分自身に絶望しなければならない」（第六項）のです。人間の真相あるいは実相を知らされたのです。魂があり神の言葉を聴いたばかりに、人間としての幸せも喜びも粉砕されます。神を知ったばかりに、神がいるばかりに人間は不自由の極みに陥ることになるのです。

けれども、神の言葉はそこで終わってはいませんでした。神の御子イエス・キリストによって「慰めの言葉」が語られ、「その信仰のゆえに、あなたのすべての罪は赦され、あなたの滅びはすべて克服され、あなたは義となり、真実となる、平安を与えられ、義しくなり、すべての戒めはみたされて、あなたはすべてのものから自由とされる」との約束が与えられるのです（第六項）。不自由の極みにあったのに、「すべてのものから自由とされる」という解放が宣言されるのです。自由になるのです。

『キリスト者の自由』の第一部はこの解放の宣言がどうやって可能となるのかを順を追って解き明かし、その中で義なる神の前では「キリスト者は自由か？」と疑問に思い、あるいは悩んだのに、福音が語られ、罪の赦し（罪からの自由）と新しいいのちが与えられたことで「キリスト者は自由だ！」と喜びの叫びを上げられることになるその消息が述べられているのです。

自由にされたら、その自由をどう生かすか

魂というアンテナで神の言葉を聴き、罪からの自由を与えられた新しい人は、自分の心と体、精神と身体、内面と外面とを魂によって統合し、神の前で、しかも人々の間で身体をもってどのように生きるのかを熱く述べているのが『キリスト者の自由』の第二部です。そこでのキーワードが「善い行い」ですが、善い行いとは倫理的、道徳的に上質の行為をせよという意味ではなく、隣人への愛と奉仕、あるいは愛の奉仕をするようにということです。せっかく罪からの自由を先頭にもろもろの「～からの自由」を与えられ、晴れて自由の身となったのに、何の義務も負い目もなくなかったと思ったのに、そうではなく、その自由を用いて隣人を愛し、隣人に仕えるという新しいいのちの在り方、営みへと押し出されるし（～への自由）、そこにこそ真の喜びがあると勧められ、招かれているのです。私はどう考えてもキリストそのものにはとてもなれないけれども「一人の小さなキリスト」になるように、ということはそのような「キリスト者」として生きるように召されているのです。ルターならではの決まり文句はこうです。「キリスト教的人間は自分自身においては生きないで、キリストと隣人とにおいて生きる」「キリストにおいては信仰によって、隣人においては愛によって生きる」（第三〇項）。これはもはや理想的な「自己」を

「実現」することを目指す生き方ではありません。それらから「自由」にされ、キリストのいのちを生きる生き方です。

徹底して受動的な生から、徹底して能動的な生が生まれる

神関係で受動的であることは、人を消極的な生き方に留め置くことはありません。それに値しないのに、無償でこんなに豊かな恵みをいただいたのだから！　これをバネに、徹底的に能動的、積極的、創造的、主体的な生き方が展開されるのです。

「隣人を愛する」「隣人に奉仕する」ということは、具体的にその隣人に対して、いつ、どこで、どのような姿勢で、どのような関わり方をし、どういう言葉をかけ、どのような行動を起こすかということについては、相手の置かれた状況への理解と洞察を深めつつ、最大限の知恵をめぐらせ、相手の心情への感受性を働かせ、勇気をもって決断し、十二分の配慮をもって賢く実践に移すということを含みます。そして、他者への関わり方も行動もみな責任を伴います。その責任も引き受けなければなりません。そうすると、このことは私に可能な限りの能動的、積極的、創造的、主体的な生き方を促します。なぜなら「愛する」「奉仕する」という言葉はそれを内実化、具体化しなければ「愛する」ことにも「奉仕する」ことにもならないからです。

その結果はどうなるのでしょうか。みごと愛することも奉仕することも豊かに実を結ぶのでしょうか。いいえ、いつもいつもそううまくいくとは限らないでしょう。でも、心配は要りません。「大胆に罪を犯し、大胆に罪を赦されよう」（ルター）。これらの愛も奉仕も神のイニシアティブ（主導性）のもとになされることです。究極の責任

は愛と赦しの神がとってくださいます。

ルターが私たちを招いている生の在り方、それは「キリスト者の自由」に基づく「キリスト者の愛の奉仕」です。無償の罪の赦しを与えてくださるキリストにおいては信仰によって生き、隣人においては愛によって生きる生き方です。それは徹底して受動的な生であり、同時に徹底的に能動的な生です。神が私を義とするということ（義認）が罪の赦しと新しい生の両方を含んでいるように、キリストへの信仰と隣人への愛の奉仕の両方を含むのが「キリスト者の自由」なのです。

愛の奉仕

喜捨をして「ありがとうございます」

仏教国タイの朝の風景。橙色の僧衣を着た僧侶が托鉢をして回ります。訪問された街の人はいそいそと喜捨(きしゃ)をします。そして言います「ありがとうございました」と。喜捨を受けた方がではなく、喜捨を行った方がそう言うのです。なぜでしょうか。それは、托鉢僧が来てくれたので、喜捨という善行を行う機会が与えられたからです。わずかであれ「功徳(くどく)を積む」チャンスをいただけたから、「ありがとうございます」なのです。喜捨はここでは僧にとっては糧を得ることができるから喜ばしいことですが、同時に、進んで施しをする側にとっても「己の救い」のために功徳を積む貴重な機会なのです。

ルターの時代もまた「善い行い」が勧められていました。そこでもまた紛れもなく「己の救い」をより確かなものにするために、教会によって勧められていたのです。善行自体は良いことでしょう。それによって恩恵を被る人がでるのですから。そうです、困っている人に救いの手を差し伸べることは褒められこそすれ、非難されることであるはずがありません。しかし、もしもその動機が純粋に困った人のためではなく、自分のためであったとしたら……。

昨今ボランティア活動がずいぶん広まってきました。どうしてボランティアをするのかと尋ねられて「感謝されるのがうれしくて」と無邪気に答える人もいるものです。感謝されるのはうれしいに決まっていますが、果たしてそれが真の動機や目的でしょうか。そうであっていいのでしょうか。自分が感謝されるというのうれしい思いをするためにボランティア活動をするのでしょうか。感謝は相手への奉仕に対して、結果として添えて与えられるものではないでしょうか。

「自己中心」という罪からの解放

マルティン・ルターはラディカルな（「過激な」、否、それ以上に、「根源的な」）問いを発し、自ら必死で答を見つけ求める人でした。自分が神さまに受け入れられ、認められ、願わくば永遠の命に与からせていただくために、つまり、「自分の救い」のためにいったい何をなすべきか、何をできるのか——こう自ら問い、教会に教えられ課せられた、また自分で考えられるあらゆることを、彼は誠心誠意努めてみました。

でも、その結果、自分には神さまを満足させるほどの、自分を救いに至らせる何もないことに思い至り、絶望的に苦しみ悶えました。修道士としての信心行にしても、人としての隣人愛にしても、神のため、隣人のためと言いつつも、どこかに、わずかではあれ、「自分のため」という動機が残っているのです。純粋に神のため、隣人のためにはなり切れないし、どうやってもそのことを克服できないことを思い知ったのです。そのような「自己中心性」をルターは神の前での「罪」だと理解し、そのような本性から逃れられず依然としてそれを持っている自分を神の前での「罪人」だと認識したのです。

しかし、感謝すべきことに、ついに「恵みによってのみ」「信仰を通してのみ」人は救われるという福音（良きおとずれ）を与えられ、それを受けて、とうとう彼は自分の救いを勝ち取るために刻苦勉励する苦しみから解放されました。恵みのみによって「罪の赦し」を与えられたのです。それに伴い、善行の義務からも解き放たれたのです。

それでも必要な善い行い

では、もはや何もしなくてよいのでしょうか。これが問題です。大問題です。「救いを得るためには善い行いは必要ない！」と大胆に言い切ったルターは、非難されました。論敵からだけでなく、教会の権威によっても批判され、また真面目な信徒や修道士を戸惑わせました。現代の私たちも面食らうでしょう。

それに対して、ルターはいささかの曇りもないように明瞭に主張します。「たしかにそうだ。けれどもこのことはしっかり聞いてほしい。〝救いの恵みに与かった以上、もはや自分の救いのためには善行は必要はないのだ。しかし、自分のためにではなく、ひたすら隣人のために愛の奉仕をするのだ。〟」「自分が受けた神の宝を隣人と分かち合うのだ」と。

この主張とこの論理をルターは『キリスト者の自由』（一五二〇年）と『善い行いについて』（一五二〇年）の中で熱く語りましたし、『アウグスブルク信仰告白』（一五三〇年）も一条を割いて「善い行いについて」述べています。

人間性は「人間性（じんかん）」

まず確認したいこと、それは、人間は独りで生きるのではなく、人間同士の関係の中で生きているということです。人間はそのようにしか生きることはできないということです。だから、あえて強く言えば「人間性（にんげん）」とは、とりもなおさず誰もが「人と人との間柄関係を生きる」という意味で「人間性（じんかん）」なのです。しかも身体をもって生きていますから、その関係はけっして抽象的ではなく、極めて具体的になります。だれかにする善い行いとは愛の奉仕と言い換えてもかまいません。

「信仰のみ」を掲げるルター派ですが、そこにはたしかに、順序は違いますが、善い行いの勧めがあるのです。隣人への善い行いがなければ人は生きていけません。助けるとか支えるとかの行いが生きていくのに必要不可欠なのです。

しかし、間違ってはいけませんが、このことは、私が生きていくためにはだれかに善い行いをしなければ生きていけないということと同時に、そういう私もまただれかに善い行いをしてもらわなければ生きていけないということでもあるのです。私はだれかを支えているかもしれないが、実は私もだれかに支えられているのです。「人間性（じんかん）」を生きているかぎり、善い行いはだれにとっても必要なのです。「人間性（にんげん）」は「相互性」と言ってもよいでしょう。

私もまた「していただいている」

このことと、ルター派にとって大事な教えのひとつである「全信徒祭司性」（長く「万人祭司」と呼ばれてきた）とを比べてみましょう。「全信徒祭司性」の中で、キリスト者はキリストがそうであるように、他者のために「執り成しをする者」であることが強調されていますが、すべての人が「執り成しをする」ということは、実はこの私もだれかに「執り成しをしてもらっている」ということになるということを意味します。これは論理的にそうなるというだけではなく、実態としてそうなのです。

まったく同じように、「隣人への善い行い」も、私もまただれかに愛の奉仕をしてもらうことがなければ生きていけないという事実、そして実際だれかに愛の奉仕をしてもらっているという現実を踏まえた上で、善い行い、愛の奉仕の勧めが行われているのです。

ただし、自分が愛の奉仕、善い行いをしてもらってはじめて生きて行けているということには、案外だれもが気づいているわけではないでしょう。ルターは自分のために執り成しをしてくださっている方の最たるお方がイエス・キリストであり、自分のために善い行いをしてくださっている最大のお方がイエス・キリストであることを明確に捉えていました。

善い行いをする力の源泉

ルターが善い行いをすることを語るときに、極めて特徴的なことは、「善い行い、愛の奉仕をするその力がいったいどこから出てくるのか」という点を強調しているところです。はっきりしているのは、善い行いをしなければならないからする、という「ネバナラナイ」という問答無用の道徳律ではないということです。もちろん、してもよいしなくてもよい、というのではなく、善い行いをすることへと招かれているのです。出エジプト記二〇章に記されている「十戒」の冒頭には、「わたしは主、あなたの神、あなたをエジプトの国、奴隷の家から導き出した神である」（出二〇2）と語って、憐れみ深い神からとてつもなく大きい恵みをいただいたのだから、それにふさわしい生き方をするように勧められているのです。ルターが隣人への善い行いを勧めているとき、それへと向かい実践する原動力は「ネバナラナイ」の戒めではないのです。「先行する神の恵み」なのです。

一見相反するけれども

この「奉仕する力」について考えるときに、すぐに思い出されるのが、ルターの名著『キリスト者の自由』の冒頭に掲げられている二つの一見相反する命題です。キリスト者（キリスト教的人間）とは何であるかとの問いにルターは第一項でこう語っています。

キリスト教的人間はすべてのものの上に立つ自由な君主であって、だれにも服しない。
キリスト教的人間はすべてのものに仕える僕であって、だれにでも服する。

このまるで逆のことを言っているような二つの命題は、いったいどういう関係になっているでしょうか。そのことは、二つの命題をどんな接続詞でつなげばよいか、というふうに考えると、ヒントが見えてきます。二つは単純に相反する事実を認め、価値判断をせずに事態を描写していると考えると、「そして」とか「また」とか「同時に」

などの接続詞が用いられるでしょう。また、実際に反対のことを言っているのだから、「しかし」とか「けれども」とか「にもかかわらず」などという類いの接続詞も当てはまるでしょう。

ところで、最初の命題とそれに続く命題――「自由な君主」で「だれにも服さない」と「仕える僕」で「だれにでも服する」――を、こうも結びつけられるのではないでしょうか。つまり、キリスト者は「自由な君主」で「だれにも服さない」存在だから、その自由を用いて喜んで「仕える僕」となり「だれにも服する」という具合にです。そのために選ばれるのは「それゆえに」とか「だから」とかという理由や原因を示す接続詞がふさわしいと思われます。「自由」だから「仕える」、この論理が、冒頭の二つの命題には書いてはないけれども、『キリスト者の自由』の全体を貫く主張であることは明確です。いえ、そもそもその前に人は「福音」によって「自由」にされた、その「自由」を用いて人は「仕える」のだ、と述べているのです。繰り返しますと、「自由にされた」「自由である」「だから仕える」という筋道なのです。

ここに鍵があります。本書第一部では、自由は外的なものによらない、信仰の義から信仰の自由に至る、神の言葉が魂を自由にする、行いなしに義とする信仰によって人は自由を与えられる――こういう論述の流れは、キリストが一方的な、恵みのみによる「罪の赦し」と「新しいいのち」を与えられるという根本的な神の出来事、福音の出来事によって、(内的な)人は根本的に「自由にされる」という福音のメッセージを示しているのです。キリストのゆえに、恵みのゆえに、根本的に自由にされる、否、既に自由にされているのです。

「……からの自由」と「……への自由」

もちろん、ルターが言いたいのは、そしてその大本にある使徒パウロが綴った手紙に確かに謳ってあるのは、自由は自由でもたしかに「……からの自由」です。わざわざ「……からの自由」などと言わなくても、日本で自由といえば、はっきり言って「……からの自由」です。自由は「他からの束縛を受けず、自分の思うままにふるまえること」と理解されることが一般的でしょう。それゆえに、「規制や束縛からの自由」、「義務からの自由」、「貧困や不正からの自由」なのです。言うまでもなく、これらは社会生活にとって極めて重要です。だからこそ歴史的に、多くの血を流してまで戦って勝ち取られてきたのです。旧約で言えば、エジプトの「奴隷状態からの解放」こそ自由なのです。

けれども、キリスト教の中では、自由は社会的な拘束からの自由にとどまらないのです。パウロやルターが強調したのは、「罪からの自由」であり、善い行いという律法の軛からの自由なのです。身体的束縛や抑圧からの外的自由に加えて、内的、霊的な自由が強調されています。使徒パウロは人間が「罪の奴隷」であることを根本的な問題としたのです。「罪の奴隷」となっている人間（罪人）に対して、十字架の福音はそこに「赦し」と「解放」をもたらしました。これこそ福音の中核にほかなりません。

しかし、強調しなければならないのは、聖書的な「自由」とはそこにはとどまらないということです。ということは、「福音」とは「……からの自由」だというのは、事柄の半分だということです。自由にはもう一つの側面があるのです。それが「……への自由」なのです。何にも縛られず、なにもしないでよい自由にとどまらずに、「なにかをすることへの自由」なのです。いわば、新しいいのちのあり方への自由なのです。

使徒パウロの勧めは端的に言ってこうです。「兄弟たち、あなたがたは、自由を得るために召し出されたのです。ただ、この自由を、肉に罪を犯させる機会とせずに、愛によって互いに仕えなさい」(ガラ五13)。自由になったのだから、一切の義務から解放されたのに、あえて愛すること、つまり、そうやって他者に関わること、その相手のためにわざわざ労苦を引き受けること、すなわち仕えること――それを選び取りなさい、と。これは強いられてするのでもなく、ましてや打算からするのでもなく、まったく自由な心からそうするのだというのです。

ここまでで明らかなのは、「善い行い」、「愛の奉仕」をすることへと私たちを押し出すのは「福音の力」、イエス・キリストの十字架の死と復活による罪の赦し、それによる「罪の奴隷状態からの解放」だということです。それこそが、聖書的、パウロ的、ルター的な愛の奉仕の力の源泉なのです。

ルターの肉声

ここまでルターの「愛の奉仕」についての考えが明瞭になったのですから、あとはもう一度ルター自身の肉声に耳を傾けて、それを自分の心に深く刻みつけましょう。『キリスト者の自由』第二七項と第三〇項に全編の神髄が書かれています。まず第二七項です。

「さてキリスト者はまったく自由なのであるが、自分の隣人を助けるために、かえって喜んで自らを僕とし、神がキリストをとおして自分とかかわってくださったとおりに、隣人と交わり、またかかわるべきである。つまり、すべて報いを考えずに、ただ神のみこころにかなうことのみを求め、次のように思うべきである。すなわち、『まことに私の神は、まったく価値のない、罪に定められた人間である私に、なんの功績もなしにまったく無代価で、

純粋の憐れみから、キリストをとおし、キリストにおいて、すべての義と救いのみちみちた富を与えて、これからのち私が、そのとおり信じる以外にはもはやなにも必要でないようにしてくださった。このあふれるばかりの財宝を私にこのように注いでくださった父なる神に向かって、私もまた、自由に喜んで、報いを考えずに、みこころにかなうことを行ないたい。また、キリストが私に対してなってくださったように、私もまた、私の隣人に対してひとりのキリスト（のようなもの）になりたい。そして、隣人にとって必要であり、益となり、救いに役立つ以外のことはするまい。私は私の信仰によりすべてのものをキリストにあって十分にもっているからである』と。見よ、このようにして、信仰から、神への愛と喜びとが流れ出、愛から、報いを考えずに隣人に仕える自由で自発的で喜ばしい生活が流れ出るのである。」

結び、第三〇項で彼はこう言っています。「キリスト教的人間は、自分自身においては生きないで、キリストと隣人とにおいて生きる。キリストにおいては信仰によって、隣人においては愛によって生きるのである。」

なお、太字で印刷されているルターの『キリスト者の自由』からの引用文はルター研究所編著『「キリスト者の自由」を読む』（リトン）所収の徳善義和先生の訳文によります。

礼拝に表されたルターの思い

改革派の流れをくむ多くのプロテスタントの教派や福音派の諸教会から見たら「とてもカトリックっぽい」と思われているルター派の礼拝です。その式文を見ても、その礼拝を司る牧師の装束を見ても、式文の中の定式化された歌や文章や成文祈祷を見ても、その印象を抱かせます。ルター派こそは一六世紀の宗教改革の元祖だったはずなのになぜ「カトリックっぽい」のか、と不思議がられるでしょう。不徹底だったのか？　否、ルターによって改革された教会とその福音理解にふさわしい礼拝の形がそこにあるのです。

以下に、宗教改革の教会の礼拝の心を明らかにし、その形を理解していきましょう。

神がしてくださる奉仕

およそどの礼拝学の文献を見ても、礼拝とはその二つの漢字「礼」と「拝」とから想像できるように、人間が絶対者なる神を拝み賛美し祈る、あるいは犠牲を捧げる、そのような行為が原型ないし核だと説かれています。あるいは最近は、神と神の民の対話であると説明しているものも少なくありません。そしてその理解にふさわしい礼拝の形が構成されています。

それに対して、ルターの礼拝理解はそれらの常識をくつがえします。ちょうど宗教改革の中心テーマが、神の前で人間がなんとかして（もちろん、神の恵みを受けながら）自らの義を獲得しようとしていたことから一八〇度逆転して、「神の義」とは罪人を断罪、粉砕するのではなく、「神が罪人を義とする」ことだと理解したことに呼応して、礼拝もまたその根本的性格は、人間が神に対して捧げる奉仕ではなく、神が人間に対してなす奉仕だと規定するのです。

よく引かれることですが、ルターの礼拝観は、「礼拝」を表すドイツ語の Gottesdienst（神奉仕）を敢えて Gottes Dienst と分解して、「神の奉仕」という言葉で説明されてきました。ふつう神（の）奉仕といえば、その神は奉仕の対象を指します（神への奉仕）。しかし「神の奉仕」の「神の」は、そうではなく、奉仕という行為の主体を表す（神がする奉仕）ものととるのです。したがって、礼拝とはまずなによりも、そして徹頭徹尾、神が人間に対してしてくださる奉仕として性格づけられ、各部分もそのような神がなさる奉仕の一つひとつとして位置づけられるのです。

神が人間にしてくださる奉仕とは、それを受けるのにふさわしくないにもかかわらず顧み、恵みを与え、とくに罪の赦しを与え、そしてさらに新しいいのちを与え、それにとどまらず、神の務めを委ねられた者として、キリストの証人として、この世界へ再び派遣してくださることなのです。まさに、これにまさる神の奉仕はなく、これ以外に人間にとって必要な神の奉仕はないのです。

このような神がなさる奉仕をもたらすもの、それが「神の言葉」です。だから、礼拝の中心は神の言葉にほかならないのです。

み言葉こそが中心

み言葉中心と言うと多くのプロテスタントはただちに、そのことを説教中心ということに置き換えるでしょう。しかし、み言葉とは第一義的にはイエス・キリストなのです。そして聖書であり、説教なのです。しかもそれにとどまらず、「見えるみ言葉」としての聖礼典（サクラメント）もそうなのです。

プロテスタントの多くはカトリックのサクラメント理解を批判して、自らの礼拝からサクラメントを後退させる結果となってしまいました。ルター自身の本来の意図にもかかわらず、後代のルター派でも、主日礼拝における聖餐式を教会暦の三大祝日と宗教改革記念日の年四回だけしか行わないところも少なくなかった時期も長く続きました。もっとも最近は毎月一回どころか、毎週行うのが基本との考えが次第に受け入れられるようになってきました。

ともかく、み言葉中心ということは、説教中心ということに偏らず、聖書、説教、サクラメントを中心とするということです。

主日礼拝において聖書朗読は通常旧約、使徒書、福音書から日課に従って選ばれますが、福音書は必ず牧師が朗読し、これを会衆が起立して聴くという伝統もこのみ言葉中心性を見える形で表現していると言えるでしょう。

説教といえば、これは中国語では講道と言います。日本語でも伝道（説教）という言葉がよく使われます。講道の道、伝道の道は、人間の生きるべき道と一般には思われているでしょうが、キリスト教ではそうでしょうか。漢訳聖書では有名な「太初（はじめ）に言葉（ロゴス）があった」の「言葉（ロゴス）」は「道（タオ）」と訳されています。またヨハネによる福音書に「わたしは道であり、真理であり、命である」（ヨハ一四6）とあるように、道とはキリストのことです。ですから、説教とは何よりもキリストを、十字架と復活によって私たちの罪を赦し、いのちを新しくしてくださるキリストを宣べ伝えることなのです。

神からの恵みの聖餐式

宗教改革においてローマ・カトリックとの間で聖餐理解をめぐって決定的に対立したのみならず、福音主義諸教会の間もそれによって分裂した、ルター派の聖餐理解によれば、聖餐式においてもう一度キリストの十字架の犠牲が神に対して捧げられるのではなく、神からの十字架の恵みの出来事がいまここで再び現実のものとして与えられるのです。「人間によって神に捧げられた犠牲」（サクリフィチウム）から「神から人間への恵み」（ベネフィィチウム）への一大変化です。さらに、生けるキリストがそこに現在（現臨）しておられるパン（キリストの体）とぶどう酒（キリストの血）の両方に会衆は与かることになったのです。中世の一種陪餐からの大きな変化です。聖餐においても「神の奉仕としての礼拝」という考え方が一貫しているのです。

招かれ、主体とされる会衆

礼拝の主体は神ご自身であることを強調してきましたが、神が礼拝の中で罪を赦し、新しいいのちを与えてくださることによって、人間もまた「霊と真理をもって」（ヨハ四24）この神に奉仕する（礼拝する）ことができるようにされるのです。だから会衆はもはや司祭たちによって演じられる儀式の単なる傍観者などではありえないのです。

まず、聖壇の上でなされることが、より正確に言えば、聖壇の上で語りかけられることの一切が、自分にわからなければ意味がありません。だから、礼拝の言葉は、ということは当然のこととして聖書の言葉も、説教の言葉も、式文の言葉も自分たちの生活の言葉でなければならないのです。それゆえ礼拝の言葉がラテン語から自国語に変わりました。ルターが聖書をドイツ語に翻訳したことはよく知られているとおりです。このことは、私たちにとっては単に礼拝で聞く言語は日本語であればよいということにとどまらず、礼拝に集まっている者にとっていきいきと意味のわかる現代の言葉であるべきだということへと敷衍（ふえん）されるでしょう。

礼拝の主体とされるということは言語の問題にとどまりません。それまで聖職者や専門的歌唱者たちに独占されていた聖歌が、会衆のものとなっていったのです。コラールと呼ばれる会衆によって歌われる賛美歌が作られ、広められていきました。ルター自ら作詞作曲をしました。コラールを衆賛歌と訳すのはまことにふさわしいと思います。まさに会衆の賛美歌なのです。コラールを手にして会衆ははじめて賛美する主体として礼拝に参加できるようになったのです。

もうひとつ賛美歌について確認されるべきことは、ルターによればこの会衆による賛美歌とは、「会衆による説教であり信仰告白である」ということです。聖職者が説教者として会衆に対して、またこの世界に向かって福音を宣言するように、会衆もまた賛美歌を歌うことによって会衆自身に対して、またこの世界に向かって、声高らかに福音を宣言するのです。

ラディカルに、漸進的に

ここまで述べてきたようにルターの礼拝改革の原理は、それまでの慣習に対してそれは驚くほどラディカル（急進的、根本的）な改革でした。しかしながら、冒頭に記したように、礼拝の構成という点からみたら、従来の形をかなりの程度踏襲しているのです。このことはどのように説明されるのでしょうか。ルターの言行不一致とか実践の不徹底とかということでしょうか。

ルターが一五二二年にヴィッテンベルクに帰還して騒乱を鎮めた翌年に著した「ミサと聖餐の原則」（フォルミュラ・ミサエ）の中で、彼は礼拝改革の意図を「現在用いられているものを純化し、その信仰的な（すなわち、福音主義的な＝引用者注）使用を指示する」と記しています。また、同じ年に書いた「会衆の礼拝式について」の中でも「礼拝を廃止するのが私たちの考えではなくて、むしろもう一度それを正しい方向に持っていこう」と言っています。

このような基本姿勢に立ち、かつ急激な変化に多くの人がとまどわないようにとの配慮もあって、彼は西方教会の礼拝の伝統を可能な限り維持しました。それは中心となるもの、根源的、第一義的、本質的な部分さえしっかりおさえれば（改革すれば）、それ以外の部分は伝承されてきたものを引き継いで少しも構わないと判断したためなのです。

古くて新しい礼拝の形

ルターにとって礼拝とは、神が人々にしてくださる奉仕であり、それは十字架と復活のイエス・キリストが語られるみ言葉とサクラメントにおいて与えられることである以上、礼拝の二大中心がみ言葉の部と聖餐の部にあり、それをはさむ形で開会（入祭）の部と閉会（派遣）の部があるという四部構成を基本とすることになります。開会の部では、入祭唱（イントロイトゥス）、キリエ、グロリアが残されています（昨今は入祭唱に詩編唱をあてることが多くなりました）。特祷（コレクト）は簡略化されて保たれ、入祭唱とともに、その日の礼拝のテーマを示しています。

み言葉の部にあっては、日課にしたがって旧約と使徒書と福音書が朗読されます。長いこと一年サイクルだった日課は、今日は世界的に共通の三年サイクルがルター派でも採用されています。福音書朗読の前の昇階唱（グラデュアル）は短くされました。朗読前後の会衆による「神に栄光あれ」「キリストに誉れあれ」は保たれてきました（現在の日本のルーテル教会式文では除かれています）。

聖書朗読のあとにその説き明かしとしての説教が続くのは言うまでもありません（当時の礼拝を巡察してその説教の貧困さを目の当たりにしたルターは『標準説教集』を著しました）。聖餐式を含めた礼拝全体がメッセージを語っているからといって説教の重要さを少しでも薄めようとする意見があれば、ルターのそれとはおよそ似ても似つかぬものであることになります。

信仰告白として信条（「使徒信条」あるいは「ニケア信条」）が会衆一同によって告白されます。今日の式文（いわゆる青式文）では説教への応答として説教の後でなされます。また奉献（献金）がこれに続きます。

聖餐の部では、決定的な変更はミサ典文にある犠牲的な用語を大胆に削除したことです。説教がそうであったように、ミサ典文においてサクラメントの福音主義的な性格が明らかにされるために、この変更はどうしても必要なことでした。

司式者による語りかけと会衆の応答に引き続き、序詞（とその期節ごとの特別序詞）、さらに設定辞、聖なるかな（サンクトゥス）、主の祈り、主の平和（パックス）の挨拶、神の小羊（アニュス・デイ）と歌いつつまたは唱えつつ展開していき、そこで会衆は配餐に与かります。この際ルター派では伝統的に会衆は聖卓に進み出てパンとぶどう酒を受けとります。二種陪餐です。配餐ののち感謝の祈りも保たれています。

なお、今日多くのルター派の教会ではいわゆる小児陪餐（正確には、堅信前の初陪餐の実施）が長い論議のあと導入されています。これは幼児（嬰児）洗礼とともに、神の恵みの先行性と教会共同体の信仰による支えを前提としています。この適応が、今日課題になっている知的障がい者や認知症の高齢者など小児以外の洗礼や陪餐にも広がることを可能にするでしょう（ただし、ルター派では未信者の陪餐（いわゆるフリー・コミュニオン）を意図していません）。

閉会（派遣）の部は従前の形がほぼ保たれています。現在の式文にはシメオンの頌歌（ヌンク・ディミティス）も再びとり入れられています。結びの祝福ではアロンの祝祷（民六24―27）が使われることが一般的です。派遣の言葉が語られることも増えてきました。

福音的な公同性

あの激しく徹底的な宗教改革の論争とこのような教会（礼拝）の伝統の継承とが両立するのは、ルターの信念、すなわち福音の核心部分さえ鮮明にされるなら（同時に、それを妨げる要素を取り除くなら）連綿と引き継がれてきた教会のよき遺産を大切に保っていこうとの考え方によるのです。「アウグスブルク信仰告白」第七条で「教会の真の一致のため」に必要なことはただ「福音がそこで純粋な理解に従って一致して説教され」ることと「聖礼典が神のみことばに従って与えられる」ことのみと言い切っていることとまさに符合するのです。

この基本が生きているかぎり、同じ「唯一の、聖なる、公同の、使徒的な教会」につながる教会は、たとえ今すぐには困難があっても、必ずやいつの日にかともどもに礼拝をし、共に聖餐に与かることができるだろうと期待されています。

本稿執筆時、ルーテル教会で用いられていたのは一九九六年版の式文（いわゆる青式文）でした。しかし、日本福音ルーテル教会と日本ルーテル教団は二〇一八年に改訂式文を公表し、すでに試用が始まりました。招き—み言葉—聖餐—派遣という骨格は変わっていませんが、言葉も順序も音楽も長い研究の後にいろいろ改訂がなされています。そのことをご理解ください。

ルターの礼拝改革と賛美歌

一　原点に立ち返り、福音にふさわしい信仰を生きる教会を再形成する宗教改革

悪しき慣習と「福音の再発見」

改革というとその当時普通に実践されていた、本来ならふさわしくない、もっと言えば悪しき慣習などを改める運動と思われがちですが、そしてそのような具体的な改善を求める面はもちろんありますが、こと宗教改革に関してはそのような言わば表面的な改善改良の運動と捉えるのでは全く不十分です。たしかに宗教改革のきっかけは当時大いに流行していた「贖宥状（しょくゆう）」（一般に免罪符と呼ばれてきた）の販売に疑問を感じたルターが「九五箇条の提題」をヴィッテンベルク城教会の扉に張り出したことが端緒だと言われており、その日一五一七年一〇月三一日が宗教改革記念日として祝われてきましたが、根本は彼によって「人間の救いはいかにしたら可能か」という大問題が真剣に問い直されたことででした。

ルター個人の信仰的苦悩の解決をついに聖書の中に見いだしたわけですが、その手掛かりは「神の義」について

の新しい聖書解釈でした。峻厳な神の義は、人間にその義にふさわしい在り方を要求し、それにふさわしく応えることができなければ、罪人たる人間は裁かれ罰せられるという理解からは、ルターはどんなに努力をしてもしても安らぎは得られず、逆に懊悩し、不安が増し、恐れおののくばかりでした。しかし、詩編やローマ書の研究を通して彼に示されたのは、「神の義」とは「裁く義」ではなく、「神が賜物として与えてくださる義」であり、神とは罪人を「義とする」神であるという福音でした。中核の教えを「信仰義認」と呼びますが、厳密に言うならば「恩寵(恵み)義認」と呼ぶのがよりふさわしいでしょう。恵みによる義認が先にあり、それを信仰によって受領することが伴うと言っていいでしょう。そのことを「福音の再発見」と呼び、それによって教会の悪しき慣習の改善の根拠も明らかになり、教会の本質と実践の新しい認識も与えられて、キリスト者としての教会の改革への取り組みと社会の中での自由で責任を持って奉仕する生き方も生み出されていったのです。

ベクトルの大転換

このことは、神と私、神と人間の関係を表す表現にも逆転をもたらしました。両者の関係の基本的な流れが変わったのです。救いを獲得するための「下から上へ、人間から神へ」という流れでは願いはかなわないのです。ですから最後の手段として「上から下へ、神から人間へ」という逆の流れがイエス・キリストの受肉、十字架、復活によって確立されたのです。

「人は皆、罪を犯して神の栄光を受けられなくなっていますが、ただキリスト・イエスによる贖いの業を通して、神の恵みにより無償で義とされるのです。神はこのキリストを立て、その血によって信じる者のために罪を償う供え物となさいました」(ロマ三23―25a)。「わたしたちが信仰によって義とされるためです」(ガラ三24b)。そうです、恵みにより、信仰によって(信仰を通して)私たちは義とされ、罪赦されて新しいいのちを与えられるのです。律法の行いによってではないのです。「なぜなら、律法の実行によっては、だれ一人として義とされないからです」(ガラ二16c)。これが「下から上へ、人間から神へ」から「上から下へ、神から人間へ」の一八〇度の転換なのです。

それはまた、三つの「ト」から三つの「ノミ」への転換でもありました。神の恵みト人間のなすべきこと、信仰ト行い、聖書ト伝統ではなく、恵みノミ、信仰ノミ、聖書ノミなのです。煎じ詰めれば「キリストノミ」なのです。神の前での(人間の前ではなく)救い(解放、自由)を可能にするのは、ただ「キリストノミ」なのです。あえて「ノミ」と言い切ることで明らかになる、新しく正常化された「神―人関係」が宗教改革的な福音理解の特徴です。救いのための働きの真の、究極の主体は神であり、人間ではないと承認するのです。人間の主体的な行為と思いがちな信仰でさえも聖霊の賜物だと感謝して告白するのです。

この原理に立つことから、信仰改革は礼拝改革へと進み、そこから教会改革は広がっていくのです。

二　礼拝の諸改革とその原点

ルターの礼拝改革

礼拝学者のホワイトは、一六―一七世紀の宗教改革運動から現在に至る七つの礼拝伝統が生まれたことを語っています。ローマ・カトリック、ルター派（ルーテル）、改革派、再洗礼派、アングリカン（聖公会）、ピューリタン、クェーカーです（ホワイト『キリスト教礼拝の歴史』）。

ルターは西方教会に連綿と続く礼拝の大きな構造は継承しています。ただ、ここが肝心なことですが、聖餐式の典礼文だけは明確に福音的なものへと改めました。宗教改革の三大文書と呼ばれるものの一つ、『教会のバビロン捕囚』を著し礼拝改革を主導します。ミサ式文はドイツ語へ変更します（最初はラテン語でしたが）。聖書のドイツ語訳を自ら行い、誰もが読めて聞いて分かるようにしました。説教を重視し、しかもそれまでの聖人伝などと異なり、聖書の説き明かしを中心としました。会衆賛美歌（コラール）の導入と創作の先頭に立ち、賛美歌を歌うことで会衆が礼拝に積極的に参加できるようにしました。二種陪餐を復活し、信徒が杯も受けるようにしました。私唱ミサを廃止し、ミサ＝聖餐の共同体性を大事にしました。聖餐論は実体変化説ではなく、パンとぶどう酒「と共に、の内に、の下に」主が現実にそこにいますことを主張する現在／現臨説（リアル・プレゼンス）を強調しました。サクラメント（聖礼典）はその設定がキリストご自身によることが明らかで、み言葉と共に物素（エレメント）が用いられる洗礼と聖餐の二つに定めました（当初あった悔悛の秘跡は外します）。幼児（嬰児）洗礼は存続させました。福音の説教とサクラメントの福音にしたがっての執行以外は、教会一致のためには「どちらでもよいこと」（アディアフォラ）として、強制的統一を図ることはしませんでした。

礼拝観の変化

もろもろの礼拝改革の根本には、上述のようなベクトルの大転換という礼拝理解の大きな変化があり、実に独自性に富んだ見方を示しました。現在英語では礼拝のことを一般的・伝統的にはワーシップと言いますが、この言葉の語源を遡れば古代英語のウェルトスキペーに行き着きます。それは神に最高の価値を帰することだと言われています。漢字文化圏での礼拝という語を作っている二つの漢字は、禮は神にお供えをする行為、拜は人間を超える存在を伏し拝む行為と結びついています。人間の宗教意識、宗教感情をよく反映しています。ユダヤ・キリスト教の伝統の中にも当然あった礼拝観です。

しかし、ルターに示された福音理解によれば、そのような礼拝観は見直されなければなりませんでした。彼の母語ドイツ語で礼拝にあたる言葉はGottesdienst（ゴッテスディーンスト）です。その一つの単語をもともとあった二つの単語に分けると、Gottesdienst = Gottes（Gott 神の）＋ Dienst（奉仕）になります。このGottes（神の）という文法的にいうところの属格（〜の）には、それを対格（〜への）として捉えるか（神への奉仕）、あるいは主格的（〜が）に捉えるか（神がする奉仕）の二つの選択肢があります。（以下の例は日本語ですが、ドイツ語だと思ってください。たとえば、老人の介護というときの「老人の」は老人への介護であって、これが対格的属格で、信徒の証言と言えば信徒がする証言で、主格的属格になります。）「Gottes-dienst（神の奉仕）」の場合、人間が神に対して捧げる奉仕なのか、神が人間に対してなす奉仕なのか、どちらでしょうか。一般的には前者と思われていますが、ルターの信仰理解によれば後者なのです。

実際、私たちの礼拝を形作る要素を見てみると、招きの言葉、聖書朗読、説教、聖餐、祝福（祝祷）・派遣、これらはいずれも神が人間に対して救いをもたらすためにしてくださる神ご自身の恵みの行為です。礼拝へと私たちを招き（招詞）、罪を赦し、新しいいのちを与える神のみ言葉を語り宣言し（聖書朗読、説教）、キリストの体と血により養い（聖餐）、祝福しこの世界へと派遣する——みなそうです。聖餐は、私たちが神にキリストという犠牲を捧げることではなく、神が私たちのためにキリストの犠牲という救いの業をいまここで再現してくださることなのです。

この神の救済的な恵みの行為への人間の応答が、賛美、祈り、信仰告白、奉献などであり、どれも礼拝に不可欠の要素ですが、あくまでも神の恵みの行為への応答であって、第二義的な要素となります。もちろん礼拝は前者だけで成り立つものではなく、後者を必然的に伴いますが、主導的なのは前者の、私たちへの神の（神が与えてくださる）恵みの行為です。ですから、礼拝の主役また主体は神ご自身なのです。神が招き、語り掛け宣言し、養い、派遣するという、神がしてくださる私たちへの奉仕、つまり罪を赦し、新しい命を与えて、救いをもたらすための私たちへの奉仕、これが礼拝の根本なのです。その神がしてくださる奉仕によって私たちもまた神への感謝と奉仕をするものへと創り変えられ、さらにはその具体化として隣人へ奉仕するものとして送り出されていくのです。

三　ルターが作った賛美歌

ルターは賛美歌を創作する

礼拝の中での賛美は専門の聖歌隊の独占物ではなく、会衆が自ら賛美するものだという信念に立って、ルターは会衆が歌える、また歌うのにふさわしい賛美歌を用意しました。音楽の才能に恵まれていたルターは自らも先頭に立って賛美歌を創作し、また仲間たちに協力を求め、賛美歌を創作することを勧めました。ルター自身、生涯に五〇曲ほど歌詞を書き、またその中の何編にも曲を付けたと言われています。最初の福音主義的賛美歌集は一五二四年に刊行されました。

彼の賛美歌の作り方はさまざまで、中世からの歌（ラテン語、ドイツ語）に信仰的な歌詞を付けたり、伝統的な典礼の歌だけでなく民謡などにも福音的な歌詞を付けて替え歌にしたり、自分で作詞作曲したり、詩だけ書いて曲を付けてもらったりといろいろです。創作曲を作ってくれる同僚にも恵まれました。『讃美歌21』（一九九七年、以下『21』と略記）にはルターが作った賛美歌は一〇曲収められています（その内、作曲もしたのが確かなのは三曲）。ルーテル教会が作った『教会讃美歌』（一九七四年初版、二〇〇〇年部分改訂、以下『教会』）にはルターの作詞による賛美歌が一七曲、作曲したものが一一曲、その内、作詞作曲したものが六曲集められています。それを丁寧に見ることで、ルターの信仰と神学がそこに反映されていることが分かります。

何事につけてもそうですが、賛美歌の研究、翻訳、解釈なども先人のご貢献に深く感謝するものです。所収の賛美歌全曲について解説を付しているのが『讃美歌21略解』（日本基督教団出版局、一九九八年）です。ルターの賛美歌一〇曲の内、八曲はJK、二曲はTSというイニシャルが付された方の執筆です。宗教改革五〇〇年記念の年に出版されたのが、ルター研究の第一人者、徳善義和先生の『ルターと賛美歌』（日本キリスト教団出版局、二〇一七年）です。『礼拝と音楽』に連載されたものが一冊にまとめられました。二二曲を選び、それぞれの曲についての歴史的、神学的、音楽的その他豊かな蘊蓄を傾けてくださっていますが、その解釈を実証するために原詩に忠実な翻訳が示されています。さらにルターが当時の民衆たちと新しい賛美歌を分かち合うために彼らの言葉を用いたように、現代を生きる私たちが理解し易く、歌い易いように、曲に適った平易な口語の訳詞も用意してあります。実にありがたい本です。『CDで聴くキリスト教音楽の歴史　各曲解説・歌詞対訳』（日本キリスト教団出版局、二〇〇一年）には、選ばれたルターの賛美歌について大角欣矢氏による解説と歌詞対訳が三二曲載っていてこれまた重宝します。

原詩を可能な限り正しく理解するためには、原詩を読みながら、専門家によるその正確な邦訳を見ることが必要です。なぜならば、日本語の歌詞は、原詩の翻訳をごく限られた字数の中に縮めて収め、しかもそれが曲にうまくマッチするように、また日本語として文学的にも美しいように整え、なおかつ原詩に込められた作詞者の信仰的、神学的な意味が凝縮された形ではあっても失われず、むしろよく表現できるようにという要求に応えなければならないのですから、賛美歌の訳詞というのは至難の業です。明治以来の賛美歌の刊行事業に心から敬意を表します。

それでは、ルター作の賛美歌の内から、個人的な好みも交えて、代表的と思われるものを選んで、紹介をしていきましょう。なお、以下で紹介する原詩の邦訳は断らない限り『ルターと賛美歌』に収められている徳善先生の訳に依ります。

Nun komm, der Heiden Heiland

いまこそ来ませ（『教会』一）　いま来たりませ（『21』二二九）

ルターが最初に創った賛美歌の一つは、アドベントの期節のための賛美歌でした。なぜこの歌の初行でわざわざ「異邦人の救い主」と謳ったのか考えてみました。「世界の救い主」で構わないと思いますが、作詞者ルターが自分自身を、あるいはこの賛美歌を歌うドイツの民衆たちが自分たちのことを、本来の救いの対象ではなかった「異邦人」なのに、主イエスはそのような私たちにも救いをもたらしてくださったということをあらためて覚え、その神の恵みを感謝し賛美するためだったのではないでしょうか。

原詩を忠実に訳した徳善訳を読むと八節になっていますが、その内容は神の言葉の受肉、聖霊によるおとめの懐妊、神人両性（キリストは神にして人という教理）、黄泉降下と昇天、飼い葉桶の輝き、最後に三位一体の神への賛美（「父なる神に賛美、ひとり子なる神に賛美、聖霊なる神に賛美、常に、また永遠に！」）という具合に、アドベントに始まる神の子の救いのドラマを、教義的なこともためらわずに含めながら、謳い上げていることが分かります。受肉の描写にこの賛美歌の真骨頂があるかと思いますので、六節だけ引用して紹介しましょう。「み父と等しい方がそこを出て肉における勝利を目指す。その永遠の神の力はわれわれの内に弱い肉を取る」。

その長いドラマをそのまま全部日本語の賛美歌に移すことはできないので、『21』は一節で「いま来たりませ、救いの主イエス、この世の罪を贖うために」と受肉の目的を簡潔明瞭に示し、二〜四節で受肉から黄泉降下に至り、それによって「御父にいたる道を拓く主」と救い主の働きを集約しています。『教会』は一節で「いまこそ来ませ、この世のために／マリヤにやどる神の子イェスよ」、二節に「み座よりくだり、罪とが負いて、われらを救い、み許にかえる」と主の降下、十字架、昇天をきわめて短くしかも端的に描写しています。翻訳の労を取られた方々の苦心に頭が下がります。私たちはこのごくごく凝縮された歌詞を歌うときに、その言葉に込められた広く大きく豊かな福音、神の恵みの出来事の展開に思いを馳せていきましょう。ルターにとってアドベントに十字架と復活の主を思い、レントとイースターに神の子の受肉を想うことの意味は深いのです。バッハもカンタータにこのコラールを何度も用いています。

Von Himmel hoch, da komm ich her

天よりくだりて（『教会』一二三）　天のかなたから（『21』二四六）

クリスマスの時の子どもたちの喜びの一つは、みんなで、できたら衣装を着て、聖書に記されたクリスマス・ページェントを演じることです。台詞を言うだけでなく、それが歌になっていたなら、小さな子どもたちでも諳んじて歌えます。集まったみんなでクリスマス・キャロルを歌うことはお祝いの席でのハイライトです。

ルターには愛妻カタリーナと三人の男の子と三人の女の子がいました。彼はリュートという、中世からバロック期にかけてヨーロッパで用いられた古楽器で、棹と共鳴胴があり指で弾いて演奏する弦楽器をよくたしなみました。彼が弾き、家族が合唱したのです。その様子を描いた絵も残っています。

この賛美歌はルターが家族とともにクリスマス・ページェントを歌うために自ら歌詞を書いたものです。とても興味深いことに、その曲は当時流行っていたなぞなぞ歌だったというのです。元歌の出だしは「海の向こうから私は来ました。不思議な宝を一杯もって。さてさてそれはなんでしょう」という趣旨だったそうです。父親ルターがリュートを片手に弾きながら歌い出したのが、子どもたちもよく知っている歌の替え歌だったから、さぞや彼らはビックリしたり、大喜びしたことでしょう。原詩は「空高くから私は来ました、新しい知らせを伝えるために。嬉しい知らせのお話を　たくさん歌って聞かせましょう」です。「海の向こうから」が「空高くから」に変わっています。そうです、世俗の歌が聖書物語を楽しく伝える賛美歌として生かされたのです。現代流に言えば、童謡や民謡はては演歌やポップスなどが信仰の歌に衣替えして歌われたのです。このなぞなぞ歌の曲は古い賛美歌集に収められていますが、のちにルターは今日も歌われている曲を作曲して教会の礼拝でも歌うようにしたのです。

大きく分ければ、天使の部と子どもたちの部になりますが、もっと細かく分担すればさらに楽しくなるでしょう。こうやって、家族が揃ってルカ福音書のストーリーを歌いながら救い主の降誕を祝う、クリスマスの定番の賛美歌ができたのでした。

このような賛美歌の由来を知ると、「いずこの家にもめでたきおとずれ」（『讃美歌』五四年版）とか「天よりくだりて嬉しきおとずれ」（『教会』）という文語調の格調高い訳文よりも小さい子どもたちも口ずさめる平易な口語文のほうがルターが作詞作曲した気持ちに添っているでしょう。『21』はそう努めていますが、徳善口語訳は言葉の選びも全体が醸し出す雰囲気もまさに秀逸でしょう。

Christ lag in Todesbanden
主死にたまえり（『教会』九七）　主はわが罪ゆえ（『21』三一七）

深く重い、小節の区切りのない、流れるようなメロディーに乗って「キリストは死の布に横たわった、／われわれの罪のために与えられて」（原詩、徳善訳）という最初の歌詞が歌われると（『教会』は「主死にたまえり　われらのために」、『21』は「主はわが罪ゆえ、死にたまえども」）、これは受難の賛美歌かと間違いかねません。しかし、このあとに第一節の第二行目は「ふたたび生きて　いのちをあたう」（『教会』）、「主はよみがえりて　いのちたまえり」（『21』）と続くのです。まぎれもなくこの賛美歌は復活の賛美歌なのです。『十字架の神学』のルターにキリストの受難のみを歌った賛美歌はないという注目すべき事実が明らかになる」と徳善先生は言われます。

ルターは「受難と復活」をいつも一つの出来事として理解しているのです。受難なしの復活は浅薄で、復活なしの受難は空しいでしょう。受難と復活が一つであるのが彼の信仰であり神学であったでしょうし、ルターの代名詞のような「十字架の神学」は、正確には「十字架と復活の神学」と言うべきでしょう。だからこそ、前述の

「ルターに受難のみを歌った賛美歌はない」ということになるのでしょう。パウル・ゲルハルト(「見よ、十字架に　主はかけられて」(『教会』七四)、「血しおに染みし　主のみかしら」(同八一)、「血しおしたたる」(『21』三一〇、三一一)をはじめとするルター派の著名な賛美歌作家たちの受難の賛美歌は数多くあります。福音書が主イエスの地上の生涯の最後の一週間の叙述に割いている紙幅の多さを考えれば、そして私たちの信仰と霊性にとっての主のご受難、十字架の重みを思えば、受難の賛美歌が多いのは極めて当然です。そうであるのに、あるいは、そうであるからこそ、ルターがその受難・十字架をどんなときも復活と結び付けて思い起こし、両者が結びついた賛美歌を書いたことは、私たちに主の救いのわざの大きさと深さを理解するのにとても示唆に富みます。

「キリストは死の布に横たわった」という歌い出しで始まるこの賛美歌は、原詩では七節(『21』は同じ七節、『教会』は凝縮して四節)ありますが、そこで叙述されているのは、罪故に人間に襲いかかる死の冷酷無比な姿、その人間に代わってキリストが罪を取り除き、死を無力化したこと、死といのちの闘いの壮絶さ、真の過ぎ越しの神の小羊、そして復活の宴です。それを描き出すとき、各節ごとに結びでは「ハレルヤ」と喜びの声を上げています。

ここに描かれている罪人の現実とその救いのための主の十字架と復活、それへの感謝と歓喜、信仰の告白(『21』の結びの歌詞は「これぞわが信仰、ハレルヤ」)、これらは単なる教理ではなく、ルター自身の信仰の経験であったと思えてなりません。だからこそ、歌詞のひと言ひと言が聴く者歌う者の心に響くのです。すべての節で述べられている罪人の実態と受難と復活によって成就された救いの現実に対して、アーメンそして「ハレルヤ」と唱和しないではいられないのでしょう。二〇〇年後にバッハがこのメロディーと歌詞だけを使って教会カンタータ第四番を作ったことも、彼が心から共鳴したからでしょう。

Komm heiliger Geist, Herre Gott

み霊よくだり（『教会』一一二）　来たれ聖霊、わが主（『21』三四一）

ルターの神学はキリスト一元論ではなく、三位一体の神への正しい理解と信仰に基づいています。教理問答を見てもそのことは良く分かりますが、この「来たれ聖霊」の歌詞は、聖霊についての健全な理解を述べていることが分かります。元からあったラテン語の歌詞にルターは二、三節を書き加えて、聖霊の本質とその働きを歌いながら自然に覚えていくことができるようにしたのでしょう。でも、教えるよりも何よりもまずはそのような聖霊なる神への感謝と賛美の心がこの歌を作らせたものと思えてなりません。

一節は「おいでください、聖霊よ、主なる神よ」との呼び掛けに続いて「あなた（聖霊）の恵みの賜物をもって／あなたの信仰者たちの心と精神と思いを満たし、／あなたの熱い愛を、彼らのうちに燃え立たせてください」と願います。続けて二節では「私たちをいのちの言葉をもって照らし、／私たちに神を正しく知ることを教え、／心から父と呼ばせてください。／おお主よ、異なる教えから守り、／私たちがイエスとそのまことの信仰以上のものを何も求めることなく、／力の限り彼により頼むようにさせてください。／アレルヤ」、三節でも「どうか、私たちが喜ばしく安んじて／忠実にあなたに仕え続け、／悲しみに押し流されぬように……私たちを助け……雄々しく戦い、／死も命も突き抜けてあなたのもとへと行かせてください」（原詩、大角訳）と嘆願しています。まさに聖書があちこちでこれが聖霊の働きだと教えていることを祈り求めているのです。そうすることで聖霊への信頼を増し加えていってます。賛美歌が教理を教え信仰教育の役を果たしていますし、同時に会衆が行うところの歌う説教にもなっていると言えるでしょう。

『教会』で「聖霊降臨・聖霊」という分類の中には聖霊を歌った賛美歌が多く収められています。Komm Gott Schöpfer, Heiliger Geist（創造主なる神、聖霊よ、きてください『教会』一二〇）も、Nun bitten wir den Heiligen Geist（いまわたしたちは聖霊に祈ります『教会』一二一）も、世界の創造から始めて私たちの信仰生活になくてはならない慰め主、霊的賜物の付与者、人生の導き手、父なる神とキリストについての教師その他多種多様な聖霊の働きを叙述しています。

面白い発見をしたのですが、三位一体の分類に入れられているGott der Vater wohn' uns bei（父なる神よ、ともにいまして『教会』一三〇）は、三つの節の歌詞がどれも二行目から七行目の「アーメン、アーメン、アーメン、うたえハレルヤ」までが寸分違わず同じなのです。一節の一行目が「父なる神よ」、二節が「み子なるイェスよ」、三節が「みたまの神よ」の呼びかけで始まり「ともにいまして」と続くのです。その上で各節の二〜六行目には、罪とがを赦し、いのちを与え、悪より守り、信仰を強め、心を尽くして頼らせてくださいと願い求め、そうすれば私は武具を纏って馳せ場を走ります、悪魔の力など恐れませんと誓っているのです。つまり、罪とがの赦し以下は三位にして一体である神の総体としての働きであって、三位の間で分業をしているわけではないという神理解があるのではないでしょうか。『小教理問答』で使徒信条を三つに分けて解説するときに、多くの場合「父なる神について・子なるキリストについて・聖霊について」という具合に小見出しを付けているのに対して、ルターがつけた小見出しは「創造について・救いについて・聖化について」としていることを思い出します。これは一人なる神の三つの働きだという理解の仕方なのです。

ともあれ、創造から終末における完成までの壮大な救済史の中で聖霊の働きが実に豊かであって、それだけに私たちにとって極めて身近で、生き生きとした関わりの中にあり、欠かすことのできない存在だということがあらためて分かりました。

Christe, du Lamm Gottes
世の罪除く（『21』八六）

今日までルーテル教会であろうとカトリック教会であろうと伝統にしたがい聖餐式（感謝の祭儀）において「アグヌス（アニュス）・デイ（神の小羊）」（平和の賛歌）が歌われてきました。ルターが新しく採り入れたドイツ語での礼拝で聖餐式を行う際に「アグヌス・デイ」をドイツ語で歌うために、ラテン語の歌詞をドイツ語に訳しました。洗礼者ヨハネが自分のほうへ近づいてこられる主イエスを見て言った言葉（ヨハ一29）から取られています。

ギリシャ語のヨハネ福音書は『文語訳』では「視よ、これぞ世の罪を除く神の羔羊（こひつじ）」、英語の『欽定訳（KJV）』でも take away（取り除く）と訳されています。『新共同訳』では「見よ、世の罪を取り除く神の小羊だ」であり、現在のカトリック教会では「神の小羊、世のつみをのぞきたもう主よ」、ルーテル教会では「世の罪を取り除く神の小羊よ」です。ルター訳聖書もそしてこの賛美歌も tragen（トラーゲン）という動詞を使っていますから、この賛美歌の原詩の訳文は「キリスト、神の小羊よ、あなたはこの世の罪を負う方」（徳善訳）とか「あなたはすべての罪を担われた」（バッハのコラール「おお罪なき神の小羊」大角訳）という翻訳も可能です。可能なだけではなく、世の罪を「取り除く」ために主が具体的に何をどうなさったかが、罪を「負う」とか「担う」という動詞から実際に「十字架を負う／担う」という場面が彷彿（ほうふつ）としてくるのではないでしょうか。前述のコラール

（BWV 618）ではこう歌われています。「おお、神の小羊、何の罪もないのに／十字架の上で屠られたが、／常に忍耐強くあられた、どれほど嘲られようとも。／あなたはすべての罪を担われた。／さもなくば私たちは絶望するしかなかったであろう。／私たちを憐れんで下さい、おお、イエスよ。／あなたの平安を与えてください、おお、イエスよ。」（大角訳）。この賛美歌は各節ともごく短い一行の言葉「世の罪除く神の小羊」で始まり、それに続けて最初の二節は「あわれみたまえ」、最後の第三節は「平和をたまえ」です。神の小羊なるイエス・キリストが私たちのため、私のために十字架にかかって世の罪を、私の罪を負い、担い、そうやって私から罪を取り除いてくださった救いの出来事を思い起こしながら賛美したいものです。

原詩の一節の冒頭は「キリストよ、世の罪を取り除く神の小羊よ」となっていますが、日本語の詞には「キリストよ」の呼び掛けが外されています。曲と言葉の文字数の関係でやむを得なかったのでしょうが、キリストこそが神の小羊だとどうしても告白したいルターの強い思いを感じます。

Vater unser im Himmelreich
天にいます父は（『教会』三六四）　天にいます父よ（『21』六二）

ルターはカテキズム（「小教理問答」「大教理問答」）の十戒、使徒信条（ニケア信条）、主の祈りの賛美歌も作りました。「小教理問答」には「家の主人が家の者たちに分かり易く示すために」と但し書きが添えられていますが、父親と子どもの問答という形式で述べられています。歌にしてあれば、特に子どもたちにはより親しまれ、よく覚えられるでしょうし、広く民衆にも受け入れられ信仰教育に役立ったことだと思われます。

最初に作られた十戒の賛美歌も次の使徒信条の歌もほぼ十戒また使徒信条の言葉どおりですが（若干の説明も加わっています）、主の祈りの歌はやや趣を異にしています。歌詞は九節から成り、各節は六行で書かれており、それぞれその冒頭一行ないし二行に主の祈りの各祈りの言葉が来て、残り五ないし四行でそれに自由に解説を加えてあります。徳善訳で最初の二節を紹介しましょう。

一、天におられるわれわれの父よ。／あなたはわれわれみなが互いに兄弟であり、／あなたを呼び求めよと命じ、／われわれの祈りをお望みです。／それも口先だけで祈るのでなく、／心の底から祈ることを。

二、み名が聖（きよ）められますように。／みことばがわれわれの内に聖く保たれるよう助け、／われわれもまた聖く生きさせてください、／み名にふさわしく。／主よ、われわれを誤った教えから守り、／あわれな、誤り導かれた民を立ち返らせてください。

これはまさに、「小教理問答」の主の祈りで、一つの祈りの言葉がまず示され、その後に問いと答の形で教えられている内容をパラフレーズしたものであって、問答と歌詞とがよく対応しています。

教理問答教育がただ教科書の丸暗記、教理詰め込み教育にならないように、よく問い、子どもなりによく考えて答え、そこからさらに問いが出され、またさらなる答が引き出されていき、最後に問いと答えが整理された形で歌として教えられたなら、そこでの年齢や関心や知識に応じた信仰問答が印象的に心に刻まれていき、次第に自分の祈りとして主の祈りを祈るようになっていくことでしょう。

Aus tiefer Not schrei ich zu dir
悩みのなかより（『教会』三〇〇）　深き悩みより（『21』一二一、一六〇）

修道院で生活していた時以来、詩編を暗誦していただけでなく、日々詩編によってより深く信仰と霊性を養われてきたルターは、詩編をそのままあるいはパラフレーズして、いくつもの会衆賛美歌を作りました。「深い淵の底から、主よ、あなたを呼びます。／主よ、この声を聞き取ってください。／嘆き祈るわたしの声に耳を傾けてください」という言葉で始まる有名な詩編一三〇編は「七つの悔い改めの詩編」の一つに数えられています。初稿は元々の詩編に忠実な四節版だったそうですが、決定稿は二節を二つに分け、元々の詩編には書かれていないルターの信仰と神学の中核である「恵みにより、信仰によって義とされる」という使信をはっきりと打ち出すことになったのです。ルターは「われわれの行いは空しいのです、最善の生活をしていても。あなたの前では誰も誇れません」「だから私は神を望みます、私の功績の上には建てません」（徳善訳）という句を含む罪の認識と神の恵みの豊かさの告白を挿入しました。それが「神のみ恵みに　ふさわしき者は　ただ一人もなし」「おのれの業には少しも頼らず、おのれの力に　救いを求めず、疑うことなく　神のみ言葉に　望みをおくのみ」（『21』）とか、「ゆるしのみ恵み　ゆたかにあれば、われらのなす業　ほこるにたらず」「わが主の他には　たのむものなく、この世の功（いさお）も　みまえにむなし」（『教会』）と訳されたのです。

詩編一三〇編を愛唱することで、ルター自身がどれほど深く慰められたことでしょう。しかも、彼の実存的信仰の経験は、「主よ、あなたが罪をすべて心に留められるなら、／主よ、誰が耐ええましょう。しかし、赦しはあなたのもとにあり、／人はあなたを畏れ敬うのです」（詩一三〇3―4）という詩人の告白に添いながら、キリストという名前こそ出て来ませんが、それを義認信仰の理解によって豊かに謳い上げていったのでしょう。この賛美歌は「悔い改めのコラール」ですが、その内容はただ悔い改めるだけでなく、神の無条件の恵みと愛に深く感謝し、キリストを賛美することへと展開しているのです。そうすることこそが真の悔い改めでしょう。

Erhalt uns, Herr, bei deinem Wort
み言葉によりて（『教会』二四〇）　みことばもて主よ（『21』五〇）

「私たちを支えてください、主よ、みことばのもとに」（徳善訳）で始まるこの賛美歌は、荘重な曲の感じや格調高い詞から、み言葉への信頼の大切さを重々しく表明している信仰の歌だと思っても不思議ではありません。事実、日本語の賛美歌集の分類を見れば『21』では「礼拝　神のことば・聖書」、『教会』では「みことば」という括りに入れられていますし、彼に襲いかかっている困難も「打ち砕きたまえ、主にそむく悪を」（『21』）とか「仇をなす者を打ち砕きたまえ」（『教会』）とやや抽象的に表現してあるので、実際の困難さをリアルに捉えるためには、よほど想像をたくましくするか、原詩の歴史的背景に精通していないとむずかしいでしょう。

しかし、この賛美歌の原詩を見れば、ルターが現実の社会の中で直面していた、宗教改革運動が壊滅させられるような困難の中で、三位一体の神にひたすら救いを求めていることが分かります。その脅威とは、原詩にははっきりと「教皇とトルコの殺戮（さつりく）を制してください」（徳善訳）と謳ってあるのです。神の力への信頼を強く美しく謳っているようですが、そしてまさにそのとおりなのですが、それはけっして一般論としての困難とか敵というものではありません。文字通り己の存在を脅かし恐怖を催させる、固有名詞を持った、厳しい現実であり、彼はそれをはっきり意識し、言葉にしていたのです。ですから、私たちもまた神への嘆願の祈りにおいてこのように、具体的なあのことこのことから助けてください、その敵との戦いを支えてくださいと祈っていいのです。もちろん、その武具は「霊の剣、すなわち神の言葉を取りなさい」（エフェ六17）とあるように、神の言葉以外の何ものでもないのです。

訳詞では三位一体の神にそこからの助けと支えを求める悪や仇のことが、固有名詞を除き具体性が薄められているおかげで、私たち自身はそこに私たちが人生と生活の中で直面する個々の、固有名詞を持った具体的な悪や仇を当てはめることができるのです。ちなみに、この賛美歌もルターによる作詞作曲です。

Ein feste Burg ist unser Gott
ちからなる神は（『教会』四五〇）　神はわが砦（『21』三七七）

タンタンタンタタタンタンタタタンタン♪　あの力強いリズムに乗って始まる賛美歌「神はわが櫓」。ルターと言えば「神はわが櫓」、宗教改革記念日と言えばこの賛美歌が定番になっていました。フランス革命の勝利の行進曲になぞらえて「宗教改革の〝ラ・マルセイエーズ〟」とさえ言われ、まさに勝利の歌であり、信仰的な高揚感を強く感じる賛美歌です。

それゆえに一九―二〇世紀にプロイセンによるドイツ統一へと駆り立てる歌、またナチスによるナショナリズムを鼓吹、高揚させる歌としてさんざん利用されました。第二次世界大戦後に、ナチズムと戦争への関わりについての深い反省の中で、この賛美歌が教会で歌われるのがためらわれるようになったとさえ言われています。

この有名な賛美歌を私たちはいまここで静かに振り返り、ルターの本来の意図を正しく受け取りたいと思います。ルターが作詞作曲したのは一五二七年（～二九年？）のこと。その二年後に出版された賛美歌集に収められて、以後広まりましたが、昨今のルター研究、とくにこの賛美歌の基となった詩編四六編の詳細な説教研究から、ルターにとってのこの歌は『勝利の歌』ではなく『慰めの歌』であることが明らかに」（『略解』ＪＫ）されたといい、事実その賛美歌集では「慰めの歌」という表題が付けられていたそうです。ドイツの教会が戦後にこの賛美歌を受難節第一主日の賛美歌と位置付け直したという話しも、また現行ドイツ福音主義教会の讃美歌（ＥＧ）では「不安と信頼」の部に置かれているという事実も傾聴に値します。

個人としてであれ教会としてであれ、人を恐れさせる出来事、罪、悪、死の力に迫られたときに、ただひたすら詩編四六編に見る神信頼を謳いあげたものだとの解説は納得がいきます。私たちは人生において、深刻な内的、精神的、霊的な試練にも遭いますし、病や死の怖れも経験しますし、手に負えないような天災人災にも襲われます。四六編三節の「（たとえ）地が姿を変え／山々が揺らいで海の中に移るとも／海の水が騒ぎ、沸き返り／その高ぶるさまに山々が震えるとも」という描写は、東日本大震災での大地震、大津波、原発のメルトダウンをこの目で見た私たちには少しも誇張とは思えません。

そういうときに他の何ものでも誰でもなく、「神のみがわたしたちの避けどころ」というみ言葉に触れ、そこに慰めを見出したのなら、そのときの心境を表現するには、ルターの原初の「ゆっくりしたテンポで静かに歌う」歌い方のほうがいいかもしれません。キリストを通しての神の恵みの働きにのみひたすら頼り、それのみが祈りを成就するというルター的、宗教改革的信仰は、彼個人の信仰体験に深く根ざしていることだと十分に推測できます。

われわれの神

『ルターと賛美歌』の中で徳善先生は、広く世に知れわたり、永年にわたってキリスト者たちに親しまれてきた日本語訳に珍しく異議を申し立てています。それは「神はわが櫓」（『讃美歌』五四年版）、「神はわが砦」（『21』）における「わが」の付く位置についてです。たしかにEin feste Burg ist unser Gott(われわれの神は堅い砦)であって、unser（われわれの）はGott（神）にかかっています。しかし、ルターが作詞の基とした詩編四六編も「神はわたしたちの避けどころ、わたしたちの砦。苦難のとき、必ずそこにいまして助けてくださる」（『新共同訳』）となっていて、なじみの賛美歌の訳を支持していると思われます。けれども、そのことはルター自身当然知っていたでしょうが、彼の原詩は間違いなくunser Gott（われわれの神）なのです。原詩は「われわれの神は堅い砦、よい守り、よい武器（のようだ）」（徳善訳）、「私たちの神は堅固なる要塞、優れた防壁、そして武器である」（大角訳）となっているのです。

徳善先生は、「われわれの」を敢えて移したルターの思いをこう解説されています。「『われわれの』を神へと続けたのは、詩の背景にあるルターの、神に寄りすがるような思いの現れである」「『われわれの神こそ』という、すがるような信仰である」と。

詩編四六編の語順を変えてまで神への信頼、信仰をさらに強く打ち出したルターでしたが、一節で描き出している詩人を襲っている窮境あるいは苦難、邪悪な敵、大きな力と多くの策略と恐るべき武器、それらはルター自身が経験していた窮境あるいは苦難、また困難な敵と重なっていたことでしょう。しかし、そのような苦しい状況の中にあっても、「われわれの神」は必ずやこの私を守ってくださり、戦ってくださり、勝利してくださると堅く信じていたのです。詩編四六編を読むとき、それを祈るとき、彼はどんなに慰められ、励まされ、支えられたことでしょうか。

そのお方の名はイエス・キリスト

旧約聖書に収められている詩編ですが、ルターは詩編を読み祈るとき、いつもキリストと結び付けて理解しながら、読み祈っていました。ですから、詩編の中では「私たちの避けどころ、わたしたちの砦、苦難のとき必ずそこにいまして助けてくださる」方、「万軍の主」「わたしたちと共にいます」（『新共同訳』）と謳い上げるときに、彼は信じるのです、「わたしたちのために戦ってくださるのは、神ご自身が選ばれた、ふさわしいお方。……そのお方の名はイエス・キリスト」であり、そのキリストこそが「万軍の主」であって、その方は「必ず戦いに勝利してくださる」（大角訳）ということを。それがルターの信仰、彼の確信でした。

ドイツ語の原詩を見るとき、凝縮されざるをえない日本語の翻訳された歌詞には出てこないけれども、ルターにとってはけっして欠かすことのできない単語が一つだけありました。それは冒頭一節の三―四行目にあります。「神は私たちが今直面しているあらゆる苦難から救い出してくださる」（大角訳）で普通は十分でしょうが、徳善先生は本文中の frei（フライ）という一語を見逃されませんでした。ですから「神はわれわれを無代価で（frei）、今われわれを襲うすべての窮乏から助けてくださる」と訳されています。神が私たちを救うのは、それが神の仕事だからとか、私たちが救っていただくのにふさわしい者だからとかではありません。そうしていただくのにけっしてふさわしくもなく、それに価しない者だとよくよく自覚しているのです。しかし、いえ、だからこそ、神は「無代価で」(frei) 救ってくださるのです。そこにあり、救いの業をするよう仕向けるのは、ただ神の愛、神の憐れみ、与えないではいられない神の義なのです。

二節の三行目には für uns（フュール・ウンス）があります。これは『21』では「その人は主キリスト、万軍の君、われと共にたたかう主なり」とされていて、für uns はわれと「共に」戦う主と訳されていますが、『教会』は「そはたれぞや　我らのため　戦いたもう　イェス・キリスト、万軍の主なる神」という具合に「我らのため」と訳されています。für は「のために」とも「に代わって」とも訳される言葉です。ルターはここでやはり「我らと共に」というのではなく、「我らのために」あるいは「我らに代わって」と言わないではいられなかったのです。それこそがルターの信仰の核心なのです。もちろん、主が私「のために」、私「に代わって」戦ってくださるおかげで、私が守られ、強められ、ついに私も立ち上がって戦いに加わるときには私「と共に」とも言えるようになるでしょう。それでも、あくまでその時の主体はキリストなのです。

原詩の四節では、三、四行目に「主こそがわれわれのもとで／確かに戦いに臨む、そのみ霊と賜物により」（徳善訳）という詩があるのですが、実は『21』にも『教会』にも「われわれのもとで」bei uns（バイ・ウンス）は訳出されてはいません。ここでも戦うのが「われわれのもとで」というのですから、戦っているのが彼、すなわち主であることが強調されています。私が戦うのではなく、戦いの主役は主キリストなのです。

つまり、第一義的には frei「無代価で」も、für uns「私たちのために、私たちに代わって」も、bei uns「われわれのもとで」も、悪と罪と死と戦い、そこから私たちを救い出す主体は恵み深いイエス・キリストだということを明瞭に示すのです。ルター的、福音的な神理解、キリスト理解、救いの理解からして、これらの語句は、いずれもとても短いけれども、けっして欠かすことのできない重要な言葉なのです。

「神はわたしたちの避けどころ」に始まる詩編四六編が神への信頼を謳い上げている場面とはどういう場面でしょうか。それは、自分もその一員となって悪、罪、死、さまざまな困難への神ご自身の怒濤(どとう)の勢いでの勝ち戦に加わって勇ましく戦っている様子ではありません。ルターが置かれている状況は、原詩二節で「私たちの力ではどうすることもできず、私たちはすぐに滅び失せてしまうだろう」と怖れおののきながら、原詩三節に謳っているように「もし悪魔がこの世に満ちて、私たちを呑み尽くそうとしても」（大角訳）という窮境にあったのでしょう。その中で彼は、神の力強さ（避けどころ、砦。「主はこの地を圧倒される」四六9）また慈悲深さ（無代価で、私たちのために／に代わって）にひたすら信頼することで深い慰めを受けているのです。まず慰めからです。そのように慰めを与えてくださる力なる神だからこそ、詩編の詩人が主への信頼を謳い上げると、共にいる仲間たちが声を合わせて「万軍の主はわたしたちと共にいます。ヤコブの神はわたしたちの砦の塔」（四六8、12）と繰り返し大合唱をしてくれるのでしょう。

賛美歌作家は詩編を基にしつつ、自分の困窮の中での慰めと励ましを受けた信仰体験とイエス・キリストへの信頼とを謳い上げているのですから、この賛美歌を歌うときには私たちもまた、自分に襲いかかる悪魔に対して、無代価で、私に代わって、私のために戦ってくださる主イエス・キリスト、必ず勝利へと導いてくださる神を思い起こし、慰められ、励まされ、勇気づけられたいものですし、会衆仲間とその喜びを分かち合いたいものです。

この機会にルターのコラールを基にしたバッハのカンタータ第五番やメンデスゾーンの交響曲第五番を改めて聴くこともお勧めします。

四　礼拝があってこそ

聖書一巻の人であり続け、絶えずみ言葉に聴き、学ぶ人であっただけでなく、み言葉を語り続けることこそが最も大切な務めと信じて生涯説教をし続けた人、ルター。どのようなときでも、たとえ信仰が萎え、霊的生命が枯渇しそうなときでも、自分が洗礼を受けているという事実に拠り頼んで救いの確信を与えられたように、サクラメントの力を固く信じていた人、ルター。今日は忙しかったから二時間しか祈れなかったと言ったほどに、ひとり祈る時を守り、祈りによって神に語りかけ、それ以上に神に聴いていた人、ルター。だからといって、修道院にこもっての隠修生活にとどまらず、のちに自らそこから離脱し、この世にあっては大学に身を置きながら、教会のことはもちろんですが、それだけではなく、政治も経済も教育も福祉も家庭も社会のあらゆる問題に関心を持っては発言し、死の直前まで魂の牧会者としてそこに生きる人々の人生に関わり続けた人、ルター。宗教改革とそれにまつわるもろもろのことへの貢献の故に世界史にその名を刻まれている人、ルター。こういう濃密な人生を送るために彼にはいったいどれほどのエネルギーが必要だったことでしょうか。

このような人生を六二年と四か月生きたからといって、私たちはルターを英雄視もしませんし、偶像化もしません。彼自身己の霊肉の弱さをよくよく知っていましたし、私たちも彼の人間としての、また時代の子としての限界も知っていますし、いくつかの過ちを犯したことも承知しています。そうだからこそ、彼は神からの無条件の罪の赦しと慰めと希望とを必要とし続けていましたし、それを願いまた受け取るための信仰がなければ生きてはいけませんでした。

そのためにキリストの十字架による罪の赦しと復活による新しいいのち、今を生きるための信仰と希望と愛、聖霊による人生の導き、同信の兄弟姉妹との支え合い、なにより神との生ける交わり……これらを与えられるためにルターが生涯を通して必要とし、また感謝を持って与かり続けたのが「礼拝」だったのです。主日の礼拝であり、日ごとの礼拝でした。しかもその礼拝＝神奉仕 Gottesdienst とは、神の恵みの福音を与えるために神ご自身が私たち罪人のために奉仕してくださる場としての礼拝でした。それは、人々を招き集め、み言葉とサクラメントを与え、再びこの世へと派遣する礼拝という形の中で神の救いの出来事が現実となる場でした。また、その場において、恵みへの感謝の応答としての賛美と祈りと信仰告白と献身とが捧げられるのでした。

ルターはその礼拝に牧師として奉仕することによって、しばしば説教者としてみ言葉を説き明かし福音を宣言することによって、キリストの体と血とを一人ひとりに手渡すことによって、さらにはそこで会衆によって歌われる賛美歌を創作することによって、もちろん聖壇の上での役割がないときは会衆の一員として礼拝に参加することによって、神の奉仕に与かり、聖霊の息吹を吹き込まれ、キリストのいのちをいただき、そうして祝福を受けて、生活と活動の場であるこの世へと派遣されていくのでした。この恵みに与かることによって、あの濃密な人生を生きていくための指針とエネルギーと安らぎとを与えていただいたのでした。

私たちもまた一人ひとりの人生を生きていく上で必要ないのちの糧を与えていただくために、神からの奉仕をいただく場としての礼拝に与かりましょう。まず神からの奉仕に与からせていただき、その喜びと感謝に満たされて神への奉仕に加えていただきましょう。その際、ルターが「神からの最大の贈り物」とまで言った音楽の賜物をもって賛美することも素晴らしい奉仕です。賛美歌を歌うのも賛美、賛美歌を作るのも賛美、踊ることも賛美になるでしょう。心からの賛美は、歌う人・演奏する人の心から聴く人の心へと伝わっていきます。その賛美の言葉は、歌う人の信仰告白として聴く人の心に響き、信仰を豊かにしていきます。賛美は会衆の説教であるとはまことに言い得て妙です。

礼拝にあたるギリシャ語のレイトゥルギアという言葉の元々の意味は民のなすべき務めです。キリスト教的に言えば礼拝とはまさに「神の民のなすべき務め」です。しかも、「神の民の喜ばしい、恵みにあふれた務め」です。

さあ、信仰の先達と共に、信仰の仲間たちと共に、礼拝生活を大切にしていきましょう。

神の創造と人間の責任

一　創造論の復権

時代が要求する宗教的な問いと答え

いつの時代にもその時代特有の宗教的な求めがあります。平安時代の末期から鎌倉時代にかけて日本では法然、親鸞、日蓮をはじめとする著名な仏教者が続出し、鎌倉新仏教と呼ばれる今日まで続く仏教の諸派が生まれました。その時代背景として「末法の世」の到来だと思わないではいられないほど社会的動乱と危機感がはびこり、精神的不安が蔓延していたことを挙げることができます。一六世紀半ばにザビエルが来日し、僅か半世紀くらいでキリスト教が急速な広まりを見せ、三〇万人とも六〇万人とも言われる信者を獲得したことは、戦国乱世の中での庶民の苦しみ抜きには考えられません。

二〇世紀後半にはさまざまな〇〇の神学（所有格の神学）と呼ばれるキリスト教思想と運動が結びついたものが起こり大きな展開を見せました。「解放の神学」は、中南米の大多数の貧しい人々の生活とそこでのキリスト教基礎共同体と呼ばれる司祭や信者たちの生きた働きの中から生まれ育ちました。「黒人解放の神学」の出現は、アメリカでの黒人奴隷の長い歴史と一九五〇―六〇年代の公民権運動と不可分です。「女性解放の神学」は、もっぱらフェミニスト神学と呼ばれるようになりますが、文字通り女性たち自身の解放運動が母胎です。「ポスト・ホロコーストの神学」は、第二次世界大戦の中でのあのユダヤ人大虐殺という悲劇へのキリスト教自身の深い反省から生み出されました。戦後のキリスト教の平和運動、正義を求めての戦い、そして生態系また環境保護運動の高まりから世界教会協議会が一九九〇年に開いた「正義・平和・被造物の保全（ＪＰＩＣ）」宣教会議はまさに世界大の社会と時代の要請に応えるためのキリスト教としての取り組みでした。二一世紀に入ってもこの方向性は広がり深まることはあっても下火になることはありません。

日本では、戦後の平和運動、護憲・反戦運動、人権擁護運動などに加えて、環境問題一般だけでなく二〇一一年三月一一日に大震災と共に福島で原子力発電所の取り返しの付かない大事故が起こったことで、事柄はなおさら深刻になりました。原発問題への取り組みは国民一人ひとりに突き付けられた問題であるだけなく、キリスト者一人ひとりまた教会にとっての課題となりました。便利さを享受しながらも、危険も予想されるのですから、理論的にも実践的にも避けられないことです。

こういう問題に直面したときに、キリスト者にとってはどのような教会の神学が問題に取り組むことへと促し、支え、方向性を見つけるのに役に立つのでしょうか。

贖罪論一本槍？

信仰といえば魂の救いのこと、福音とは十字架による罪の赦しのこと。そうです、魂の救いも罪の赦しも私たち人間が誰しも抱える究極的な求めです。宗教は単なる人生訓や道徳律でもないし、生活習慣でもないし、いわゆる心の持ち方でもありません。世界観と言ってしまっては何かが欠けています。宗教の真骨頂は、神という究極的なお方との人格的な交わりであり、そのお方の前で自分は何者であり、どう生きるのかを問い問われることですし、そのお方から答を示されることです。

だからこそその神との正しい関係を妨げる罪の問題こそ肝心要であり、その解決のためになくてはならないのがキリストの恵みによる罪人の受容と罪の赦し、義と認められること、信仰義認です。それこそが福音なのです。その意味で福音の核心を再発見してくれたマルティン・ルターを私たちは信仰の先達として心から尊敬するのです。

社会や自然についての信仰的理解

ところが、前述のような、たくさんの難問が山積する今日の社会、現代世界を生きる私たちにとって、目の前の具体的な事柄をどう理解し、それにどう取り組むか、つまりはこの世をどう生きるかということのための「わたしの道の光、わたしの歩みを照らす灯」（詩一一九105）はどこにあるのでしょうか。しかも、この場合の問いと答は言わばこの世的、世俗的な事柄です。つまりこの世界でのもろもろの問題です。人間や社会や自然の問題です。ということは、それらは魂の救いや罪の赦しといったいわゆる宗教的な事柄とは無関係なのでしょうか。

いいえ、キリスト教はこの世界は神が創造されたと証しするのです。そうならば、社会や自然の問題は信仰と無関係ではありえないのです。やはり社会や自然についてしっかりした信仰的な理解が必要でしょう。いうならば、救済論だけでなく、創造論も必要なのです。けれども、実際のところ、教会でそういう話題はそれほど取り上げられませんし、説教の主題にもあまりなってないような気がします。とくに「信仰義認」の教えを高く掲げてきて、実際、個人の罪とその赦しと神の愛という点を主として強調しているルーテル教会ではこの分野をどう理解するのか、もともとルターはどう理解していたのかをご一緒に考えてみたいと思います。

二　教理問答に見る創造理解

私の創造、世界の創造

ルターが執筆しました『小教理問答』と『大教理問答』の二冊はキリスト教の教理を最も凝縮した形で、しかも特に小教理のほうはずいぶんと平易な形で、説き明かしています。小教理は一家の家長たる父親が子どもたちを含めた家族や雇い人たちに教える際の手引きであり、大教理はそれを指導する牧師宛に書かれています。どちらでも十戒、使徒信条、主の祈りを取り上げていますが、ここでは使徒信条の部を見てみます。

使徒信条の解説には第一条「創造について」、第二条「救いについて」、第三条「聖化について」と題が付けられています。使徒信条自体の記述はボリュームとしては第二条が群を抜いて多いのですが、ルターの解説は三つの条ともほぼ等分です。そのことからだけで断定するのは早計ですが、三位一体の神の三つの働きを語る際に救いの問題だけに比重が置かれているのではないように見えます。創造も救いも聖化もどれも大切なのです。しかも、三つの働きはどれもひとりの神の働きだということです。

それはさておき、ルターが神の創造ということを語るとき、小教理では端的に「私は、神が私を、すべての物とともに、つくられたことを信じます」と告白しています。おそらく普通なら「神がすべての物を、私も含めて（私も共に）、つくられたことを信じます」というところでしょう。ここにルターの信仰の実存的な性格、というか何よりもまず自分自身のことに焦点を当てているという特徴を見ます。それはけっして自己中心的という意味ではありません。ほかでもないこの自分が神に創造されたものだということを信じることができれば、自分以外の世界のすべても神の創造になるものだということを信じるのはごく自然だからです。大教理ではもっと直截的に「私は神の被造物である」と断言しています。

さらに、神が私に「からだとたましい、目と耳と両手両足、理性とすべての感覚を与えられたこと、今もなお保たれていることを、私は信じます」と告白します。ここでは「与えられた」ことと「今もなお保たれている」こと、神学的な言い方をすれば、「始原の創造」と今に至る「継続的な創造」を信じていることが分かります。

驚くほど広く大きい神の創造とそれへの人間の参与

「そのうえに」とルターは続けます。「神は、着物とはき物、食物と飲み物、家と屋敷、妻と子、田畑と家畜とすべての財産とを、からだと生活のために必要なすべてのものとともども、毎日豊かに与え、あらゆる危害から保護し、またすべての悪から守り、防がれることを信じます」と神の創造のわざの広がりを語り、被造物を一つひとつ列挙します。大教理はもっと詳しく「その上、すべての被造物、すなわち空の太陽と月と星、昼と夜、空気、火、水、大地、およびその大地が載せ、産出するもの、鳥、魚、獣、穀物、あらゆる種類の農産物、さらにその他の肉体的、地上的財貨、良い政府、平和、安全などを生活の益と必要とのために奉仕させてくださる」と数えあげています。

「空の太陽と月と星、昼と夜、空気、火、水、大地」、これらはまさに私たちが生きている自然的環境そのものではありませんか。「その大地が載せ、産出するもの、鳥、魚、獣、穀物、あらゆる種類の農産物」、これらは私たちがもともとこの世界で共生している生態系に他なりません。もっともそれらを生存のために利用もしていますが。加えて「地上的財貨、良い政府、平和、安全」、つまり経済、統治・政治・行政、平和、安全保障、言わば社会的・文化的環境までもが列挙されているのです。これらも神の創造だというのです。そして、今もなおそれらを御手の内に治めておられるというのです。聖書の創造信仰は人間だけを太古の昔につくったというのではなく、人間の命はもとより自然的環境も社会的・文化的環境も、生態系のすべても神の創造のわざであり、今に至るも継続的に創造されており保持されているし、本来神の支配の下にあると告白していることが大きな特徴です。

もう一点、「これらすべては、全く、私の功績とか、値うちとかによるのではなく、純粋に父としての、神の慈悲とあわれみによるのです」と小教理で述べています。大教理ではもっと詳しく表現しています。贖罪・義認というだけでなく、ここでは創造もまた、人間の功績にはよらない、神の無条件の、一方的な恵みだと言って感謝して受け取っているのです。

さらに、その「恵みのみ」の信仰は、当然のこととして、「これらすべてのことのゆえに、私は神に感謝し、神を讃美し、また奉仕し、服従するのです」という恵みへの応答としての生き方を生み出すのです。大教理では

「……神を愛し、讃美し、感謝をささげる……神が十戒をとおして要求し、命令なさるとおりに、徹頭徹尾神に奉仕する義務が……ある」とまで言っています。このことは、言い換えれば、私たちが創造という神の恵みのわざへ参与することが求められているということを表明し、そうする決意を告白しているのです。いささか強い表現をすれば、人間を神の創造の協力者あるいは協働者と捉えているのです。救いにおける神人協働説は退けられますが、創造においては協働者なのです。しかし、もちろん神と人間は対等ではなく、あくまでも人間は（神によって）創造された（神の）共同創造者なのです。いのちの創造のことを思い浮かべてください。人間はあくまでも神の創造です。しかし、たしかに人間をその働きに用いておられるのです。生殖だけでなく養育も人間に委ねられている大きな務めなのです。

三　創世記講義に見る創造理解

聖書に特徴的な創造物語

神による創造は創世記にだけ記されているのではなく、新約を含めて聖書全体にさまざまな形で表されていますが、その内でも典型的なもので、またおそらく最も広く親しまれているだろう創世記の一―二章からいくつかの章句を拾い出してみましょう。

まず、一章の冒頭の「初めに、神は天地を創造された」との宣言があり、その創造のやり方は「神は言われた。『光あれ。』こうして、光があった」（創一1、3）という記述です。旧約の中でここでだけ用いられている「ダーバール（創造する）」というヘブル語は、何か材料を用いて創作するという意味ではなく、「無からの創造」を表わす動詞です。そうして三節の記述は、創造が「神の言葉」によってなされたこと、それはとりもなおさず神の意志によってなされたということを示しています。だからこの世界はもろもろの被造物も一人ひとりの人間も偶然の、無目的の産物でもなければ、無意味な存在でもけっしてないのです。

五日間にわたって世界の創造をなさったあと、六日目に神は人間を創造されたと記されています。「神は御自分にかたどって人を創造された」（一27）。そののち神が彼らを祝福して言われた言葉がこうです。「産めよ、増えよ、地に満ちて地を従わせよ。海の魚、空の鳥、地の上を這う生き物をすべて支配せよ」（一28）。ここに出てくる「地を従わせよ」「すべて支配せよ」という言葉は、二〇世紀になって環境問題が起こってきたとき、人間が意のままに、自己自身のために環境破壊を行なうようになったそもそもの元凶だとも批判されました。この命令の真意は何でしょうか。

昨今創造の神学でとても重視されるキーワードが結びの「神はお造りになったすべてのものを御覧になった。見よ、それは極めて良かった」（一31）です。この被造物への最大限の祝福と無条件の受容、全面的な肯定の言葉をどう解釈したらいいのでしょうか。また、これは被造世界の完全な完成を意味しているのでしょうか。

そして、二章のもう一つの創造物語で神が人（原語はアダム）をエデンの園に連れて来られたときになさったのは「人がそこを耕し、守るようにされた」（二15）ということでした。人間の世界との関わり方が「耕す」と「守る」という二つの言葉に集約されています。

ルターはこれら四つの言葉をこう解釈した

ルターは晩年の一〇年間をかけて創世記の講義を行ないました。それによって彼の創造理解を見てみましょう。一章の一節では実に明確にこう言っています。「それゆえモーセの語ったことの最も簡潔な意味はこうである。『存在するすべては神によって創造された』」と。ルターにとっては創造とはなんとかして証明したり弁証したりしなければならないものではなかったのです。神が神であるということは、神は万物の創造主であるということなのです。人間が無条件に受け入れるべき真理であって、それ以外ではないのです。

その創造の方法ですが、「それとは言葉であった」。まず光の創造に際して神は「光あれ」と言われたのです。言葉とは神の言葉であり、他の者の言葉ではありません。「万物が創造される前から存在していた」のは「神の言葉」だけです。神と一体であり、だからこそ神の意志、神の思いです。しかも、その言葉のみが万物が存在する前から存在していたのですから、この言葉による創造は「無からの創造」を意味します。この表現をルターは好み、繰り返し使います。

「地を従わせ」「地を支配せよ」との神の言葉は、専制君主が己の意のままに財貨を略奪するように、人間が地上の生きとし生けるものを思いどおりにしてよいということを意味してはいないということは容易に読み取れます。二六節も二八節も「海の魚、空の鳥、地の獣、地を這うものすべて」を支配させようと言っていますが、それらは自分たちの食糧にするためではないようです。人間の食べ物として与えられたのは「種を持つ草と種を持つ実をつける木」なのです。獣や鳥などの食糧は「青草」なのです。創造の初めには、豊かな植物が人間や動物の食糧だったようです。

ルターは一章三一節の有名な「見よ、それは極めて良かった」との神の言葉を講解する際、六日間の大仕事をやり終えた神はきっとこう言っただろうと想像しているのです。「見よ、私はすべてのものを最良のやり方で備えた。天を屋根とした。大地は床であり、動物たちは――大地と海と空の調度品とともに――所有物であり富である。種と根と草は食糧である。そのうえで、これらの主である人間を創造した。彼は神の意志を持っているべきだし、恐れから完全に自由になって、正義と英知とをもって、被造物を彼の意志に従って彼の望むままに利用するべきである。欠けているものは何もない。万事は身体的生命のために有り余るばかりに豊富に創造されている。だから私は（安心して）安息を取ろう。」

ここを見れば、たしかにこの創造された世界に対して人間に特別な地位を与えているようです。神は「これらの主である人間」と言い、「所有」とも呼び、「彼の望むままに利用する」ことを企図しているとルターは理解しています。その意味では人間中心であるかのようにも思えます。しかし、従わせるとか支配するという言葉には抑圧とか搾取とか暴虐とかというニュアンスは皆無だと思われていると考えて間違っていないでしょう。「神の意志を持っているべき」と「正義と英知とをもって」という言葉は重要です。「彼の意志に従って彼の望むままに」と言っても神は少しの心配もしていないようです。なぜなら、人間の意志は「神の意志」に沿っていて、それは正義と英知を持っているという信頼があるのですから。

だからこそ、二章一五節のエデンの園での命令の言葉が「耕し、守るように」であることと符合するのです。創意工夫し力の限り「耕す」ばかりではなく、それを看視し保護し防御し、本来のエデンの園の価値を少しも損じることのないように、耕すことの行き過ぎがないように、それどころかより良い状態を保つように、言わばこの自然環境のために良い奉仕をするように、要するに「守る」ように命じられているのです。そして、人間はそれができると期待されているようです。

驚くべきリアリズム

そんなことをまともに信じるなんて、ルターは夢想家ではないか、との批判があっても不思議ではないでしょう。なぜなら、創世記一―二章に描かれている創造されたばかりのパラダイスでの人間と彼を取り巻く世界は現実離れしているように思えるからです。

しかし、ルターは夢想家ではなくリアリストです。現実の人間を厳しすぎるほどに冷徹に見ています。ですから、創世記講義の一章三一節での神の安息入り宣言の直後にこうはっきりと書いているのです。「これらすべての良きものは、その大部分は、罪によって失われてしまった。そして、その領域の陰をほとんど保っていない我々は、今日まるで最初の人間の死体のようである。あるいはこう言うべきではないだろうか、つまり、不死であったのに死すべき身となった者、義であったのに罪人となった者、歓迎され喜ばれていたのに非難されるようになった者であるあの人間はすべてを失ってしまった。なぜなら、今や人は死すべき罪人なのであるから。しかし、これらの思惟(しい)が私たちに希望を持ち、来たるべき日と未来とを切望するように動かさないとするならば、いったい何がそうさせることができようか。」現在の現実の人間は創造されたままの人間ではもはやない!と見抜いているのです。しかし、だからこそ救いと創造の完成に与かる希望を必要とし、事実希望を持っているのです。

同じように、二章一三―一四節でエデンから流れ出ている四つの大河の描写の後に、堕罪後の罪の現実を知った上でこう述べています。「かくてこの章句には大河とともにパラダイスの描写がなされている。しかし、パラダイスは今や完全に失われてしまっているのだ。最初に人間の罪によって、そして洪水によって、これら四つの堕落し腐敗した大河のほかは何一つ残ってはいないのである。」

物語の筋道によれば、第三章において人間の堕罪は起こるし、ノアの時代の大洪水は第七章において現れることなのに、ルターは、創造されたときの平和的で、人間と世界が調和していて、神の意志の成就が期待されている状態を思い浮かべることだけで満足できずに、早々とここで、その後に起こり今にまで続いている堕落した人間と世界のことを語らずにはいられなかったのです。なぜなら、ルターは今現在のこの世界とそこに住む人間のありのままの姿を透徹した信仰の眼で見て知っているし、だから三章以降の堕罪の出来事を承認しているから、創造の直後にあえてその後の展開までを合わせて語らないではいられなかったのです。

同様に、二章一五節で耕すことと守ることを縷々述べている中でも最初の人アダムのことだけでなく現在の人間たちのことにも言い及んでいるのです。「事実、我々もまた今日保護というものをやっている。けれどもそれはすさまじいものだ。それは剣と槍と大砲と城壁と要塞さらには塹壕とを必要とする。それでもなお我々は家族とともに安全ではいられない。そのように現在は耕すことと守ることという活動の僅かに、ほとんど消滅してしまっているような痕跡が残っているばかりである。」今から五〇〇年前の一六世紀とはいえあの最初の創造の時代と比べれば、文明も文化も産業も軍事もありとあらゆるものが比較にならないほど発達しているにもかかわらず、恐ろしいばかりのルターの洞察力は人間と世界の罪の現実を見抜いているのです。

そうであるからこそ、始原の創造のときに創造主なる神が意図しておられたことと、人間に期待し託しておられたことを想起し、その平和と正義と調和とが満ちていた状態の回復に努めることが、創世記を通して神から私たちに語りかけられているのだということを私たちはしっかりと受け止めなければならないのです。そこに創造主があえて継続した創造のわざをなさっている意味と、かつてのようにその神の創造のわざへの人間の参与への呼び掛けとを聴き取りましょう。私たちは誰もが第二、第三のアダム（元々の意味は人間）として、アダムの末裔（まつえい）として招かれているのです。それは人間中心的、自己中心的な地の統治・支配ではなく、神の創造の意図に沿った、神の継続的創造への参与なのです。あの「極めて良かった」と神を喜ばせた状態を回復し完成させる道に加わって歩くことです。

四　被造物のうめきとその希望

創造時の姿と今の姿

「極めて良かった」と言って創造主に喜ばれた始原の創造の状態は、ほどなく人間の堕罪によってその状態から離れてしまったというのが聖書の理解です。そうさせた人間を罪の状態から救い出すことにもっぱら関心が寄せられて、イエス・キリストの十字架と復活が新約聖書の中心テーマですが、それでもなお被造物の現状とそこからの救いについて触れている箇所は、少ないけれどももちろんあるのです。ごく短くはありますが非常に印象的な言及はローマの信徒への手紙八章の一八節以下（新共同訳では「将来の栄光」という小見出しが付されています）になされています。

「現在の苦しみは、将来わたしたちに現わされるはずの栄光に比べると、取るに足りないとわたしは思います」に始まって、被造物の現在の状態を次のように述べています。「被造物は、神の子たちの現われるのを切に待ち望んでいます」「被造物は虚無に服していますが、……」「被造物がすべて今日まで、共にうめき、共に産みの苦しみを味わっている……」（ロマ八19—22）。このパウロの叙述はルターが信仰の目でもって見ている世界の現実でしたが、それから五〇〇年経った今日でも表面的な豊かさにもかかわらず、その深層においては少しも変わっていないのではないでしょうか。それどころか、一六世紀には未だ問題にもなっていなかっただろう大気汚染、水質汚染、異常気象と地球温暖化が起こりました。ひとたび操作を誤ったり災害に襲われでもしたら途方もない被害を、しかもそれが恐ろしいほどに長い期間に及ぶ被害をもたらす原子力発電所の事故に因る放射能汚染も現実となりました。人間と生態系の生存の舞台であるこの世界、この惑星自体の存続が危ぶまれ始めたのです。ルターの時代に（猛威を振るったのは一四世紀半ば）ヨーロッパ中を震え上がらせたペスト（黒死病）という疫病の大流行は、形を変えて現在世界中に膨大な感染者と死者を生み出しています。これらを「被造物のうめき」と言わずして何と呼ぶべきでしょうか。

また、たとえば貧困に代表される根本的な生存条件の格差は、以前にも増して深刻です。以前強調されていた南北問題だけでなく同じ国内でも貧富の格差は広がっています。人間である限り誰にでも保障されるべき人権も、人種や民族、宗教、出自、出身地、また性等々の故に決して平等でもないし、正義が行き渡っているとも言えません。被造物のうめきは自然的環境においてだけではなく社会的・文化的環境においても依然として収まっていない、いえ、それどころか酷くなり固定化している面もあるのです。

初期のルターが著した『ローマ書講義』でこの箇所をどう論じているかをみてみましょう。本文への書き込み（グロッセ、邦訳の『ルター著作集』第二集第八巻）とまとまった講解（スコリエ、同第九巻）の当該箇所を紹介します。一九節の「被造物は、神の子たちの現われるのを切に待ち望んでいます」という節について、グロッセにはこう書いてあります。「**被造物**、すなわち、全世界そのものである構造、つまり、仕組み**の期待は**、復活と栄光のうちに**神の子らの啓示を待つ**、そうなる**ことである**」と（太字は聖書の本文）。被造物が虚無に服していることはどういうことかと言えば、「すなわち、不義の者たちの空しい用い方に**服していた**」ということなのです。ここに被造物とは全世界、虚無とは不義な者たちの空しい用い方だと解釈しています。

スコリエを見れば、「神がお造りになったものはすべて『非常によかった』（創世一章三一）し、今もよいからである」と確認していますし、そのことを一テモテ四章なども引いて傍証しています。しかし、その神の被造物がなぜ今も苦しんでいるのでしょうか。その理由は創造主のせいでもないし、被造物自身のせいでもないのです。それとは別なのです。「それだから被造物は自分の咎なしに、自分の外から空しく、悪く、害あるものなどになったのである」「だからこの虚無（歪んだ満足）に被造物は服している」、さらに端的に「この人間によって被造物はすべて、意に反してではあるが、空しくなった」と、人間の罪と被造物のうめきとを結びつけています。

この世界が贖われるために

そうであるならば、その解決はどうやったらもたらされるのでしょうか。二一節「被造物も……解放され」においてルターはこう語っています。「使徒は二つのことを語っている。第一に、不信仰の者が断罪され、除き去られ、古い人が壊されるとき、被造物は虚無から解放される。この解放は今や聖徒たちにおいて毎日起こっている」「第二は、もはや空しくないだけではなく、来たるべき破壊にも服さないのである」。

使徒パウロが「被造物がすべて今日まで、共にうめき、共に産みの苦しみを味わっている」（ロマ八22）と言っているのは、彼もまた被造物すべてが贖われ、解放され、本来の姿を回復し、「神の子供たちの栄光に輝く自由にあずかる」（八21）日が来るのを被造物と共に待望しているからでしょう。ただ、ローマ書で被造物の苦しみの具体的な描写はなされていないのですが、彼の神学的、信仰的直感がそう認めさせたのでしょう。神の創造が損なわれているならば、人間だけでなく、被造物もなんとしても回復されなければならないと考えるのは当然のことでしょう。つまり、人間の贖いと同時に被造物、被造世界の贖いを神は望んでおられるのです。

被造物が損なわれ、うめいているその原因が他でもない罪に堕ちた人間にあるというのですから、ルターにとって「不信仰の者が断罪され、除き去られ、古い人が壊される」ことが必須なことになるのはごく自然です。

自然的環境また社会的、文化的環境の諸問題を生態学はじめ自然科学や社会科学などのもろもろの学問を用いて、現状を分析し、その原因を究明し、その解決のための対策を提案し、代替案としての社会の姿を描き出すことは、一世紀のパウロの時代にも一六世紀のルターの時代にも現代ほど発達はしていませんでした。今日といえども万人が納得できる新しい世界の設計図とそこに至る工程表を生み出すことはできていません。原発の継続的使用か廃棄かということも国論は二分されているままです。

科学的な分析や原因究明、解決策の提示はそれぞれの時代と社会の中でその発達の度合いに応じてやっていくことでしょう。数千年の歴史を見ても、それは当然評価すべき面も多々あり、さらにいっそう理性と知性、徳性を発揮して努力を重ね伸ばしていくべき面もありますが、同時にそれは絶えず相対的であり、限界もあるのです。それでもなお、神が人間の理性や知性や徳性をも生かし用いられることを私たちは認めます。

使徒パウロが記したローマ書を学んでルターが、被造物が解放されるためには「不信仰な者が断罪され、除き去られ、古い人が壊される」ことが必要であり、「神を純粋に愛さず、神に対して熱い渇きを持たない人」「アダムから生まれ、聖霊なしに生きる人」から生まれ変わらなければならない旨述べていることは、実は「人間の根源的な在り方」を指しているのであって、狭い意味でのキリスト教に改宗しなければこの世の問題に解決はないと言っているのではないと思います。

不信仰といい、神との正しい関係になくて神に背いているということは、聖書の見方によれば、罪があるということです。罪とは何でしょうか。罪というものの本性としてルターが考えているのは、欲望であり、高慢であり、自己中心性です。別の言い方をすれば、神を神とせず、神を信頼せず、神の心を求めずそれに従わないということです。人間の有限性を認めないことで、人間を神とすることです。ルターのものの言い方は極めて宗教的であり、キリスト教的ですが、それが意味していることは人間の本来の在り方そのものです。

神が望まれること

聖書が天と地と人間の創造の物語から始まっていることは次のことを意味しています。神が創造されたということは、人間が神ではなく、神のみが神であること、したがって神中心に生き存在するように人間と世界は造られているということです。しかもその創造主は人間と世界が生き存在するのに必要なものはすべてすでに備えていてくださっていること、だからこそ欲望を募らせ、自分以外のいのちを搾取したり抑圧したりひいては滅亡させたりすることも必要ではなく、それどころか、そうするべきではないのです。己のみにとって良いようにと自己中心的に生きるのではなく、他のもろもろのいのちと共存、共栄、共生することが神に望まれているのです。

それと同時に、人間もまたその一部であるこの被造世界にあって、人間には特別な責任と務めが与えられていることも語られています。それはその世界を「耕し、守る」こと、つまり世界に対して積極的に働きかけ、さまざまな開発も生産も文化も含めた生の営みを展開すること、「耕す」ことがひとつ。同時に、世界とそこに住む隣人たちのいのちを損なうのではなく、それどころかより豊かにするように配慮し、工夫し、奉仕すること、つまり「守る」ことがもう一つの務めです。あらゆる知恵と力を尽くして適切に「管理する」ことと言ってもいいのです。そのときの指針は創造主なる神が天地と人間を創造されたその趣旨そのものです。それは何を見れば分かるのでしょうか。主に旧約の中に散りばめられている多くの預言には、創造の回復とさらには創造の完成へのヴィジョンが示されているのです。その内のごく一部を例示しましょう。

イザヤ書一一章には、エッサイの株から生え出た「ひとつの若枝」は「知恵と識別の霊」「思慮と勇気の霊」「主を知り、畏れ敬う霊」に満たされていて、彼は「弱い人のために正当な裁きを行い、この地の貧しい人を公平に弁護する」し、その帯は「正義」で、身に帯びているのは「真実」だと記されています。それに続いて描き出されている世界では、狼と小羊、豹と子山羊、子牛と若獅子、牛と熊、獅子と牛、乳飲み子と毒蛇、幼子と蝮(まむし)など、共に生存することなどおよそ考えられないような多種多様ないのちが平和と調和の内に共生し、小さい子供が彼らを導いているのです。それは単なるユートピアではありません。神のヴィジョンなのです。神が求められているのは「大地」が「主を知る知識で満たされ」ていることです。それは義と愛の神がいてこそ可能になる世界です。

預言者アモスは搾取や抑圧、不正と腐敗を糾弾し、繰り返しこう叫びます。「主を求めよ、そして生きよ」「善を求めよ、悪を求めるな」「正義を洪水のように、恵みの業を大河のように尽きることなく流れさせよ」(アモ五6、14、24)と。ミカもこう言います。「人よ、何が善であり、主が何をお前に求めておられるかはお前に告げられている。正義を行い、慈しみを愛し、へりくだって神と共に歩むこと、これである」(ミカ六8)と。——神が望まれる被造世界の回復と完成へ貢献するようにとの召しと促しの声が聞こえるではありませんか。

五　社会問題への取り組みの一例

ルーテル教会としてのいのちと環境と原発への見解

日本のルター派の教会の一つで最も古い日本福音ルーテル教会は、これまでも靖国神社国家護持や憲法改正の動きに対して総会で声明を発表したことがあります。二〇一一年三月の未曾有の東日本大震災が起きたときは、他のルーテル諸教会とも協力して前例のない形で教会を挙げて支援活動に取り組みました。実は、そのような働きと合わせて、時を同じくして発生した福島第一原子力発電所の大事故を受けて、翌二〇一二年五月の全国総会で次のような声明を採択しました。これは被造世界の管理に責任をもって関わるための教会としての具体的な試みの例です。

この声明は二部から成っているところに特徴があります。対外的な声明ならば後段の「原発の大事故と今後についての見解」だけでもよさそうですが、本声明では前段で「いのちと環境をめぐっての基礎的な理解」を表明しています。これは教会としての基本的な立場を外に向けて明らかにしたものとも言えますが、実は教会の内部に向けても発しているのであって、ここでいうところの「いのちと環境をめぐっての基礎的な理解」を教会員同士で共有しようとする狙いもあると思われます。もしも、この理解を改めて確認することがないならば、原発への見方をひとつの政治的、社会的見解として扱うことにとどめてしまい、教会としてまた信仰者としての共通の問題意識また社会への責任感を養おうとするところまでは至らないかもしれません。

まずは、本声明を読んでみて、自然的また社会的環境への責任についてのルター派の信仰的な理解から掘り下げてみましょう。その際、前述の聖書とルターの神の創造とそれへの人間の責任についての理解とどのように関わっているかにも注目しましょう。

なお、元々の声明文にはありませんが、後での分析や解説の便宜のために各文に番号を振り、後に括弧に入れて示します。

一刻も早く原発を止めて、新しい生き方を！
日本福音ルーテル教会としての「原発」をめぐる声明

いのちと環境をめぐっての基礎的な理解

キリスト教会は、聖書の証しにしたがって、天地万物は神さまの創造によるものであることを信じ、そう告白してきました。[1] そのことは、この世界は神さまの主権のもとにあることを意味します。[2] 大地は主のものと謳い継がれてきました。[3]「地とそこに満ちるもの、世界とそこに住むものは、主のもの」（詩編二四編一節）。[4] ですから、その被造物であるわたしたちは、この世界を神さまからの恵みの賜物として受け取り、「神を愛し、讃美し、感謝をささげ」るように期待されています。[5] しかしながら、与えられたものをあたかも自分のものとして所有したり、恣意的に破壊したりすることは許されないのです（ルター『大教理問答書』使徒信条第一条の解説を参照）。[6]

[7]それだけではなく、わたしたち人間はとくに、この被造世界の管理を託されています。[8]それを創造の目的に
そうように適切に管理し、その本来の趣旨に適うように用い、発展させ、神さまが喜ばれる世界の継続的な創
造に参与する務めが与えられています。[9]それは大きな光栄であり、同時に重い責任です。
[10]聖書には、最初の人をエデンの園に住まわせ、「人がそこを耕し、守るようにされた」（創世記二章一五節）
と記されています。[11]「耕す」ことは、自然に働きかけることです。[12]荒野を開墾し、治山治水を行い、集落を作
り都市を築きます。[13]採集によってではなく、農耕を営み、さらには工業はじめもろもろの産業を興します。[14]人
間の文明を創り上げることは、人間に安全と生活の便利さ、快適さを保証することでした。[15]自然が征服されて
いくかのように思ったものでした。[16]しかし、わたしたちは二〇世紀後半になって、人間が築き上げた文明なる
ものが、むしろいのちを脅かし、いのちが生きる環境を破壊してきていることに、遅まきながら気づいてきた
のです。
[17]わたしたちは聖書において神さまが人間に「耕す」ことと同時に、「守る」ことをも使命として託されてい
ることの意味を改めて深く受け止めます。[18]「守る」ことは、いのちとそれが生きる環境とを尊び、慈しみ、保
持存続させるためのすべての営みを含みます。[19]環境保護は言うに及びませんが、有限な資源を用いながら、し
かも強いものだけが生き残ったり繁栄を謳歌したりするのではなく、すべての人類と生態系が共存しつつ、安
全に安心して生きていけるような世界を作り上げていかなければならないのです。[20]そのためには、多資源多生
産多消費のライフスタイルは改めなければなりません。[21]競争原理に貫かれた、弱肉強食の社会を作るのでは
なく、あのイザヤ書のメシヤが来られた暁に実現する世界のように（イザヤ一一章）、弱いものも強いものも
さまざまな特徴をもつものがみな平和に共存する、共生原理が貫徹した世界を実現するために労することが求

められています。[22]人間だけではなく、自然との共生も目指さなければなりません。[23]そのような社会、そのような世界を目指すことがあの「守る」ことなのです。[24]一部の（それが多数であっても）人々の豊かさや便利で快適な生活を生み出すために他の人々が犠牲にされたり、生活や自然が搾取されることはあってはならないのです。[25]たえず社会的に弱い立場の人たちと連帯することは、隣人愛を最も大切な戒めとして教えられているキリスト者にとっては当然なすべきことです。

[26]また、この正しく「耕し、守る」務めが創造主である神さまから人間に与えられていることを知らされているのは教会です。[27]ですから、キリスト教会はその務めに率先して取り組まなければなりませんし、人間全体に課せられている務めだということを広く社会に訴える責任もあります。[28]教会がいのちとそれが生きる環境を与えてくださった神さまに感謝し賛美を捧げることは、そのいのちと環境とを守ることと切り離すことはできないのです。

原発の大事故と今後についての見解

二〇一一年三月一一日に福島で起こった原発の大惨事をきっかけに、わたしたちは原発が人間のいのちへの途方もない脅威であり、いのちと両立しえない存在であることを深く認識しました。さらに社会的に弱い立場の人が犠牲になっていること、また後世の人々に大きな負担を負わせることは許されません。それらの人々と連帯し、神によって創造され、贖われ、生かされている現在と将来のいのちとそれが生きる場であるこの世界、地球環境とを守るために、たとえそれによって享受される快適で便利な生活と経済的繁栄を今のレベルでは維持できなくなるとしても、一刻も早く原発を廃棄しなければならないと考えます。この認識に至るのが遅かったことを認めます。

脱原発を主張する以上、一方ではエネルギーの消費を低くする質素で、環境に配慮し、自然と共生するライフスタイルを身につけ、他方では社会の英知と科学技術と資本とを結集して新エネルギー、代替エネルギー、再生可能なエネルギーの開発・導入・普及をさせなければなりません。それは経済や生活の快適さ・利便性の問題ではなく、神の前で隣人とともに生きる際に必要な、正義と公平を求める倫理の問題だと信仰によって認めるからです。

日本福音ルーテル教会は神によって創造され、贖われ、生かされている現在と将来のいのちを次の世代につないでいくためにも、「一刻も早く日本にある原発が廃止されること」を第二五回総会期の総会声明として社会と教会に呼びかけます。

この呼びかけを手始めとして、日本福音ルーテル教会の各教会・教区・全体教会レベルで「原発の安全性に関わる問題性」、「放射能被曝に関わる問題性」、「放射能廃棄物処理の問題性」、「核兵器廃絶との関係」、「世界のエネルギー政策とそれに関わる生活様式について」、「環境問題」等に関しての学びを含めての取り組みを開始していきます。

二〇一二年五月四日

日本福音ルーテル教会

神が世界を創造なさったということ

旧約と新約、聖書全編を通じて証しされていることの第一は、「神が私と世界の創造主である」ということです(1)。そして、それは遠い昔の神話にすぎないのではなく、実は取りも直さず、「神は」今ここで、つまり、この時代と社会にあっても、「私と世界の主権者である」ということをも意味するのです(2)。私も世界も「主のもの」なのです(4)。

この厳然たる事実が私たちの生き方を規定するのです。つまり、被造物であるということは、創造主の御心に従って生きることをその本質とするということですし、私と世界の関係を定めるのです。その生き方また関係とは、この世界を神さまからの「恵みの賜物」として感謝して受け取ることであり(5)、それだけでなく、神のご意志により、この「世界の管理」を託されていることをも承諾することなのです(7)。それはこの世界を御心にかなうように「治めること」「管理すること」であって、いわゆる「支配」でも「征服」でもありません。そのことは神の「継続的な創造(のわざ)に参与する務め」を与えられているということです(8)。それは同じ被造物である私たち人間にとっては「光栄」であると同時に「重い責任」なのです(9)。私たちが身近によく経験するいのちを授かるということは神からの「恵みの賜物」をいただくということであると同時に、そのいのちを産み育てるという形で神の「継続的な創造のわざに参与」することです。神はそのような光栄と責任とを私たちにお与えになっているのです。「神の創造」と「人間の責任」はこのように固く結びついているのです。

大地を耕す

この世界全体への神から人間に託された務めは、聖書の言葉を用いれば「耕す」ことと「守る」ことです(10)。世界へ、自然へ、社会へ積極的に働きかけ、何事かを造り出すのです。その過程では何かを造り出すために何かを破壊することさえ含まれるかもしれません。耕す行為が大地に向かってなされるとそれは開墾開拓(英語のカルティヴェイト)であり、耕作であり、農産物を生み出すことでしょう。もっとも、その過程で自然の元々の形を変える作業も行なわれるでしょう。精神という大地を耕すことから文化(カルチャー)が生まれます。神を相手に働きかけることは祭儀(カルト)になります。都市を造ることから文明が生まれました。耕すことから人間の文化文明が生まれます。そのためのエネルギーはと言えば、最初は木を燃やし、やがて石炭石油という化石燃料をエネルギー源にし、ついには原子力発電にまで至りました。また、石で武器を作り、鉄でより強力な武器を作るようになり、ついには途方もなく破壊的な原子力を利用した核兵器を造り上げました。それは、人間の制御能力を超えた結果を生み出し、想像をはるかに超えた影響をもたらしました。「耕す」ことの行き着いた極地とも言えるでしょう。

守ることの広がり、深みと高み

エデンの園に連れて来られた人に命じられた務めは耕すことだけではなく、守ることもあったのです(18)。治山治水といったことも、自然保護ということももちろんありますが、何よりも守るべきはいのちであり、そのためにそれが生きる場、環境そのものを守ることも必須です。いのちを守ることと言えば、まず衣食住の確保を思い浮かべますが、医学・薬学・看護学もそのために不可欠ですし、もろもろの福祉の働きとその制度もなければなりません。生活を営むためにも、その収入を得ようと労働するためにも、質量ともに豊かな人生を送るためにも、教育が必要です。生きていくのに必要な、あるいは役に立つさまざまなものを生産することも、売買することも、国を超えて交易することも必要です。安全で安心して暮していくための正義と平和と調和に満ちた社会の仕組みがなければなりません。政治、経済、外交、防衛……挙げていけばキリがありませんが、それらはルターが小教理問答と大教理問答の中に列挙していたもろもろの神が創造なさったものに含まれます。エデンの園に置かれた人、つまり私たちはそれらを「守る」ように創造主に託されているのです。そうすることは「神への奉仕」という義務であり、それは取りも直さず「隣人たちと共に生きるための奉仕」という義務です。

心構えだけでなく、具体的な行動へ

神の創造に責任を持って関わっていくときの基本的、原則的、一般的な信仰者の考え方とものの見方を確認しただけでは、現実の社会で実際にどう生きるかということにまで踏み込んだことにはなりません。「原発の大事故と今後についての見解」では、現在自分たちが享受している「快適で便利な生活と経済的繁栄」を「今のレベルでは維持できなくなるとしても」あえてそれを受け入れ、「一刻も早く原発を廃棄しなければならない」という覚悟を示しています。「ライフスタイル」の問題であり、それは快適さや利便さの問題ではなく、「神の前で隣人とともに生きる際に必要な、正義と公平を求める倫理の問題」だと言い切っています。これはまさに「言うは易く行うは難し」そのものです。それでもなおこう宣言したのですから、自分たちにできることをなにかしら一つでも二つでも実践していかなければなりません。

そのためにも、まずは具体的な課題に関しての学習をすることを「声明」は挙げています。この世の事柄には絶対的な唯一の正解はないでしょう。だからこそ学習をしつつ、さらに具体的な実践をし、困難のもとにある人々に関わることをしつつ、たえず基本的、原則的な姿勢を保ちながら、「今、ここで」語りかけられる神の言葉に耳を傾け、聴き取っていくようにすることが肝心です。ルターはしばしば「神は創造した自然の中に現臨する」と言っています。神は自然であると言っているのではありません。被造世界の中にいますのです。そうであるならば、その被造世界の声を、うめきを聴くこと、現実の苦しみを見出すことをすることで、私はどう生きるべきか、誰とともに生きるべきかが明らかになってくるでしょう。

六　まとめ

聖書が証しし私たちが信じる神は三位一体の神です。その神の働きはと言えば、ルターによれば創造、救い、聖化です。終末の完成の時に向けて、人間の贖いと被造物の贖いを通して、創造と救いの完成へと導かれていくのです。そのために主キリストの贖いと聖霊の導きが与えられるのです。しかも一方的に、無条件で、恵みの賜物として与えられるのです。

しかも、その神のわざに人間をも用いられるのです。罪の贖いのためには、キリスト者たちに福音を証しし、宣べ伝えることを課せられています。かつて「極めて良かった」と言われながら今は「うめいている」被造物の贖いと解放のためには、すべての人間が自分たちに託されている「耕し、守る」務めを通して貢献することを課せられているのです。それが創造主なる神からの委託であることを知っているキリスト者には信仰的な洞察と決断が求められています。始原の創造以来の神の大きな、完成に向けての目標と、そのための人間への働きの委託と召しについての聖書の言葉とルターの教えに耳を傾けましょう。

神の自己啓示は、聖書という書物を通しての神の言葉それ自体と、自然あるいは被造物という書物を通してなされるとルターは言います。被造物とは、隣人たちを含めた人間、自然、社会の総体です。さまざまな具体的な出来事が起こります。社会の中で生きる人間と、生態系としての生きとし生ける命、また大地そのもののナマの、生きたうめきを聴かなければ何も始まりません。しかし、ひとたび耳で聴き、心に受け止めたら、そのままではすまされません。「神の創造」は「人間の責任」を呼び覚まします。

しかも、神は高みの見物で人間にのみ責任を負わせようとしていらっしゃるのではなく、ローマ書八章には「もし子供であれば、相続人でもあります。神の相続人、しかもキリストと共同の相続人です」と言い、「キリストと共に苦しむなら、共にその栄光をも受けるからです」（八17）と言っています。ルターはこの「共に苦しむ」という語を、「ここでは、キリストとともに、『同時に苦しむ』、すなわち、キリストが苦しまれたことと同じことを、『同時に苦しむ』という意味に受け取られる」（グロッセ、欄外注）と説いています。人間のためにキリストが共に、神ご自身が共に苦しんでおられると言っているのです。そうであるならば、どうして私たちがその苦しみに参与しないでいられるでしょうか。ボンヘッファーが獄中で「キリスト者は、苦しみの中にある神のかたわらに立つ」と「キリスト者も異教徒も」という詩の中で謳っていることを思い出します。被造物が、人間が苦しんでいるときには神も共に苦しんでいらっしゃる、だから私たちもそうするという生き方へと招かれているのです。それに応える動きが教会内でもあちこちに見られます。

使徒パウロが被造物は虚無に服して苦しみうめいていると記していると同時に、「被造物だけでなく、〝霊〟の初穂をいただいているわたしたちも、神の子とされること、つまり、体の贖われることを、心の中でうめきながら待ち望んでいます。わたしたちは、このような希望によって救われているのです」（ロマ八23―24）と語っていることは、この困難な務めを引き受けるときにどれほど大きな励ましであり、支える力となることでしょう。

最後に「声明」の中の一節をもう一度聴いて、私たちの信仰的な決意を固めようではありませんか。「それだけではなく、わたしたち人間はとくに、この被造世界の管理を託されています。それを創造の目的にそうように適切に管理し、その本来の趣旨に適うように用い、発展させ、神さまが喜ばれる世界の継続的な創造に参与する務めが与えられています。それは大きな光栄であり、同時に重い責任です。」

ルターの負の遺産
――ユダヤ人との関わりで

一　「気掛かり」や「後ろめたさ」

知らず知らずのうちに

ルーテル教会、改革者ルターを祖とするプロテスタント最古の教会、そこでは自ずとルターの信仰、ルターの神学が教会の伝統を形成する際の基とされています。私たちは何かにつけルターの霊性、ルターの祈り、ルターの説教、さらには教皇とも皇帝とも正面切って対峙（たいじ）して「我ここに立つ」と言い切って怯（ひる）まないルターの勇気、あるいは聖書学の教授であると同時に終生魂の配慮者だったルターの牧会者としての心、また家庭人としての在り方、そして社会倫理を考える際の二王国論等々を取り上げ、彼の書き残した言葉に信仰生活また教会生活への道しるべを求めようとします。もちろんルターを偶像化してはいけませんし、そうはしないつもりであっても、知らず知らずのうちに彼のことを信仰のお手本とし、神学の不動の基準としてはいないでしょうか。

けれども、私たちはときおり耳障りのよくないルターへの批判的な、あるいは非難の言葉を聞いたり読んだりすることがあります。最近ではたとえば、評判となった深井智朗著『プロテスタンティズム――宗教改革から現代政治まで』（中公新書、二〇一七年）には、かなり抑制的な表現ではありますが次のような言説が見られます。

「もちろん、ルターが勇気ある宗教的指導者であったことを否定するわけではない。しかしルターのなそうとしたことが、彼自身の考えや思いを超えて宗教的あるいは政治的に利用されてきた点を忘れてはならない」。「プロイセン主導で進められたドイツの統一において……ナショナル・アイデンティティの形成と強く結びついていた」。「ナショナリズム高揚のための政治的シンボル」。「宗教改革四百周年となる一九一七年、……宗教改革の意義と戦意高揚を結びつけ……ヴィッテンベルク城の教会の扉の修復を命じ、そこには『九十五箇条の提題』の全文が刻み込まれた」。

さらにその一六年後にヒトラー率いるナチスが政権を取った後、軍国主義を煽(あお)り立てるのにこんなこともなされました。「ルターが作曲した『神はわがやぐら』」「ルター派にとって象徴的であり、もっとも人々に愛されているこの讃美歌をナチスは利用した。あらゆる場面でこの讃美歌を歌わせ、そして演奏したのである」。「……この讃美歌は、行進曲風に編曲され、この讃美歌を歌いながら兵士のみならず、学生や市民も行進したのである」。

ナチスのユダヤ人迫害との関わり

ことはそれだけではすみませんでした。世界史に大きな汚点を残した世紀の蛮行であり悲劇となったナチスによるユダヤ人大量虐殺にはルターとの結びつきがあるといった批判あるいは非難は戦後繰り返しなされてきました。『プロテスタンティズム』の著者はこう記しています。

> またナチスは、ルターが一五四三年に書いた『ユダヤ人とその偽りについて』という文書をユダヤ人の迫害や反ユダヤ主義のために利用した。もちろんそれはナチスに都合よく抜粋され、編集されているのであるが、ルターの主張であることは間違いない。……
> ルターの言説を単純に擁護はできないであろう。そして重要な点は、これが明らかにルターの主張であり、なおかつナチスに利用されたことである。当時の人々はルターの言葉の政治的利用にあまり違和感を持たず、受け入れた。

ルーシー・ダウィドウィッチという学者はもっと厳しく『ユダヤ人への戦争――一九三九―一九四五』という研究書の中で「ルターからヒトラーへの反セミティズムの系譜は容易(たやす)く引くことができる」と言っています。もっともっと強い口調で批判する人たちは少なくありません。

もしもそれらの批判や非難が当たっているとするならばと思うと、とても気掛かりですし、さらには後ろめたくもなります。ですから私たちは、私たちが素朴に敬愛しているルターが実際ユダヤ人について何を言い何を書いたのか、それはどういう脈絡で語られたのか、彼の本来の意図は何だったのか、それがどういう影響を及ぼしたのか、現代を生きる私たちはそれをどう評価したり批判したりするのか、それから何を学ぶべきか、ということを考えないではいられません。そうする誠実さと勇気が必要です。ご一緒に考えてみましょう。

二　反セミティズムあるいは反ユダヤ主義

身近ではないけれども根深く深刻な問題

なにしろ日本に住む私たちにとって「ユダヤ人」という存在は身近ではないのです。今ではアジア各地から働きに来て、なかにはすっかり住み着いているイスラム教徒（モスリム）、また紛争の絶えることのない中東のイスラム諸国家の存在から「イスラム」という宗教はなんとなくですが今では身近です。その教典が「コーラン（クルアーン）」だということも知っています。それに比べると「ユダヤ人」は皮膚感覚でなじみが薄いのです。国内に住むユダヤ人もユダヤ教の会堂であるシナゴーグもその数はごく限られています。第二次世界大戦後イスラエルという国家を創り、七回も中東戦争を行ない、今もパレスチナとの対立を続けている独特で複雑である意味厄介な国家の国民がユダヤ人であること、ノーベル賞受賞者の数がとても多いのがユダヤ人であり、アメリカの大富豪に多いのもユダヤ人であること、『アンネの日記』やフランクルの『夜と霧』、あるいはアウシュビッツ強制収容所、ホロコースト、はたまた命懸けでビザを発給した杉原千畝などでもよく知られているのがユダヤ人であること……それらのことは知的に思い出したり知っていたりはしますけれども、だからといって自分にとってユダヤ人がそれほど身近な存在とは言えません。

もちろん一般的な知識として、キリスト教はユダヤ教から派生した宗教だと知られていて、キリスト者ならば、旧新約聖書の主たる登場人物がユダヤ人であることもよくご存じでしょう。しかし、「反ユダヤ主義」あるいは「反セミティズム（反セム主義）」ということは、言葉だけならどこかで耳にしたことはあっても、日常生活で経験することでもないし、あまりピンとは来ないというのが正直なところでしょう。そこがヨーロッパまたアメリカと違うところです。その規模と徹底さのゆえに今も記憶に生々しいホロコーストと、その前にも二〇〇〇年以上にわたって続いた反セミティズム、反ユダヤ主義の歴史があるヨーロッパでは、これは忘れてはならないと同時に、乗り越えなければならない深刻な問題なのです。それにルターがどう絡んでいるのか、私たちとしてもはっきりさせないではいられない問題なのです。

辞書的な説明では

『広辞苑』第七版を開いてみると、「反ユダヤ主義」にはこのような説明がなされていました。「①アンチ・セミティズムと同じ。②広く、ユダヤ人に対する偏見・反感・憎しみ・敵対的態度・迫害。ヘレニズム・ローマ時代から現代に至るまで存在する。」と。なんとヘレニズム・ローマ時代というのですから紀元前からキリスト教中世を経て現代にまで遡る長い歴史があるのです。キリスト教以前からの反ユダヤ主義とキリスト教以後の反ユダヤ主義は合流し、それはキリスト教世界となった中世でもさらに強まりながら続き、中世末期のルターたちもその中で生きたことになります。

そして『広辞苑』が「反ユダヤ主義」と同じだと言っている「アンチ・セミティズム」の項にはこう書いてあります。「一九世紀後半からドイツなどヨーロッパ諸国に興ったユダヤ人差別運動。ユダヤ人をセム人とみなし、アーリア人種の敵とした。ナチスはこれを政治目標に掲げ、ホロコーストを実行した。反ユダヤ主義。」これは実に非合理的な人種理論に基づいて展開された反ユダヤ主義です。ユダヤ教徒であるか否かが問題ではなく、人種的民族的なユダヤ人が対象であり、宗教的理由による中世の反ユダヤ主義とは区別されなければならないものだというのです。

中世の反ユダヤ感情の表出

つまり、前者「反ユダヤ主義」は、主として宗教的理由に基づいてのキリスト教とユダヤ教の対立感情と、そこから来る多数派のキリスト教側からの長い歴史を持つ差別・偏見・迫害なのです。そこでいうユダヤ人とはとりもなおさずユダヤ教徒でしたし、もともとは神との契約をもつ「神の民」でしたが、紀元一世紀後半に祖国を失い、諸国に四散していきます。ユダヤ人への敵意は福音書の中にもあるとの指摘もあります。その後の教父たちも教義的にユダヤ人を非難します。ユダヤ人は「キリスト殺し」の責めを負わされ、やがてヨーロッパというキリスト教が圧倒的多数を占める社会の中で、キリスト教に改宗せず、閉鎖的な宗教共同体としての非協調性もあって排除され、さまざまな差別と偏見、ときに迫害を受けていきます。宗教的理由からユダヤ教徒とキリスト教徒の結婚も行われず、それゆえ人種的融合も起こりませんでした。ユダヤ人はサタンだと言われ、サタンを描くときはユダヤ人風に描かれました。

反ユダヤ感情は十字軍遠征で頂点に達します。自然災害や黒死病（ペスト）などはユダヤ人のせいにされ、聖週間にはユダヤ人に石を投げることが習慣になっていたとか、一〇九五―九九年に一万人規模の殺戮（さつりく）がなされたとか、一二一五年のラテラノ公会議ではユダヤ人は服に黄色のつぎあてを付けなければならないと決議されたとか、一三四八年にドイツで公権力によるユダヤ人殺戮や民衆によるリンチがあったとか伝えられています。イギリスからは一二九〇年に、フランスからは一三九四年に、そして一四八〇年代にはドイツの諸都市から追放されたとか、一四九二年にスペインの宗教裁判所により二五万人のユダヤ人が追放されたとか、ジュネーブでは一四九一年に追放されたとも言われています。記録を拾い上げれば枚挙に暇がありません。

最も寛容な人文主義者のエラスムスが、キリスト教世界にはユダヤ人のための余地はないと言ったとも伝えられています。高名なルター学者のE・グリッチが「一六世紀の社会のあらゆる階層がユダヤ人をキリスト教にとっての悪逆無道の敵であり、社会のガンだとみなしていた」と書いていることはおそらく過剰な表現ではないでしょう。これが、ルターが生まれ育ち生きた時代でした。そのような世間の見方、感覚、いわば「常識」をルターもまた身につけていたと想像することは当たっているでしょう。しかし、彼には独特のものもあったことこそが見落とされてはならないのです。

三　抜きん出てユダヤ人に好意的だった初期のルター

聖書学博士の旧約の読み方

ルターは自らの専門を聖書学、中でも旧約聖書だと自認しており、生涯それに励みました。ヘブル語に堪能で、旧約聖書に通暁していました。新約聖書をワルトブルク城に幽閉されていた間に一気呵成に独力でギリシャ語からドイツ語に翻訳したことは有名ですが、その後、旧約聖書も時間をかけ、仲間たちの協力を得ながらヘブル語からドイツ語に訳しました。

その意味でユダヤ人もユダヤ人の信仰も宗教も熟知していた彼でしたが、その解釈の仕方は独特でした。それは新約聖書から旧約聖書を読み解釈するというやり方です。端的に言えばイエス・キリストについての預言あるいは予型として旧約を読むのです。それに徹底していました。キリスト論的旧約解釈と言われます。

一五一八年といえば、「九五箇条の提題」発表から僅か一年後ですが、メランヒトンの伯父で有名な人文主義者ロイヒリンがヘブル語の聖書を用いたことが批判されたときに彼の味方をしたことなどから、ルターはユダヤ人と同じような主張をしているとうわさされました。その後もルターのユダヤ人への近さが論敵から批判されました。マリアの処女性についての弁明を明らかにした際に、ルターがキリスト者はユダヤ人にもっと寛大であるようにと訴えた文書は大きな注目を浴びました。

「イエス・キリストはユダヤ人として生まれた」

その小冊子のタイトルが目を引きます。イエス・キリストはユダヤ人に生まれたと主張したのです。その中でユダヤ人はキリストと血縁(血統による親族)であるけれども、もともと異邦人だった我々は義理の関係(養子にされたもの)であるから、「彼らは実際には我々よりもキリストに近い」という大胆な発言さえしているのです。

さらに、本来ヘブル語の聖書(旧約)にキリスト預言がなされているのに、教皇派の支配するキリスト教世界によって迫害されてきたので、彼らがキリスト教信仰を受け入れられないことに同情して、もしも自分がユダヤ人であったなら、間抜けでのろまな教皇、司教、神学者たちが支配し、キリスト教信仰を教えているのを見たら、キリスト者になるよりも豚になるほうがましだと思うだろうとまで言いました。ローマの人々を「彼らはユダヤ人を人間としてではなく、犬ででもあるかのように取り扱っている」と批判します。また、ユダヤ人のほうがローマ教会の指導者よりも聖書に根拠を置いているとさえ言ったのです。

また、政治的な命令で規制したり、ゲットーに閉じ込めるよりも、キリスト者とユダヤ人の対話を持つことの方が有効だと考えていたことも読み取れます。

改宗への期待と結果

そういうわけで、ルターは「ユダヤ人たちを親切に扱い、聖書に基づいて、注意して教えるなら、多くの者が本当のキリスト者になり、彼らの父祖や預言者、族長たちの信仰に戻るであろう」と言って、改宗の可能性に期待を持っていることを明らかにしました。何しろ彼らはあれほど聖書に熱心なのですから。しかし、ユダヤ人は改宗する必要はあるけれども、それは「教皇の法」によってではなく「キリスト者の愛の法」によるべきだとも述べています。

改宗についてはユダヤ人にはユダヤ人の信念があるにせよ、ローマを批判して自分たちに大きな好意を寄せてくれたルターを当時のユダヤ人たちは歓迎したことは間違いありません。しかし、石居正己先生は現代のユダヤ教のラビ、A・H・フリードランダーが、「正しく見られるならば、これ（この小冊子）はユダヤ教に対する論難書である」と述べていることも紹介されています。キリスト教神学者ルターとしては、ユダヤ教徒への寛容を説いても、キリストの福音を信じることは求め続けていたのです。

その三年後、ルター自身は三人のラビとの対話をしますが、改宗は起こりませんでした。さらには、ルターは自分に対するユダヤ人の陰謀があるとの噂を信じたり、ユダヤ人によるキリスト教徒の改宗計画があることを知ったり、さらには安息日遵守などのユダヤ人の影響が自陣営に及んできたりすることもあって、彼のユダヤ人への姿勢に次第に変化が起こります。それについてはさまざまな説明や釈明は可能でしょうが、結果としては共感共鳴することができないばかりでなく、大きな誤りだったと言わなければならない事態を引き起こしたのです。

四　晩年のルターが言ってしまったこと

「ユダヤ人と彼らの虚言について」執筆の動機

グリッチは、ユダヤ人改宗が成功しないことについてのフラストレーションゆえに、ルターは旧来の確固とした反ユダヤ・イデオロギーに呑み込まれてしまったと言います。なにしろ一五〇〇年かかっても実現しなかった改宗です。ルターの信仰によれば、改宗は神がなさることであって、人間の業ではないということです。しかし、そうであるならばなおのこと、そこでこの件は神に委ねてこれ以上騒ぎ立てないようにすればよかったのに、（ヘブル語＝旧約）聖書と伝統（ユダヤ教の聖典タルムード）に堅く拠って、イエスを救い主とは受け入れず、血統を誇り、割礼を守り、与えられた律法の遵守を重んじるその姿勢をルターは「業による義」指向、「自己義認」的だと非難しました。さらに、彼は彼が生きている時代を黙示的な終末を控えた時代だと理解し、それゆえにキリスト教世界はキリスト教徒で固められていなければならないというイデオロギーに支配され、キリスト者とユダヤ教徒の共存を説くどころか、完全な分離を支持してしまいます。

七つの提言

その結果、一五四三年に著した「ユダヤ人と彼らの虚言（嘘、偽り）について」という文書に、長文の神学的なユダヤ教批判の後で、この世の権威に対して「祈りと神への畏れをもって、厳しい憐れみを行使」することを七点挙げて勧告します。それは、一、シナゴーグ（ユダヤ教の会堂）や学校を焼き払い、二、彼らの住宅を破壊し、三、瀆神（とくしん）的な祈祷書やタルムードを没収し、四、ラビには教えることを禁じ（聞かれなければ処刑し）、五、公道での安全通行証の発給を廃止し、六、高利貸しを禁じ財産を没収し、七、若い男女には手に農具や糸紡ぎを持たせて額に汗して労働させせよということでした。

これを読み、深く嘆息しないではいられません。たしかにユダヤ人全体の殺戮までを主張したわけではないとは言え、また中世にも少なからずこのような追放や迫害はなされていたとは言え、これは明らかにルターが口にしてよいことではありませんでした。彼の神学的意図が何であれ、また鬱（うつ）や狭心症、その他いくつもの心身の病気を抱えて苦しんでいたとは言え、また彼と宗教改革とが社会的政治的な苦境に在ったにせよ、それらを口実に彼のこの七つの勧告が許容されることを求めてはならないでしょう。そもそも初期のルターが明言していたことに反するのです。

激越な口調の勧告はキリスト教の指導者や世俗的支配者たちを驚かせましたが、幸いというべきでしょうが、この勧告は実践に移されることはほぼありませんでした。共感を呼ばず、説得力がなかったのでしょう。彼のこの文書がその後数世紀にわたってドイツ社会の中でさして広く読者を得たわけでもなく、社会的な影響を及ぼさなかったとユダヤ人の学者も含めて言われていますから（異なる研究もありますが）、その点は少しだけ気が休まります。むしろその後の啓蒙主義の時代には信仰の如何にかかわりなく、ユダヤ人の市民権が認められていったとも言われています。

しかしながら、二〇世紀に入り、ナチスが政権を取り、ユダヤ人迫害が過酷に実行されていったとき、ドイツ精神史に燦然たる影響力をもったルターの晩年のユダヤ人についての過激な言説はそこだけ抜き出され、もののみごとに利用されることになるのです。「現代のドイツの反セミティズムはキリスト教反セミティズムとドイツのナショナリズムの結合の混血児だ」とダウィドウィッチは結論づけています。彼女がキリスト教反セミティズムというときにはその基礎はカトリック教会が据え、その上にルターが築いたと批判していることも忘れてはならないでしょう。

五　アーリア人種論とナチスによるルター利用

近代の反セミティズムとその頂点としての「最終解決」

根深い宗教的理由を根源に持つ近世までの反ユダヤ主義とは全く異なり、ヒトラーに率いられたナチス（国家社会主義ドイツ労働者党）が考案し、徹底的に実践した近代の反セミティズムは独自の人種的イデオロギーです。その案出の際に利用したのがダーウィンの進化論に想を得て一九世紀後半に現れた社会ダーウィン主義です（ダーウィンの科学的な進化論とは似て非なるものです）。人間の特性、態度、能力、行動は遺伝的に伝えられてきた

「人種」的な特質によって左右され、「人種」間の生存闘争が避けられないものだと言いました。ドイツ人はアーリア人種という最も優性な人種であり、それはユダヤ人という最も劣性な人種を従わせ、さらに絶滅させることは優れた人種の権利であり義務であると信じたのです。

第一次世界大戦の敗戦により連合国側に莫(ばく)大な賠償金の支払い、領土割譲、軍備制限を強いられ、民族としての誇りを奪われていたドイツ国民はこの人種差別的イデオロギーに搦(から)め捕られ、自らナショナリズムの高揚に奮い立ち、歴史に例を見ない規模と徹底さでユダヤ人への迫害をしてしまい、悲惨な終結を迎えることになったのです。

一九四二年に開かれたヴァンゼー会議でナチスはヨーロッパに住むすべてのユダヤ人を根絶させるという、いわゆる「ユダヤ人問題の最終解決」案を決定し、既に始まっていた虐殺は各地に建てられた強制収容所において仮借なく実行されていったのです。その犠牲者には健常者も病人も、金持ちも貧乏人も、男も女も、老いも若きも乳児ですらも何の区別もありませんでした。宗教的に言えば、正統派ユダヤ教徒であれキリスト教への改宗者であれ、ユダヤ人の血が流れていさえすれば容赦はありませんでした。その死者の総数は六〇〇万人とさえ言われています（正確な数は不明です）。アウシュビッツで処刑されようとしていた人の代理の死を遂げ、殉教者として戦後聖人に列せられた、元日本への宣教師だったマキシミリアン・コルベ神父（カトリック！）もその一人でした。

ヒトラーの政権奪取の直後から警戒の声を上げ、いち早く「教会とユダヤ人問題」などの論陣を張り、ドイツ教会闘争また和平のための陰謀計画に参与し、遂には終戦間際に処刑されたルター派の牧師・神学者ボンヘッファーのような人もいましたが、多くのルター派の教会は有効な抵抗を戦うことができなかったことを戦後懺悔(ざんげ)することになりました。

前述のように、この狂乱の時代にルターが「ユダヤ人と彼らの虚言について」の中で言ってしまった過激な文言がナチスによって利用されたときに、国民の心にどのように響いたかは想像に難くないでしょう。

六　教会としての反省とこれからの姿勢

悔い改めと自己批判

第二次世界大戦の終結後まもなくドイツ福音主義教会は一九四五年一〇月に「シュトゥットガルト罪責宣言」を、追って一九四七年にはそれをもっと具体化すべく「ダルムシュタット宣言」を世界に向けて公表しました。この罪責宣言の基本的性格を知るために、前者の「シュトゥットガルト罪責宣言」の冒頭の部分を紹介しましょう。

われわれは、国民と共に、苦難の大いなる共同体の中にあるのみならず罪責の連帯性の中にもあることを自覚すればこそ、なおさらこの世界教会協議会代表の訪問を感謝する。われわれは大いなる痛みをもって次のように言う。われわれによって、はてしない苦しみが多くの国民と国にもたらされた。われわれがしばしば各教会に向かって証ししたことであるが、それをわれわれは今全教会の名において語る。なるほどわれわれは、国家社会主義の暴力的支配の中にその恐るべき姿をあらわした霊に抗して、長い年月の間、イエス・キリストの御名において戦っては来た。しかしわれわれは、われわれがもっと大胆に告白しなかったことを、もっと忠実に祈らなかったことを、もっと喜びをもって信じなかったことを、そしてもっと熱烈に愛さなかったことを、自ら告発するものである。

ここには罪責の連帯責任が、戦いをしてきたけれども信仰と祈りが足りなかったことと共に告白されています。しかし、後者の「ダルムシュタット宣言」では「もっと……もっと……」という比較級によってではなく、端的に罪責を認めています。罪責の認識はキリストによる和解に基づいてのみ存在することを第一項で明言した後、第二項でナショナリズムとドイツ民族優越主義に対してこう述べています。

われわれは、あたかも世界はドイツ的本質に触れることによっていやされるかのように、特別にドイツには使命があるなどという夢を見始めた時、過ちに踏み込んでしまった。そのことによってわれわれは、政治的権力の無制限の使用に対して道を備え、われわれの民族を神の御座の上に置いた。われわれは自分たちの国家を内に対してはただ強い政府の上に、外に対してはただ軍事的な力の展開の上に基礎づけ始めたが、これは致命的に誤っていた。……

このあと第七項まで続くのですが、しかし、そこにも決定的に欠けていたものがあったのです。それは「ユダヤ人問題」について何ら具体的な言及がないことでした。「反共主義」については第五項で突っ込んで取り上げられているものの、「反ユダヤ主義」への自己批判的な取り組みは依然としてないのです。

ボンヘッファー研究者の村上伸先生はなぜこの点についての反省とその宣言に時間がかかったのかとの問いに二つの理由を挙げています。一つは、「ナチスによるホロコーストの結果、ドイツに住んでいたユダヤ人は大部分殺されるか、外国への亡命を余儀なくされるかした。つまり、戦後のドイツ人の周囲には、ユダヤ人がほとんど存在せず、したがって彼らとの接触は遮断されたといういうに近い状態であった」ことと、第二に「ユダヤ人の側に烈しく深い憎しみが残っていて、これも日常生活における対話をむずかしいものにした」ことです。周囲にほとんどユダヤ人が存在しないとは、まさにユダヤ人殲滅ではありませんか。そして、ユダヤ人がドイツ人に抱く烈しく深い憎しみ、その感情は想像に余りあるではありませんか。

罪責宣言と新しい認識

教会闘争の時代に最も強くナチスに抵抗したといわれる古プロイセン合同教会の流れをくむラインラント州教会は研究と教会内での討議またユダヤ人との対話を長いこと重ねて、それを踏まえて一九八〇年の州教会総会で「キリスト者とユダヤ人の関係の更新のために」という宣言を決議しました。八点における宣言は極めて重要なものと思われるので、長さを厭わず引用します。

一、われわれは、ドイツのキリスト教会がホロコーストに共同責任と罪責を有することを、痛みをもって告白する。

二、われわれは感謝をもって、『聖書』、すなわちわれわれのいう旧約聖書が、ユダヤ人とキリスト者の信仰と行動の共通の基礎であると信じ告白する。

三、われわれは、ユダヤ人であり・イスラエルのメシアとして世界の救済者であり・世界の諸民族を神の民と結びつける方であるイエス・キリストを信じ告白する。

四、われわれは、ユダヤ民族が神の民として今も選ばれていることを信じ、教会がイエス・キリストにより、神がご自分の民と結ばれた契約の中に受け入れられていることを認める。

五、われわれはユダヤ人と共に、義と愛の統一こそが神の歴史的救済行動の特長であると信じる。われわれはユダヤ人と共に、義と愛をわれわれの全生活に対する神の指示であると信じる。……

六、われわれは、ユダヤ人とキリスト者がそれぞれ召されて神の証人として世界の前にあり、またお互いの前にあることを信じる。それ故にわれわれは、教会がユダヤ民族に対して、諸民族世界に対して伝道するようには、その証しを行なうことができないと確信している。

七、（教会が何世紀にもわたって「新しい」という言葉を用いて自らをユダヤ民族に替わるものとして認識してきたことの責任を踏まえ）それ故、「新しい」とは、「古い」ものの代替を意味するものではない。だからわれわれは、イスラエル民族が神から棄てられたとか、教会によって凌駕（りょうが）されたとかいうことを否定する。

八、……われわれは、新しい天と新しい地という共通の希望と、このメシヤ的希望がこの世界における正義と平和のためのキリスト者とユダヤ人の証しと行動に対してもつ力を告白する。

（村上伸「西ドイツ教会の罪責告白の系譜」から引用）

私たちは、このラインラント州教会の宣言の全体を高く評価したいし、歴史へ真向かうあり方として深く学びたいと思います。八項目の中でも第一項のホロコーストへの「共同責任と罪責」の告白と、第四、六、七項でのユダヤ人が今も「神の民」として選ばれており、「神の証人」であり、したがって神から棄てられていないことの確認と、キリスト教への改宗を求めての伝道は不必要だとの認識がとくに重要だと思います。前者からはキリスト教反ユダヤ主義の長い歴史を思い、また狂乱のナチ時代に教会として無力であったこと、あるいは協力的な面さえもあったことへの深い反省を見、後者からは神学的な新しいユダヤ人とユダヤ教についての理解をここに見出します。

戦後のルター派教会

全世界の加盟教会を代表してルーテル世界連盟もドイツやアメリカのルーテル教会も多くの意思表示をし、そこではルターの負の遺産への決別を公に表明してきました。ドイツの至る所に見られるホロコースト記念館はユダヤ教とルター派のよりよい関係構築への道筋を示していると言われています。ワシントンDCに建てられたホロコースト記念館では世界のルター派の反セミティズムとホロコーストへの教会の思いとして以下のことを公にしています。それは、明瞭に晩年のルターのユダヤ人への見解を拒否し、ルターの言辞をどのようなやり方をもってであれ反セミティズムを支持するために用いることを非難し、心からの悔い改めを表明し、ユダヤ人共同体との良好な関係を作っていくことに献身するということです。一九八四年にアメリカ福音ルーテル教会常議員会が採択した文書が手許にありますので、長いですがそれを拙訳で紹介したいと思います。ここにはルター派の者の持つべき、また持っている思いが余すところなく表わされていると言えます。

キリスト教の長い歴史の中で、ユダヤ人がキリスト者の側から被ることになった扱い以上に悲劇的な展開は存在したことがなかった。おおよそほとんどのキリスト教信仰共同体で反ユダヤ主義とその現代の後継者である反セミティズムの汚染を免れ得たものはなかった。ルーテル世界連盟とアメリカ福音ルーテル教会に属するルター派の者は、改革者マルティン・ルターの遺産のいくつかの要素と、ルター派の教会が強く前面に出ている地域においてユダヤ人が被った二〇世紀のホロコーストという悲惨な出来事のゆえに、このことについて格段の重荷を感じるものである。

ルター派の信仰の交わりは教師であり改革者であるマルティン・ルターの名前と結びついている。我々自身の名前にある彼の名前に敬意を表しつつ、我々は彼の真理への大胆な姿勢、知恵についての彼の素朴ではあるが崇高な言葉、そしてなかんずく神の救いをもたらす言葉への彼の証しを思い起こす。ルターはまさに我々そのものである人間たちへの福音を宣べ伝え、我々の深奥の恥に達するに十分な恵みに信頼し、かつ最も悲劇的な真理を語るように我々に勧めたのである。

そのような真理を告げる精神において、彼の名前と遺産を身に帯びる我々はまた、痛みをもってルターのユダヤ人に対する彼の後期の著作の反ユダヤ的な非難の演説と暴力的な勧告とを認識しなければならない。一六世紀のルター自身の仲間たちの多くがそうしたように、我々はこの暴力的な罵(ののし)りの言葉を拒絶するし、それにもまして後代へのその悲劇的な効果への我々の深くいつまでも変わらぬ悲しみを表明する。ルーテル世界連盟と声を合わせて、我々はとりわけ我々の時代のユダヤ教とユダヤ人に向けられた憎しみの教えへの現代の反セム主義者によるルターの言葉の流用を遺憾に思う。

さらには、この憎しみの歴史の中の我々自身の伝統の複雑さを深く悲しみながらも、我々はユダヤ人への愛と尊敬をもって、イエス・キリストへの我々の信仰を生き抜くことへの切迫した願望を表明する。我々は反セミティズムの中に福音への矛盾また侮辱と、我々の希望と召命への背反を認める。また我々は、我々自身の内輪及び我々を取り巻く社会のいずれの中でも、そのような偏見への有害な働きに断固反対することを教会として誓う。最後に、ルター派キリスト者とユダヤ人共同体との間の協力と理解とが増していることへの聖なるお方の祝福が続くことを祈り求める。

ルターを宗教改革者として尊敬し、その教えを継承し、その名前を自分たちの教会に冠するがゆえにこそ、彼が歴史の中で犯した過ちを率直に認め、その非を悔い、その愚を繰り返さないことを誓い、現代にあって同じ地域、同じ国の中また広く世界でユダヤ人とよい関係を築いていこうとする決意を教会の内外に向けて公にするその姿勢を高く評価したいと思います。

五〇〇年に際しての決意

五世紀の長きにわたって争いの関係にあったルーテル教会とローマ・カトリック教会とが、和解と一致を目指し、共同して記念しようという宗教改革五〇〇年という特別な節目を前に両教会が世界に向けて発表した『争いから交わりへ――二〇一七年に宗教改革を共同で記念するルーテル教会とカトリック教会――』という文書の第五章に記された四項目、すなわちユダヤ人、再洗礼派、農民戦争、教皇制に関する言明は、ルーテル世界連盟として最も新しく、最も包括的な態度表明です。これが現段階でのルター派の教会の公式な態度なのです。

〈記念への備え――悔い、嘆く〉

228　二〇一七年の記念は、喜びと感謝を表明すると共に、ルーテル教会にとってもカトリック教会にとっても、想起されようとしている人物や出来事にある失敗や過ち、罪責と罪に対する痛みを感じる機会ともしなければならない。

229　この機会に、ルーテル教会はマルティン・ルターがユダヤ人に対して行った悪質で侮辱的な発言も想起するであろう。ルーテル教会はそうした発言を恥じており、深く嘆いている。ルーテル教会はルーテル教会当局による再洗礼派の迫害と、マルティン・ルターとフィリップ・メランヒトンがこの迫害を神学的に擁護した事実とを深い後悔の念をもって認識するようになった。ルーテル教会は、農民戦争の間にルターが農民に対して行った激しい攻撃も嘆かわしく思っている。ルターと宗教改革の暗部に対する認識は、ルターとヴィッテンベルクの宗教改革に対するルター派神学者たちの批判的態度と自己批判を引き起こしてきた。ルーテル教会は、教皇制に対するルターの批判の一部には同意するが、今日、教皇を反キリストと同一視するルターの姿勢は拒否する。

この立場を私たちも学んで共有したいものです。それが私たちに固有な歴史・社会問題また宗教問題に取り組むときの指針になるでしょう。とくに日本の隣国との関係の歴史をどう捉え、どう悔い改め、どう継承しつつ新しい歴史を創造していくかという問題を考えるとき、深く教えられます。

七　もう一度ルター自身の問題点を吟味し、可能性を探る

この悲劇を繰り返さないために

ルターには彼が背負った一五〇〇年にわたるヨーロッパのキリスト教の反ユダヤ主義という遺産がありました。その中で初期のルターのユダヤ人への態度と後期のそれとの間には大きな差異が残念ながらありました。彼には彼の言い分や事情があったにせよ、あのような過激な発言は許されるものではありませんでした。そして、四〇〇年経った二〇世紀に起こったアーリア人種という神話に基づくナチズムの人種差別、民族差別、さらにはユダヤ人絶滅という狂気の政策とその実践に、ドイツ人の間でことのほか尊敬されていたルターの言辞が利用され、火に油を注ぐ結果となりました。ナショナリズムは燃え上がり、史上類例のない膨大な犠牲者と甚大な被害を伴って、終わりました。

そのことに対して彼に向けられた非難からルターは免れることはできないでしょうし、きっと彼はその罪責を受け入れるでしょう。戦後のルター派の教会がさまざまな機会に発表した宣言や声明はいずれも妥当なものと認めなければならないと思います。どの文書の中にも今日の教会は後期ルターのあの言辞を否定し、それと絶縁する旨表明されています。私たちもまたルターの流れをくむ教会として、それに同意したいと思います。

同時に、これはまったくの仮定の話しですし、想像の域を超えませんが、もしルターが二〇世紀のドイツに現れたならば、いったいどのように事態を認識し、どう考え、どのように行動しただろうか、と考えてみたいのです。

これは歴史の検証ではありません。彼が生涯にわたって大切にした神学と信仰を現代に生かすための思索の試みです。

神のみを神とし、神に委ねる

ルターが十戒の第一戒、「あなたはわたしの他に何者をも神としてはならない」を極めて大切にしていたことはご存じのとおりです。そして、イエス・キリストによって神の御心の全貌と真意とが明らかにされたこと、神の救いの約束の成就がなされたこと、救いは無条件で一方的な神の恵みによってのみ与えられることと信仰のみによってそれを受け取ることこそが福音なのだと主張したのです。そのために命懸けで戦いました。そうだからこそ、旧約聖書をも重んじ、その中のあらゆる出来事をキリストの視点から解釈し、イエスこそ救い主であることの立証に努めたのです。

ひとたび「神の民」として選ばれたイスラエル（ユダヤ人）でしたが、彼らは聖書と彼らの伝統の理解の故にイエスをキリストとして受け入れることはできませんでした。ルターによれば、教皇派のゆがんだやり方では改宗に至らせることはできなかったけれども、宗教改革的突破によって明らかにされた福音の奥義によるならば、きっと改宗は可能になると期待しましたが、思うような結果は得られず、むしろ疑心と反目が高じたので、あのような言辞を吐くことになったのでした。そのような頑（かたく）なユダヤ人を、ルターは「神の怒りの下にある」とみなしたのです。その挙げ句のあの七つの勧告だったのです。

しかし、彼らは「神の怒りの下」にあり、キリスト者は「神の恵みの下」にあるのでしょうか。ルターの説く十字架による無条件の罪の赦しが与えられたのは、キリスト者たちもまたもともと「神の怒りの下」にあったからではないでしょうか。その点、キリスト者もユダヤ人も共に罪人である、つまり共同罪責のもとにあるのです。だからこそどちらも「神の恵み」が必要なのであり、双方に向かってそれは差し出されたのです。依然として罪を犯すキリスト者にも絶えず「神の恵み」は必要であり、もちろんユダヤ人にも必要です。ユダヤ人だけが「神の怒りの下」にあるのではありません。

また、これも肝心なことですが、神は究極の裁き主であり赦す方ですが、人間はそうではありません。あくまでもその証人です。神に代わって、信じない者を裁くことなどできないのです。もしそうするならば、神のみを神とする第一戒を破ってしまうことになります。それは踏み越えてはならない一線なのです。なぜかつて「神の民」として選ばれたユダヤの民がキリストを信じる民とならないか、それを許しておられる神の御心は那辺にあるかと戸惑いますが、その答えは神にお任せしておくべきことです。古い契約はイスラエルに、キリストによる新しい契約は異邦人に有効だと説く二重契約神学とかあれこれ捻り出さなくても、分からないことは分からないままに、最終的な結果は神の御手に委ねることが肝心なのです。

ルターは己に示された福音の恵みに忠実であろうとするあまり、ユダヤ人の信仰と宗教への寛容を持ち続けることができなかったのではないでしょうか。宗教を含めて地上のすべてのことは相対的だというのではありません。いいえ、私たちが信じる神は絶対的で、キリストの愛は絶対的です。けれどもそれを信じる私たちは知性も感性もそして信仰も相対的なのです。分かりきらないことがあるのです。それは終末の時に明らかにされることを信じて、他者に、また他宗教に今関わっていくのです。そうすること、つまりどこまでも神のみを神とし、今は分からないことがあってもそれを恵みの神に究極的にはお委ねするというのが私たちの生き方なのです。ルターもきっとそうするでしょう。それは私たちがルターから学ぶ基本的な信仰の姿勢ではないでしょうか。

隣人を愛するから他者を生かす

「キリストにおいては信仰によって、隣人においては愛によって生きる」とは、ルターが『キリスト者の自由』の最終項で述べていることです。信仰と愛の奉仕を謳い上げています。旧約の中心的教えであり、主イエスの最大の戒めがその二つです。山上の説教では汝の敵を愛せよとまで教えられています。使徒パウロも最大級の表現で隣人愛を強調しています。

ローマ側であれ、福音主義陣営であれキリスト教が圧倒的多数の一六世紀ドイツで、またナチズムに支配された二〇世紀前半のドイツで、迫害の対象となったマイノリティーの一つはユダヤ人でした。文字通り「敵」視されていました。もしも隣人愛というものを隣人への愛情という感情のレベルで捕らえるならば、憎悪というもっと強烈な感情に追いやられてしまいます。現にそうなりました。

私たちはしばしば、愛というものを単に感情のレベルのこととして理解してしまいがちです。また困窮の内にある人を憐れみの情を持って助けることだと思い込んでしまいがちです。けれども隣人愛をそのレベルで止めてしまわずに、好意を持っているにせよ憎しみの対象であるにせよ、物質的に困窮の中にあろうとさほどではなかろうと、愛するとは隣人である他者を受け容れ、承認し、「生かす」ことだと考えるならば、感情がどうであれ、その他者の「人格を尊重する」、またその人の「人権を保障する」、その人の「いのちを何より尊び重んじる」ことこそ愛することの不可欠の内実だということが明らかになります。まさしく正しく隣人を愛するからこそ隣人を生かすことに努めるのです。もちろん相手への好意は人格尊重や人権保障に伴ってくるでしょう。

創世記によれば、セムの系譜もハムの系譜もヤフェトの系譜もみなノアから出ていますし、イサクの子孫もイシュマエルの子孫もみなアブラハムの末裔です。創造主への信仰があれば、人種や民族の違いがどうであれ、それらの文化や宗教の違いがどうであれ、どれもみな創造主の意志によって生まれた同じ被造物だという受け止め方ができるのです。

その人間同士、人種同士、民族同士は互いに隣人であり、隣人愛の対象であり、隣人愛の主体のはずです。異なる信仰をもち、異端ないし瀆神と思える宗教を奉じていようと、あるいは現代ならば無神論的な生き方をしていようと、この大原則は変わらないはずです。

ルターが最も大切にした教えの一つである隣人愛を徹底して学べば、彼にとっても私たちにとってもさらに広く高い次元が開けてくるのではないでしょうか。

共生、それは正義、平和、秩序の実現

人種、民族や宗教などの多数派（マジョリティー）と少数派（マイノリティー）の共存が諍いの種になるのは昔も今も変わりがありません。それは具体的にはマジョリティーによるマイノリティーへの差別、偏見、さらには迫害という形をとります。中世ヨーロッパで言えば、マイノリティーの典型はユダヤ人でした。当時ジプシーと呼ばれた人々もそれに加えていいでしょう。それでもなお共存していくために編み出された策の一つが棲み分けでした。あからさまに言えば隔離でしょう。中世ヨーロッパの都市は中心部に教会と市庁舎と市場があり、それを囲ん

で市民たちが住んでいます。そして外れにユダヤ人が固まって住むゲットーと呼ばれる集落がありました。差別の解消に役立つわけではなく、下手をすれば差別構造の固定化になりますが、穏やかな共生がむずかしかった以上、棲み分けが採られていました。

キリスト教世界の中でもローマ・カトリック教会側と福音主義教会の側との軋轢（あつれき）が厳しくなり、プロテスタント陣営ではシュマルカルデン同盟を結び、神聖ローマ帝国の皇帝カール五世は教皇と提携し、ついにルターの死後半年経った一五四六年の夏から両者は戦争に入りました。戦争は皇帝側の勝利に終わりましたが、その後のさまざまな混乱の後、一五五五年に国会でアウグスブルク宗教和議（平和）と呼ばれる合意に到達しました。この和議の特徴の一つは領邦君主の宗教選択権が認められ、「一人の支配者のいるところ、一つの宗教」という原則が打ち立てられたことでした。諸侯はカトリックとルター派の両宗派のどちらかを選べるとし、領民には選択権はありませんでした。領主の選んだ宗派に従えないときは移住することが認められ、どちらの宗派をも選ばない人たちはこの枠組みから排除されました。領邦ないし都市といった単位での棲み分け、あるいは分離をすることで、異なる宗派の平和共存の道を選んだのでした。当時の知恵だったとも言えます。カルヴァン派がドイツ内で認められるまでには一七世紀の三〇年戦争とそれに続くウエストファリア条約まで待たなければなりませんでした。

異なる宗教、宗派あるいは人種や文化に属する人々が、人間としての基本的権利、つまり生存権や信仰の自由や政治的諸権利を保障された上で、平和的に共存共栄し、その地域にあっては秩序が保たれるようにすること、すなわち共生できるようにすることは、昔のことではなく現在に至るもなお人類の課題です。二一世紀になっても同じ国、同じ都市に住んでいても有形無形の人種差別、民族差別が依然として存在しています。人種や民族以外にもセクシュアリティーその他さまざまな差別があります。

ルターは「律法と福音」という神の言葉の二つの基準の内、律法には二つの機能あるいは用法があると言います。その第一用法が律法の市民的用法で、社会において生命と生活とを秩序づけ安全に保持する機能のことです。そのために一人ひとりの命が守られ、人格が尊重され、人権が保障されなければなりませんし、それを実現するために社会には正義と平和と秩序が必要なのです。悪を行う者を罰し、正義を促進し、平和を実現し、秩序を維持する務めはキリスト者と非キリスト者の如何にかかわらずすべての人に負わされており、「二王国論」の言い方によれば、この世的、世俗的な権威を通して神はその面での統治をなさるのです。

ルターの時代までのようにマイノリティーを隔離することによって、あるいはその後のように分離することによっての「共存」・棲み分けではなく、異なる者同士が共に同じ地域で、ひいては同じ世界で、共生をする、ただ単に共在しているだけではなく、そこに正義と平和と秩序がある形で共生する、すなわち多元的社会、多人種・多民族・多宗教・多文化的社会を創造することが神から託されている課題なのです。二一世紀の今もなお、そのことの実現にはたどり着いてはいないばかりか、悪戦苦闘しながら産みの苦しみを味わっています。ルターとその時代にはキリスト教世界という枠組みの中でのみ考え、その他の人々とは分離・棲み分けというところまでしか行き着いていなかったのですが、今ややっと多元的社会というヴィジョンを捉えるまでに至りました。エキュメニズムという概念も、二〇世紀にたどり着いたキリスト教内部での和解と一致、協力というところから進んで、諸宗教の間での宗際的一致と協力・共生というさらに大きなヴィジョンが与えられるようになりました。

『争いから交わりへ』の中でルーテル世界連盟が明らかにしたルターの言行への反省の中で再洗礼派への拒絶、農民戦争への関わり方、教皇を反キリストと同一視しつつの教皇制への批判など他者への否定的な見方も対ユダヤ人への反省と同様な視点で捉えることができるでしょう。

神がルターという人間を用いて福音の再発見という一大事業をさせられたことを心から感謝すると共に、彼というひとりの人間の限界あるいは弱さをも認め、過ちを繰り返さないように、聖書を通して示される「この世界の神の支配のヴィジョンと方向性」とを彼と共に探り求め、「神の支配への正しい参与」への歩みを続けていこうではありませんか。

二枚の石の板と一つの御心
――十戒

一　君たちはどう生きるか

直球勝負の問い掛け

吉野源三郎という明治生まれの人が書いた『君たちはどう生きるか』という本が世に出されて八〇年以上経ちました。いかにも堅そうな書名ですが、実は今でも広く読まれていて、漫画版が二〇一七年に出版されてからすでに二〇〇万部も売れ、またネットで訪れる人も一〇〇万を超えると言いますから、正直驚きます。「君はどう生きるのかい」と問われて、なんとか自分なりに考えてそれに答えたいと願っている青少年が今の世の中にもたくさんいるということなのでしょう。そんなことなんか考えたってどうにもなるものではないさ、なるようにしかならないのが世の中だよ、とうそぶいたっておかしくない時代です。けれども、そうだからといって、いえ、もしかしたらそうだからこそ、真面目に、真摯にこの問いに正面から向き合ってみようとする若い人たちが少なからずいるのですね。

二つの生き方の探し方

人間誰しも生まれたからには、自分なりにこういう生き方をしたいという思いを持つものです。そのひとつは、「思いのままに生きる」ということ、「自分の希望するとおりに生きる」ということでしょう。もちろんその願いが一〇〇パーセントはかなわないにしても、なるべく多くそうしたいと思うでしょう。その「思いのままに」「希望するとおりに」というのが自分の本能のままに、欲望のままにというふうに理解する人もいるでしょうし、自分の趣味や関心、願い事を実現することができるようにというふうに解釈しそう努める人も多くいることでしょう。「自分の……」を実現しようとする生き方の探究、それは極めてもっともです。

そういう観点とはまた別に、つまり「自分の……」云々とは離れて、「よく生きる」ということを人間として大切なことと考え、何が「よく生きる」ことか、どうやったらそれを見出し実際にそう生きることができるのかを真摯に探究する人もいることでしょう。そこから哲学や倫理、あるいは宗教はたまた文学などにその手掛かりを見出そうとする人たちもいます。吉野源三郎の『君たちはどう生きるか』という古典が今も青少年たちの間で根強い人気があるのもそういう探究心の表れでしょう。

いかに幸いなことか

昔々のイスラエルの人々も、この二〇〇〇年間のクリスチャンという人々も「よく生きる」ということ、それも神さまの前で、神さまの目から見て「よく生きる」ということを人生の中でとても大事な、いえ最も大事なことだと考えてきました。どのように生きることが「よく生きる」ことか、それを一つずつ並べ立て、数えあげることは簡単なことではありません。しかし、一言で言えば「神さまの御心」言い換えれば「主の教え」にしたがって生きることが「よく生きる」ことだと信じ、代々継承してきたのです。だからといって、彼らがみないつも人々の称賛に価するような、道徳的にも立派で社会的にも高く評価されるような生き方ができたかどうかは別のことです。彼らとて間違いなく弱さも失敗もあったでしょう。この私自身まさにその一人です。それでもなお、「神さまの御心」「主の教え」にしたがうことで「よく生きる」ことができると信じ、そうできないときは助けを求め、そうできるように常に祈り求めてきたのです。

　詩編一編の詩人はこう謳(うた)い上げました。「いかに幸いなことか。／神に逆らう者の計らいに従って歩まず／罪ある者の道にとどまらず／傲慢な者と共に座らず／主の教えを愛し／その教えを昼も夜も口ずさむ人。／その人は流れのほとりに植えられた木。／ときが巡(めぐ)り来れば実を結び／葉もしおれることがない。／その人のすることはすべて、繁栄をもたらす」（詩編一1―3）。そうです。「主の教えを愛」する人は「幸い」だと確信しています。

　詩編一一九編も同じように「いかに幸いなことでしょう」で始まる詩です。「いかに幸いなことでしょう／まったき道を踏み、主の律法に歩む人は。／いかに幸いなことでしょう／主の定めを守り／心を尽くしてそれを尋ね求める人は。／彼らは決して不正を行わず／主の道を歩みます。／あなたは仰せになりました／あなたの命令を固く守るように、と。／わたしの道が確かになることを願います／あなたの掟を守るために。／そうなれば、あなたのどの戒めに照らしても／恥じ入ることがないでしょう。／あなたの正しい裁きを学び／まっすぐな心であなたに感謝します。／あなたの掟を守ります。どうか、お見捨てにならないでください。」（詩編一一九1―8）

第一編で「主の教え」と言っていることも第一一九編で「まったき道」「主の律法」「主の定め」「主の道」「あなたの命令」「あなたの掟」「あなたのどの戒め」「あなたの正しい裁き」と言っていることも、要は同じです。一言で言えば「神さまの御心」です。それを知りそれを実行できる人はいかに幸いなことかと、心からそう信じ、そう生きることを切に願い求めているのです。それが「よく生きる」ことなのです。

二　歴史の只中で与えられた十の戒め

出エジプトの混乱とシナイ山での出来事

アブラハム、イサク、ヤコブ、ヨセフというイスラエル民族の父祖たちの波瀾(はらん)万丈の生涯（創世記一一―五〇章）の後、イスラエルの民は長いことエジプトで奴隷状態に置かれて塗炭の苦しみを味わっていました。「わたしの民の苦しみをつぶさに見、追い使う者のゆえに叫ぶ彼らの叫び声を聞き、その痛みを知った」（出エジ三7）神さまがモーセを遣わして圧政から救い出してくださったけれども、「乳と蜜の流れる約束の地」までの長い旅路の途中で、イスラエルの民がしばしば行き先に不安を感じ、神への不満を抱くことがあったのです。そこで神がモーセにご自身の御心を民に分かる形で示し与えられたのがかの有名な「十戒」と呼ばれる主の教えです。彼らが「よく生きる」ために道を示されたのです。それは二枚の石の板に刻まれていました。それが出エジプト記二〇章（申命記五章）に記されています。

実は、モーセがシナイ山に上っている間に民は待ちきれずに、神を信頼するのではなく金の子牛を作って拝むような愚を犯したので、モーセは怒り、十戒が刻まれた石の板を投げて砕いてしまい、そののち神から再度授与されたのでした。この出来事は私たちが神のみを信じることも、神の御心にしたがって生きることも本心ではさして望んではいないことを示しているのではないかと思わされます。

これが今に至るまでキリスト教会でも連綿と伝えられ、礼拝の中で唱えられ、教えられ、学ばれ、信じられてきた「十戒」が与えられた経緯です。いま、この「十戒」は私たちの心に刻まれているのです。

ルターもまたキリスト教の教えを子どもたちをも含めた人々に教えるために、この十戒と主の祈りと使徒信条を「全聖書の簡潔な精髄であり、要約であるこの教理問答」に収め、「小教理問答」と「大教理問答」という二冊の書物を著しました。日本福音ルーテル教会も宗教改革五〇〇年記念事業として全教会的に学習しようと推奨する四冊の一冊に、ルター研究所が訳出・編集した『エンキリディオン小教理問答』(リトン、二〇一四年)を選びました。

これから、信徒教育のために、とくに家庭で子どもたちにキリスト教信仰を教えるためにも書かれた「小教理問答」を解説していきますが、分量的にその四倍もある、主として牧師用に執筆された「大教理問答」を適宜参考にしていきます。

二つの区切り方

子どもの頃、ルーテル以外の教派の教会の教会学校で十戒を暗記した思い出を持っている方もいらっしゃるでしょう。それなのに、ルーテル教会で洗礼準備会に出て「小教理問答」をテキストに学んだら、そこに出てくる「十戒」がなにか違うと感じませんでしたか。

1　あなたはわたしの他に何者をも神としてはならない。／2　あなたは刻んだ像を作ってはならない。／3　あなたは主のみ名をみだりに唱えてはならない。／4　安息日を覚えてこれを聖とせよ。／5　あなたの父と母とを敬え。／6　あなたは殺してはならない。／7　あなたは姦淫してはならない。／8　あなたは盗んではならない。／9　あなたは隣人について偽証してはならない。／10　あなたは隣人のものをむさぼってはならない。

これに対して、ルーテルとカトリックのバージョンはこうです。

1　あなたは、他の神々を持ってはならない。／2　あなたは、あなたの神の名を、みだりに唱えてはならない。／3　安息日を聖とせよ。／4　あなたは、あなたの父と母を敬え。／5　あなたは、殺してはならない。／6　あなたは、姦淫してはならない。／7　あなたは、盗んではならない。／8　あなたは、あなたの隣り人に対して、偽りの証しを語ってはならない。／9　あなたは、あなたの隣り人の家をむさぼってはならない。／10　あなたは、隣り人の妻、しもべ、しもめ、家畜、また彼のものをむさぼってはならない。（両者の翻訳の違いは無視してください）

要は、前者は第一戒で主は唯一の神であると言っているのに続いて、第二戒で偶像崇拝の禁止を命じています。その分後者の第九戒と第十戒が一つに合わされています。それに対して後者は、唯一の神と言えば当然偶像崇拝禁止は言わずもがなということで一つにまとめ、その代わりというか前者の第十戒を二つに分けていて、その結果どちらも戒めの数は十になっています。長い歴史の中で定着している二通りの区分の仕方があるということです。ここではルターの「小教理問答」が採っている区分に従って学んでいきましょう。

三　なくてはならない一節

十戒はどこからどこまで?

十戒、あるいは十の戒め（Ten Commandments）とか十の言葉（Decalogue、ギリシャ語の十 deca と言葉 logos に由来）と言われる上記の教えの聖書の出典は、出エジプト記二〇章（また申命記五章）ですが、ふつうは第一戒の二〇章三節から一七節までを指します。ところが（私の知る限りでは）『讃美歌21』で初めて二〇章二節から書かれています。それは「わたしは主、あなたの神、あなたをエジプトの国、奴隷の家から導き出した神である」という一節です。それからおもむろに「あなたには、わたしをおいてほかに神があってはならない」（出二〇3）以下の十の戒めが語られています。

改めてするまでもないだろう神の自己紹介のようなこの一節、十戒本体の前口上のようなこの一節がなぜ加えられたのでしょうか。私はここに十戒を理解するためになくてはならない鍵があると思っています。この二〇章二節があるおかげで、十戒を受け取る私たちは、ハッと背筋を伸ばし、シナイ山でモーセを通して十戒を授かったイスラエルの民とともに、十戒を与えてくださるお方がどなたなのかということを思い起こし、今十戒を聴く私たち自身が何者であるかということに思いを致すのです。この場面で最も肝要なことは、一体全体どこのどなたが「あなたちがこれらの戒めを与え、実行することを求めていらっしゃるのか、ということです。

この神と私の関係

「あなたの神」と主は名乗られます。神々はごまんといるかもしれないけれども、所詮この私とは特段関係などないと思ってぼんやり過ごしていた私に「あなたの」神だと先方から語りかけてこられるのです。しかもその神は「あなたをエジプトの国、奴隷の家から導き出した」あの神だと名乗ることで、神と私との原関係を思い起こさせるのです。そういう関わりの中にある私だから、特別な絆（きずな）で結ばれている私だから、あなたにこのことを語らないではいられないという神の思いが、一見不要そうな、自己紹介みたいな一節に込められているのです。

ですから、これは、一般的、抽象的、普遍的な徳目だからこれらの戒めを守りなさいというわけではないのです。あなたを困難から解放し救い出した、あなたを愛して止まない恵み深い神が、その恵みと愛に応えるために神の民にふさわしく「よく生きる」ようにと与えられたのがこの「十戒」なのです。ですから、神の民イスラエルはその御心に耳を傾けなければならないのです。ならないというよりも、耳を傾けないではいられないのです。

こういうわけで、「十戒」は出エジプト記二〇章の三節から一七節までではなく、二節から一七節という理解が正しいのです。二節が読まれるおかげで、私たちはこの戒めをどなたが与えられたのか、どうして与えられたのか、なぜ守らなければならないかを思い起こすことができるからです。

四　ルターが書いた問答の独特のスタイル

これはなんですか

ルターの「小教理問答」の特徴はその問いと答が実に簡にして要、単純明快なことです。そもそも教理問答とは、親あるいは教師が問いを発し、子供あるいは生徒が正解を答えるもので、子供あるいは生徒は正解が言えるようになるまで口移しで教え込むものと思われ、だからそういう形式にふさわしいように翻訳もなされてきました。しかし、この『エンキリディオン小教理問答』において、徳善義和先生は場面の設定を逆転されます。原文のとおり、子どもが親に尋ねる設定に改められたので、幼い子どもの口調のように平易な言い方で「**これはなんですか**」（別の翻訳では「（お父さん）これなあに」）と訳されています（伝統的な訳文は親が子に「これはどういう意味ですか」と尋ねました。今は英訳も徳善訳のように変わりました）。以下の**太字**は『エンキリディオン小教理問答』所収の徳善先生訳の引用です。

その答は、親が子どもに優しく教える設定ですから、「私たちは……するのだよ」と訳されています。親から与えられるその答を理解できたら、やがて子供自身がそう答えられるように単純明快な答です。そのような問答の訳し方のほうがルターの原文にふさわしいと徳善先生は仰っています。

まったく同じ問いと答え

さて、「これはなんですか」という問いが同じ言葉で一〇回繰り返されるのは自然でしょうが、その答の冒頭が一〇回とも同じだということは考えさせられます。実際本文を見てみますと、第一の戒め「**あなたは他の神々をもってはならない**」がまず挙げられて、「**これはなんですか**」という問いが発せられたら、その答は「**私たちはすべてのものにまさって神を畏れ、愛し、信頼するのだよ**」となっています。これは何かという問いに対する答としてはやや意表を突く答ではあります。

それについての考察はゆっくり後ですることにして、今は第二の戒めから第一〇の戒めまでの「これはなんですか」という問いへの答が全部同じ言葉で始まっていることに着目しましょう。たとえば、第二の戒め「**あなたはあなたの神の名をむやみに挙げてはならない**」が来て、「**これはなんですか**」という問いが続いたら、その答は「**私たちは神を畏れ、愛するのだ**」で始まり、そのあとに「**だから私たちはそのみ名をもって呪ったり、誓ったり、偽ったり、騙したりしないで、かえってすべての困窮の中でそのみ名を呼び求め、祈り、賛美し、感謝するのだよ**」と展開されています。

第三の戒めから第一〇の戒めまでも全く同じパターンです。「これはなんですか」、「私たちは神を畏れ、愛するのだよ。だから……、かえって……」、この繰り返しなのです。厳密に言えば第六の戒めのときだけ「私たちは……。だから……」で結ばれていて「かえって……」がありませんが、全体のパターンに影響はありません。ですから、「私たちは神を畏れ、愛するのだよ」に「だから……、かえって……」が続いているという文章の流れに注目することが第二の着眼点です。なぜ「だから」なのか、そしてなぜ「かえって」なのか、このことをよく考えたいのです。

この二つの点に注目することで、私たちはきっとルターの十戒理解の特徴を把握することができるでしょう。

五　一枚目の石の板——神と人間の関係

ただ神のみを神とせよ

最初の三つの戒めでは、第一戒が神はこの神だけが唯一の神であることを厳かに宣言しています。第二戒はその神の名をみだりに（『エンキリディオン』では「むやみに」）唱えるな、悪用するな、との戒めです。そして第三戒は安息日の遵守です。

これだけ聞くと、この神さまは排他的、独占的に自分だけを拝めと言っていて、懐が狭いなとさえ思われかねません。『口語訳』では「わたしは妬む神である」（出二〇5）とあって苦笑したものでした。『新共同訳』で「熱情の神」と改められてホッとしたのですが、『聖書協会共同訳』では再び「妬む神」に戻っていました。ひどく人間的にも聞こえるこの表現が伝えようとしていることは、神のその民への深く熱い愛情なのでしょう。その愛の裏返しとして、もしも他の神々に心を向けるなら妬んでしまうというくらい、熱く強く深い人間への心情が表されたのではないでしょうか。

私たちは第一戒「**あなたは他の神々をもってはならない**」を、もろもろの神々の間での勢力争いなどと思わずに、「ただ神のみを神とせよ」との呼びかけだと受け取ったらどうでしょうか。ただ神のみが神であるとするならば、ではどうなるでしょうか。そうです。真の神以外のものは何であれ、「人間も含めて他の一切は神ではない」とすることです。

人類の歴史を見ると、太陽や月が神として拝み崇められたこともありました。崇高な感じがする山や岩や大木が神とされることもあります。恐ろしい自然現象に荒ぶる神を見出すこともあります。国家やその絶対的な支配者が神であることを名乗り、それを崇拝することが要求されたこともありました。特別なカリスマを持っていると神扱いされることもしばしばです。今や日本語になってしまった「アイドル」は元々の英語では偶像です。

ルターが「大教理問答」の中で、「今あなたがあなたの心をつなぎ、信頼を寄せているもの、それがほんとうのあなたの神なのである」と言っていますが、実に言い得て妙です。それが何であれ、「心をつなぎ、信頼を寄せている」ものがあなたの神になってしまうのです。あなたに幸福であれ、財貨であれ、名声であれなんらかの利益（ごりやく）をもたらすものが神になるのです。昔から鰯（いわし）の頭も信心次第と言っていましたが、まさか鰯でなくても、自然現象であれ、社会的な組織や制度であれ、あなたと関わりのあるさまざまな人間であれ、人間が創り出したものであれ、何であれ、あなたにとっての神になり得るのです。

でも、いずれはうつろいゆくものが神でしょうか。私のすべてを捧げて悔いのないものでしょうか。「（真実の、唯一の）神のみを神とする」ならば、それ以外のものはもはや神ではありません。もしそうならば、神として拝んでいるものはなるほど強いかも知れない、偉いかも知れないけれども、あくまで人間であって、自然現象であって、社会的なものであって、けっして絶対性を要求できる神ではないのです。ですから、やがてはその支配からも束縛からも解放されるのです。研究の対象にも、改良改善の対象にもなるのです。

さらに、「神のみが神である」ならば、同時に「人間は（あくまで）人間である」「人間を（どこまでも）人間とせよ」なのです。もはや人間を人間以上のものとして恐れたり、人間以上のものになろうとして非人間的な、人間の心を失った、傲慢な存在になったりすることから解放されるのです。同時に、人間を人間以下の存在に貶（おとし）めることに対しては断固として否を言い、人間が人間以下の扱いをされている場合にはそこから解放することが正しいことだと示され、そうすることに努めるヴィジョン（幻）とパッション（熱情）とミッション（使命）とが与えられるのです。奴隷制も差別も偏見も貧困も克服されるべき対象となるのです。ルターは「大教理問答」で、異なる神々の例として、富の神マモンや学識・才能・名誉などや、もろもろの神々や聖人や、自分の行いなどで救いを獲得しようとする自己義認の心なども挙げています。

つまり、「神のみを神とする」ことから導き出されることは、人間を含めた神以外のもの一切を神としないことです。神以外のものの「非神化」であり「非神話化」であり、それは「人間を縛り付けているものからの解放」であり、「人間の自由や尊厳を取り戻すこと」なのです。そのことを人間を愛して止まない神さまは強く求め、人間らしく生きることを私たちに願われるのです。その思いを「**あなたは**（わたしのほかに）**他の神々をもってはならない**」という表現で第一の戒めとして、モーセを通して神の民に、そして私たちに伝えていらっしゃるのです。（なお、このことと、キリスト教以外の信仰を持って真剣に生きている人への敬意とは切り離して考えるべきだと思います。）

畏れ愛する

ですから、そのような人間への深く熱い愛の神への人間がもつべき反応は、「**私たちはすべてのものにまさって神を畏れ、愛し、信頼するのだよ**」となるのです。それ以外はありえないのです。どの翻訳も「畏れ」という漢字を選んでいて、「恐れ」でも「怖れ」でもないのはもっともです。不安に思い怖がり恐ろしがるのではなく、魂の深いところからの敬意を懐きながらおそれ（畏れ）かしこまる（畏まる）というのが根本的な態度ですから、「畏れ」を選ぶのです。そうならば、それと共に心に浮かぶのは「愛する」ことであり「信頼する」ことです。これこそが私に深く熱い愛を持って関わり、救い出し解放し、同伴しつつ人生を導いてくださる神への感謝の念と共に抱かないではいられない思いなのです。まさに神と人間の根本的な関係なのです。

そのような神さまですから、やみくもに神さまの名を振りかざし、自分が困ったと思ったらすぐに頼ろうとすることを抑えるように言われます。第二戒は「**あなたはあなたの神の名をむやみに挙げてはならない**」です。なぜなら、そのようにすることは、何のことはない、結局のところ神を自分のために安易に利用する姿勢なのですから。

答は三部構成

ルターが書いた、この戒めの「**これはなんですか**」という問いへの答は興味深いものです。なぜなら、同じパターンがこれ以後ずっと続くのですから。「**私たちは神を畏れ、愛するのだ。だから私たちはそのみ名をもって呪ったり、誓ったり、偽ったり、騙（だま）したりしないで、かえってすべての困窮の中でそのみ名を呼び求め、祈り、賛美し、感謝するのだよ**」、これが第二戒への問いに対する答です。

この答は三部構成です。まず「神を畏れ、愛する」ことを勧めます。なぜなら、このことが戒めを与えてくださる神への根本的な姿勢であるからです。それが「（この）神（のみ）を神とする」ことだし、その神が愛の神だということの心からの承認であり告白であるのです。私の生き方、私の行為の土台というか根拠がこの「神を畏れ、愛する」ことなのです。

そのことを確認した上で、第二の「だから」以下が述べられます。「だから私たちはそのみ名をもって呪ったり、誓ったり、偽ったり、騙したりしないで」が続きます。神のみ名を用いて呪うとか誓うとかすることも偽ることも騙すこともみな、要は自分のために神を利用することです。そうすることで人間以上のものになろうとしています。それは愛され救われている神の民にはふさわしくないのです。だからそうしないようにと命じられています。

ルターの十戒の解説に特徴的なことのもうひとつは、禁じられていることはしなければいいのだろうという発想にとどまることはけっしてないということです。ふてくされた子どもが「……しなければいいんだろう、ああ、金輪際するもんか」などとひねくれた態度をとることは、神の民にふさわしくないのです。ルターは続けます、「かえってすべての困窮の中でそのみ名を呼び求め、祈り、賛美し、感謝するのだよ」と。「かえって」、これが鍵となる言葉です。マイナスの行為をしないというのにとどまらず、プラスの生き方へと導き、ふさわしい行為を勧めるのです。

困窮の中に陥ったら遠慮しないで神の名を呼び求めなさい。祈りなさい。そして、応えていただいたら、賛美しなさい。感謝しなさい。詩編の中にどれだけ多く神に助けを求める叫びが書き留められていることでしょうか。「神よ、わたしの叫びを聞き／わたしの祈りに耳を傾けてください。／心が挫（くじ）けるとき／地の果てからあなたを呼びます。」（詩六一 2—3）。これがみ名の正しい用い方なのです。そこから新しい生き方が始まるのです。

原点に立ち戻る日

第三戒は「**あなたは安息日を聖としなさい**」です。

アメリカの中西部にある牧畜もやっている農家に泊めていただいたときのことです。翌朝もその家の主人はいつものように早起きして牛舎の清掃をし、牛に餌をやり、乳を搾ります。生き物に土曜日も日曜日もありません。そして彼はシャワーを浴びた後、朝食を取り、それからパリッとした外出着に着替えて、家族揃って出掛けたのです。作業着と外出着のあまりの落差に驚きながら、私たちも一緒に出掛けました。その日は日曜日でした。礼拝の日なのです。行く先はもちろん教会でした。

安息日ですから一切労働をしないという頑なその日の守り方ではありません。命を預かっている牛の世話をしたあと、礼拝に行くのです。ルターは「大教理問答」にこう書いています、「それゆえに、この戒めの重要な点は、休息することにあるのではなく、聖とすることにあるのであって、したがって、この日は特別な聖なる実践を伴うものであることに注意してほしい」と。聖なることにはそれを行う人間が聖とならなければならず、それは「神のことばによってのみ起こる」のです。さらに「だから、みことばは耳に聞くだけがだいじなのではなく、よく学び、しっかり心に保っていることがたいせつである」とも記しています。

創世記によれば、神は最初の六日間で天地万物と人間を創造し、七日目に休まれたのだから、私たちもその日は仕事を休み、神の創造の業を心に思い返そうと勧められます。でも、それだけでは不十分でしょう。神さまの働きは創造に始まっても、それだけではなく、罪に堕ちた人間の救済、しかも御子の十字架と復活による救いの業（新しい創造）があり、その救いに一人の漏れもなく与からせるために福音宣教の働きが続いており、さらにはその一人ひとりを終末の完成のときまで聖化しつつ導いて行くという働きがあります。その神の御心とお働きこそが私たちの人生と生活の原点です。それを「神のみ言葉」が示すのです。

申命記をひもとけば、イスラエルの民にこう命じられています。「今日わたしが命じるこれらの言葉を心に留め、子供たちに繰り返し教え、家に座っているときも道を歩くときも、寝ているときも起きているときも、これを語り聞かせなさい。更に、これをしるしとして自分の手に結び、覚えとして額に付け、あなたの家の戸口の柱にも門にも書き記しなさい」（申六6—9）。さすがに一日中しかも毎日こうしていることもできないので、定められた曜日と時間に礼拝が備えられているのです。

「小教理問答」はここでもやはり三つの段階で「これはなんですか」という問いへの答を述べています、「**私たちは神を畏れ、愛するのだ**」「**だから私たちは説教やみことばを軽んじないで**」「**かえってこれを聖く保ち、喜んで聴き、学ぶのだよ**」と。

六　二枚目の石の板——社会の中での人間と人間の関係

親がどうであっても

二枚目の石の板に刻まれた七つの戒めの最初は「**あなたの父と母とを敬いなさい**」です。

ルターのいた中世末のドイツとも、同じ時期の戦国時代の日本とも、現代の日本は社会情勢も人々の意識も大いに違い、そうだから家族観も家族の在り方ももちろん違います。

親を敬うことも、「彼ら（両親や主人）を敬い、彼らに仕え、従い、愛し、尊ぶ」こともその言葉自身には反対しなくても、その言葉によって当時想定されていた具体的な生活まで考えると、そこに期待されている（強い言葉で言えば、当然のこととして強制される）親子関係についての考え方とその実態は（たとえば垂直的な上下関係をとってみても介護責任ひとつとってみても）現代の私たちは素直に受け入れることはできないでしょう。

では、社会の変化にしたがって十戒の第四戒も古びてしまい、もはや意味がなくなってきたのでしょうか。逆に、十戒の規範的な重みを回復するためには、今日的な、民主主義的で個人を基本とする価値観とそれに基づく人間観や家族観、老荘青さらに子供もみな平等とする人間関係、大家族制ではなく核家族制、家族が単位の福祉ではなくて社会全体が担っていくという福祉システム等々を止めてしまい、五〇〇年前（あるいははるか二〇〇〇年以上昔）の社会に逆戻りすることが必要なのでしょうか。それが聖書的な社会であり家族であると断言できるのでしょうか。

そのように乱暴に言い切ってはいけません。家族の形態の変化も、社会福祉の発展も、個々の人間の価値の尊重もどれも聖書に反するなどと簡単には言えません。むしろ、よりよい方向に進歩してきたと受け入れることができるのではないでしょうか。もちろん現状には不完全なところも行き過ぎを改めなければならないところもまだまだあるでしょうが。

それならば、ルターが第四戒からくみ取った、現代にも依然として通用する教えとは何でしょうか。「大教理問答」で彼は「この父、また母という身分に対して、神は特にご自身の下にあるいっさいの身分にまさる価値を与え、ただ両親を愛するばかりでなく、敬うことをも命じられた」と言っていますが、その理由とは、両親には「神の代理」の役目を与えられているからだというのです。そのことは、子どもの側からすれば両親を敬う義務を負うことになりますが、実は同時に親の側には「神の代理」としての子どもへの大きな責任を負わせるということになることをしっかりと自覚しなければならないでしょう。

産み、育てる、しかも愛情を持って豊かな心と健やかな身体としっかりとした人格を育てる、人間としての基本となる神とのまた人との交わり方と価値観を身につけるように育てる、これは神から親に託された、尊い務めなのです。ルターが「神の代理」という言葉を使ったのは、子供に対して親を偉く見せようとする意図からではありません。第一義的には、神が愛と慈しみとはっきりした意図をもって創造した掛け替えのない子供を託された親の責任の重さを示しているのではないでしょうか。その上で、そのような大切な務めを神から託されている親を愛し敬うようにと子供に命じているのです。

そして、そうだからこそ、子供には、親の持つ人間的な条件や資質に関わりなく、親を愛し敬うようにと命じておられるのです。「若い人たちには、両親を神の代理として尊び、たとえ両親が身分卑しく、貧しく、弱く、風変わりであっても、やはりそれは神から授けられた父母であると考えるように教えこまねばならない」「両親の現実の人間的条件に目を留めるべきではなく、父母をこのように造り定められた神のみこころに注目すべきである」「実際の行ない、すなわち、からだと物質においても、両親に対し尊敬の実を示し、よく仕え、よく助け、両親が年老い、病み、弱り、あるいは貧しくあるときにはよく面倒をみ、しかもそれらすべてのことを喜んでするばかりでなく、神の前におけるがごとく、謙虚と恭敬（心から敬うこと）の念をもってせよということである」。これ以上「大教理問答」の教えの引用を重ねることは不要でしょう。十分にお分かりいただけたでしょう。

これは単に古臭い長幼の序とか親孝行の戒めではないのです。神に創造された人間にふさわしい、親としての、また子としての生き方なのです。

そのような意味が込められていることを心に留めて、第四戒への答を読み直してみましょう。「**私たちは神を畏れ、愛するのだよ。だから私たちは私たちの両親や主人を軽んじたり、また怒らせたりせず、かえって彼らを敬い、彼らに仕え、従い、愛し、尊ぶのだよ。**」

隣人へのふさわしい関わり方

これから出て来る六つの戒めは、皆「……スルナカレ」「……スベカラズ」といった厳しい禁止の命令に見えます。キリスト教に十戒があるように仏教にも五戒があったりしますが（不殺生戒（ふせっしょう）、不偸盗戒（ふちゅうとう）、不邪淫戒（ふじゃいん）、不妄語戒（ふもうご）、不飲酒戒（ふおんじゅ））、それぞれよく似ています。自己を厳しく律するための教えのように響きます。

第五戒はこうです、「**あなたは殺してはならない**」。

なぜ人は他者を殺してはならないのでしょうか。そんなことは言うまでもないだろうと言いながらも、その根拠をきちんと答えられない人も少なくありません。若い人からよく聞かされる答に、「自分も殺されたくないから」というものがあります。一見もっともそうですが、自分も死にたいと思っている人の場合はこの答は他の人を殺そうとするのを止める力にはならないでしょう。「とにもかくにも命が一番大事だから」という人も多いです。しかし「もちろん大事な命もあるけれど、生きていくのに価しない命もある、だから殺していい命もあるのだ」と主張する人に対して殺人を止めることは難しいのです。

十戒の場合、「小教理問答」を開くと、これまでどおり各戒めへの答は三部構成です。まず「**私たちは神を畏れ、愛するのだ**」で始まります。なぜ神を畏れ、愛するのか、もう一度考えましょう。そのことを考えると、すぐに詩編一三〇編の三、四節を思い起こします。「主よ、あなたが罪をすべて心に留められるなら／主よ、誰が耐えましょう。／しかし、赦しはあなたのもとにあり／人はあなたを畏れ敬うのです。」

神はそのような義と愛と慈しみの神なのです。イスラエルの民は自分たちの経験から、神とは自分たちを「（あの地獄のような苦しみの）エジプトの国、奴隷の家から導き出した神」（出二〇2）、愛の神、恵みの神だと知っているのです。だからこそ「畏れ、愛する」のです。この神がおっしゃることなら、喜んで受け入れ、従いたいのです。

そうだから主が、この私だけでなく、ご自分で創造され、愛し慈み守っておられる「隣人とその命」もまた掛け替えのない、大切なものであって、私たちが当然尊び、守るべきものなのです。それだけで「殺スナカレ」以下の戒めの十分な理由なのです。それはまた私たちの（ときにあやふやな、ときに恣意的な、または自己中心的な）価値基準とか理由づけに左右されない、最も確かな根拠なのです。私たちの外側から「これは私の子供だ。大切な命なのだ」と宣言されています。それは、自然法とか宇宙の定めという非人格的な掟、戒めではなく、私たちを愛し、その命に責任を持っていてくださる創造主という人格神の御心なのです。

「だから私たちは私たちの隣人のからだを損ねたり苦しめたりせず、かえってそのからだの困窮の中の彼らを助け、励ますのだよ」

ルターが「殺してはならない」との戒めから聞き取るメッセージは、けっして肉体的に殺さなければいいだろうという殺人禁止令にとどまりません。相手を害さない、しかも手を持って行なう傷害ひいては殺害だけではなく、「舌をもって」心を傷つけたり尊厳を侮辱したりすることも、さらには敵意を抱くことすらも誡めているのです。

さらに驚くことに「大教理問答」では「〈隣人に対して〉悪を行なう者だけがこの戒めの違反者ではない」と言うのです。つまり「隣人に善を行なうことができ、隣人の身に危難災害の起こらないように未然に防ぎ、保護し、救助することができながら、それをしない人間も同罪である」とまで言うのです。具体的には、「裸の人に着物を着せることができるのに、裸のままで去らせるならば、自分がその人を凍死させたことになる」と述べています。

有名なマタイ福音書二五章の最後の審判のときに再臨のキリストが言われる言葉を引いています。祝福された人々にはこう言われました、「お前たちは、わたしが飢えていたときに食べさせ、のどが渇いていたときに飲ませ、旅をしていたときに宿を貸し……」（マタ二五35―36）と。反対に厳しく裁かれる人々にはこう言われました、「……裸だったときに着せず、病気のとき、牢にいたときに、訪ねてくれなかった」（同42―43）。要は、害するという「作為」だけでなく、困難にある人を助けなかったという「不作為」をも責任を問われているのです。そこまで厳しくと思うかも知れません。しかし、現代でも不作為が罪に問われることはあります。親が子供に保護者としての命を守る責任を果たさないときもそうです。親子でなくて他人であっても、隣家から虐待を疑わせる悲鳴が聞こえたときに通報しない場合も責任が問われます。「かえってそのからだの困窮の中から彼らを助け、励ますのだよ」という答を味わい噛み締めましょう。それはものすごく厳しく聞こえることでしょう。しかし、隣人を愛するということは、その人の存在に関心を持ち（無関心は罪）、責任を負って関わる（そうしないのは不作為の罪）ということです。マザー・テレサが「愛の反対」とは（普通そう考える）憎しみではなく「無関心」だと語ったことを心に刻みたいものです。

この戒めの論理は第七戒「**あなたは盗んではならない**」、第八戒「**あなたは隣人に逆らう誤った証言を語ってはならない**」、第九戒「**あなたは隣人の家をわがものにしてはならない**」、第十戒「**あなたは隣人の妻、僕婢（ぼくひ）、家畜やその他のものをわがものにしてはならない**」に対する答が、単に盗むとか偽証するとか他人のものをむさぼるとかをしてはならないと禁じるだけでなく、「かえって」以下にはっきりと勧められているように、なすべきことが相手の幸福を増進するところにまで高められなければならないという点で、第六戒と同じことです。いずれも「**私たちは神を畏れ、愛するのだ**」に続いて、「**だから私たちは隣人のお金や持ち物を取ったり、いつわりの品物や取**

引で自分のものにしたりせず、かえってその持ち物や食べ物において彼らを助け、よりよくし、守るのだよ」（第七戒）、**「だから私たちは隣人に対していつわって嘘を言ったり、裏切ったり、中傷したり、悪い評判を立てたりせず、かえって彼らの言うことを聞き、彼らについてよいことを語り、すべてをよいようにするんだよ」**（第八戒）、**「だから私たちは隣人から策を講じてその財産や家を盗ったり、いつわりの証しをもって自分のものにしたりしないで、かえって隣人がこれを保つよう促し、支えるのだよ」**（第九戒）、**「だから私たちは隣人からその妻、僕や家畜を誘って手に入れたり、無理矢理奪ったり、背かせたりせず、かえってとどまって、果たすべきことを行うよう、彼らに勧めるのだよ」**（第十戒）という展開になっています。

性と愛と

「**あなたは姦淫してはならない**」という第六戒は、結婚が大前提とされている社会で、性的関係を夫婦の間だけに限定することで家庭と社会の秩序を保つようにといういわゆる性倫理が述べられているとだけ解釈するのは狭いことになるでしょう。もちろんこの戒めが他人の妻を男の欲望から守ることを命じている意義はけっして小さくはないのです。第六戒が殺スナカレから貪ルナカレまでの隣人の大事なものを自分勝手に傷つけたり盗んだり悪用したりしないようにとの戒めの中に置かれている流れからすると、隣人にとって最も大切な存在（所有物ではありません）であるその人の妻を守る戒めと言えるでしょう。

たしかに「小教理問答」のルターは、第一コリント書七章の使徒パウロと同じく、人間の性的欲望を承認し、人間が道から逸（そ）れないようにするためにも結婚という制度の意義を認めています。しかし、注目したいのは彼の勧めは性的関係の範囲を説くこと以上に、まず「**だから私たちは言葉においても行いにおいても清く貞潔に生活し**」と言葉と行い、心と身体、また人格のどのレベルにおいても相手への敬意と愛と誠実さを求めていることです。欲望に負けやすい弱い私たちへの禁令だけでなく、具体的な生き方の指示をして助けてくれるのです。

さらには「**各々その妻や夫を愛し、敬うのだよ**」と当時としては珍しく夫にも妻にも互いに「愛し、敬う」ことを求めています。夫にだけ愛することを、妻にだけ敬うことを求めているのではなく、双方が対等に双務的に「愛し、敬う」ことを命じているのです。このことは、今日にも十二分に通じる教えでしょう。

常に新しく聴く

なお、二、三〇〇〇年以上昔の「十戒」や五〇〇年も昔の「小教理問答」に、結婚以外の生き方の選択肢や、婚姻関係であってもその形態の多様性や、性自認や性的指向やジェンダーとセクシュアリティーについてのさまざまな認識が今日と同じようにはないことは、時代と社会の制約の中に生きている者の限界と思わなければならないでしょう。いつの時代どのような社会にあっても、今ここで聖書の言葉を通して語りかけてくる神の言葉を、謙虚にかつ問題意識を持って、常に新しく聴き取っていくという姿勢を持ち続けたいものです。ルターの「十戒」の聴き方もまた「小教理問答」が示しているとおり極めて斬新なものでした。「語りませ、主よ、僕は聴く」、新共同訳なら「どうぞお話しください。僕は聞いております」（サム上三10）。神さまは必ずや今という時代、ここにある社会を生きているこの私（たち）に向かって、神の前で、神の民にふさわしい「よく生きる」道を示してくださると堅く信頼して、うめきや叫びも含めた心からの問いを能動的に神に発し、それに応えて語りかけてくださるみ言葉に真摯に受動的に聴き入りましょう。そこから神と隣人への「畏れと愛と信頼」をもって能動的に生きていきましょう。

「我信ズ」の心
——使徒信条

一　ケレドという古文書

ここに記してあります「ケレド」という文章を読んでみてください。声に出して読んでみてください。かなり古い文語文ですから、スムーズには読めなくても、ゆっくり声に出して読んでいく内に、これはなにやらあなたが知っているものと通じるものがあるような気がすることでしょう。

ケレド

ばんじかなひ玉ひ、てんちをつくり玉ふ御おやデウスとその御ひとり子われらが御あるじゼス　キリシトをまことにしんじ奉る。

此御子(このおんこ)スピリツ　サントの御きどくをもてやどされ玉ひ、ビルゼン　マリヤよりむ(う)まれ玉ふ。

ポンショ　ピラトがしたにをひてかしやくをうけこらへ、クルスにかけられしゝ玉ひて、御(み)くはんにおさめられ玉ふ。

だいぢのそこへくだり玉ひ三日めによみがへり玉ふ。

てんにあがり玉ひばんじかなひ玉ふ御おやデウスの御みぎにそなはり玉ふ。

それよりいきたる人、しゝたる人をたゞしたまはんためにあまくだり玉ふべし。

スピリツ　サントをまことにしんじ奉る。

カタウリカにてましますサンタ　ヱケレジヤ、サントスみなつうようし玉ふ事。とがの御ゆるし。にくしんよみがへるべき事。おはりなきいのちとをまことにしんじ奉る。アメン。


漢字に直せるところは直し、ある漢字は平仮名に直し、旧かな遣いを新かなに直し、意味を推測できるところは推測してみましょう。


万事叶いたまい（すべてのことをおできになる、全能の）、天地を創りたもう御親デウス（神）と、その御ひとり子われらが御主ゼス・キリシト（イエス・キリスト）をまことに信じたてまつる。

この御子（は）スピリツ・サント（聖霊）の御奇特（奇蹟）をもって懐胎されたまい、ビルゼン（おとめ）マリヤより生まれたまう。

ポンショ（ポンテオ）・ピラトの下において呵責（責め苦しめること）を受け堪え、クルス（十字架）に架けられ死したまいて（死なれて）、御棺に納められたもう。

大地の底へ降りたまい、三日目によみがえりたもう。

天に上がりたまい、万事叶いたもう（全能の）御親デウスの御右にそなわり（列し）たもう。それより生きたる人、死したる人を糺したもう（罪過を詮議する、裁く）ために天（より）降りたもうべし。スピリツ・サント（聖霊）をまことに信じたてまつる。カタウリカ（カトリックの、公同・普遍の）にてましますサンタ・エケレジヤ（聖なる教会）、サントスみな通用したもうこと（聖徒の交わり）、咎（罪）の御赦し、肉身（からだ）よみがえるべきこと、終わりなき命をまことに信じたてまつる。アーメン

まことに信じたてまつる

もうお分かりですね。これはやや古い言い回しですが、私たちになじみの「使徒信条」です。この文語調の使徒信条は『長崎版どちりなきりしたん』という慶長五年六月上旬に長崎耶蘇會（イエズス会）によって出版されたものです。岩波文庫の一冊に収められています。慶長五年とは一六〇〇年のことです。関ヶ原の戦いがあった年です。今から四〇〇年以上も前のこと。キリスト教の日本伝来が一五四九年ですから、その間に翻訳され、何度も手を入れられ、信者の間で大切な信条、信仰告白として唱えられてきたのです。絶え間なくです。布教が寛容な空気の中で認められていたときも、過酷な迫害がなされ殉教の血が流されていたときも、隠れキリシタンであることを強いられる境遇にあったときも、絶え間なく信者の間で唱えられてきたのです。

「ケレド」と呼ばれていますが、これはラテン語で「クレドー」（我信ず）という使徒信条の冒頭の言葉です。それが使徒信条全体の名称になっているのです。クレドーが日本語ではケレドと発音され、そう呼び習わされてきたのです。長い長いキリスト教の歴史の中で、古代教会からずっと唱えられ続けてきた信仰告白、その使徒信条を四

○○年前の古い文語の日本語で読み唱えると、当時の切支丹たちと私たちとの繋がりが肌で感じられるではありませんか。

二　洗礼を受ける際の信仰告白

「塩狩峠」での信仰告白、聖書の中の信仰告白

三浦綾子の名作『塩狩峠』の中で主人公の永野信夫が旭川六条教会で洗礼を受ける前夜、自室で正座して筆で書き記したのが彼の信仰告白でした。その内容は、懺悔と救いの確信と感謝の思いと新生への決意です。これまでの自分の生き方を振り返って己の罪深さを認め、その中で出会った神また救い主イエス・キリストとはどのようなお方であるかを明らかにし、これからクリスチャンとしてどのように生きるかについての決意を縷々述べます。それを洗礼式の中で表明するのです。とても印象に残る場面でした。

聖書を開くと、旧約・新約至る所で信仰告白がなされています。自分たちが信じる神は一体どのようなお方なのか、それを明らかにするのが信仰告白です。信仰告白は聖書の民の伝統でした。旧約聖書の代表例を挙げれば、申命記でモーセが神の民イスラエルに向かって、「あなたの神、主の前で次のように告白しなさい」と命じて、自分たちの先祖に対して神がいかに恵み深く関わられたかを定式化された形で述べます。それが二六章五―一〇節です。

新約では弟子たちのキリスト告白がさまざまに表れます。一方ではユダヤ教の伝統を引きつつもそれまではなかったキリスト告白が登場します。マタイ福音書にはペトロの有名な「あなたはメシア、生ける神の子です」（マ

タ一六16)、ヨハネにはマルタの「主よ、あなたが世に来られるはずの神の子、メシアであるとわたしは信じています」(ヨハ一一27)が収められています。

生まれたばかりのキリスト教の生活と宣教の舞台は当時の世界の中心地である地中海世界でした。そこはギリシャ・ローマの神々が生きており、その宗教が行き渡っていました。ローマ帝国の辺境であるユダヤで興ったキリスト教会につながっていた人々の最も古く最も短い信仰告白の一つは、「イエスは主なり(キュリオス・イエースース)」(一コリ一二3)です。それまでローマ帝国の中で唱えられており、キリスト者たちが自分もまた回心以前は唱えてきた「カエサル(皇帝)は主なり(キュリオス・カイサル)」という告白とは真っ向から対立する内容で、それこそ命懸けの信仰告白でした。

パウロは当時の教会で伝えられていたキリスト賛歌を引用してキリストとはどのようなお方であるかを「キリストは、神の身分でありながら……」とフィリピ書二章六―一一節に記しており、その中には「イエス・キリストは主である(キュリオス・イエースース・クリストス)」(フィリ二11)が含まれています。

洗礼の際の信仰告白「使徒信条」

自分が何を信じ、誰を信じるかを明らかにしなければならないのが、洗礼を受けるときです。これまで自分が信じてきた神(神々)とは異なる、聖書が証しし教会が信じている神への信仰を表明するのです。早くも紀元二世紀半ばには今は「古ローマ信条」と呼ばれるまとまった信仰告白が洗礼の際に受洗者によって唱えられていました。一九〇〇年近くの昔からです。これが「使徒信条」の原型です。現在の形に整え上げられたのは八世紀ということです。

ラテン語で使徒信条Symbolum Apostolicumという表現の直訳は「使徒たちの信条（信仰告白）」で、英語にすればApostles' Creedであって、「使徒的な／使徒たちから伝わった信条」Apostolic Creedではありません。もちろんその意味を含んでいます。この信条が表わしている信仰こそは使徒たちの信仰であるとの確信がそこに伺えます。この名の由来として、一二使徒が一人一項目ずつ持ち寄って作られたという伝説があるのも面白いですね。

代表的な信仰告白

歴史的に古く、素朴な、しかし明確にキリスト教の信仰の精髄を表明したのが使徒信条です。もうひとつ、長く激しい論争の後に教理的に突き詰めて集約され、最初の公会議で決定され、さらに念を入れて仕上げられたのがニカイア・コンスタンティノポリス信条（通称ニケア信条）（三二五年／三八一年）です。これらの信条は多くの教会において主日礼拝ごとに唱えられることが多いのです。なお、東方教会ではもっぱらニケア信条のみが用いられています。

ルーテル教会の『一致信条書』（一五八〇年）にも使徒信条とニケア信条はその冒頭に収められています。一九四七年設立のルーテル世界連盟（ＬＷＦ）はその憲法で、使徒信条を含む三つのエキュメニカル信条とルター派の信条に「神の言葉の純粋な解明」を見ると宣言しています。

日本においても、なんとザビエル（一五四九年来日）以降の宣教師たちも「ヒイデス（Fides信仰）のでうでう（条々）」の中で使徒信条（ケレド）を教えてきましたし、出版されてきました（一五九二年の天草版はローマ字で、一六〇〇年の長崎版はほぼ平仮名で印刷されています。その書名は『どちりなきりしたん *Doctrina Christam*（キリスト教の教えの意）』でした）。

明治以来日本の教会でも「三要文」として、十戒、主の祈りとともに使徒信条（または使徒信経）は公同の信仰の中心を表明するものとして、重んじられてきました。

三　ルターにとっての使徒信条

『小教理問答』の一部

自身の膨大な著作の中でルターが最も愛したと言われており、また宗教改革のさなかに最も広範に流布されたのが、『小教理問答』（一五二九年）という小冊子でした。「十戒」「使徒信条」「主の祈り」および「洗礼」「聖餐」について実に平易に書かれています。しかし、平易な語り口であっても、その内容は、キリスト者が信じるお方がどのような方であるか、信じる人間はいかなるものかを端的に語っています。

教理問答ですから、十戒なり使徒信条なり主の祈りなりの一節ずつを示して、それへの問いと答えが順に説明されていきます。たとえば十戒ではこうなっています、「第一戒　あなたは、他の神々を持ってはならない（出エジ二〇3）。　この意味は。　答。われわれは、何ものにもまして、神を畏れ、愛し、信頼すべきです。」（『一致信条書』）。たしかに問いは一貫して「この意味は。」となっていますが、ルター学者の徳善義和先生は、この問答の背景にはルターの家庭があり、父マルティンが好奇心いっぱいに「これ、なあに」と尋ねる小さな息子ハンスに語りかけている場面を想定して、その説き方は、父親と子どもの問答の形式で展開していると解釈していらっしゃいます（徳善『マルティン・ルター　生涯と信仰』）。ですから、訳文も、十戒第一戒を引用した後に「質問『お父さん、これなあに』　お父さんの答え『私たちは心の底から神様を畏れ、愛し、信頼するのだよ』」と親子の対話の形で訳されています（『宗教改革著作集』第一四巻）。実際ドイツ語原文でも問いは一貫して「これは何ですか」となっています。

三部の見出しの付け方

『小教理問答』における「使徒信条」は第一条、第二条、第三条の三つに分けて問答の形で説き明かされていますが、これはどの解説書でも同じです。そしてそれぞれの条は、ルター以外の諸伝統にあっては、多くの場合、「父なる神」「イエス・キリスト」「聖霊」と三位一体の神のそれぞれの位格を見出しにしています。しかし、ルターはあえて「創造について」「救いについて」「聖化について」とひとりの神の三つの働きを見出しにしていることも特徴になっています。

以下、『小教理問答』本文の太字になっている引用は『エンキリディオン小教理問答』の徳善義和先生の翻訳によります。

第一条　創造について

ふつうは「神が天地万物（すべての被造物）を創造された」、そして「私もその中のひとりだ（私も神の被造物だ）」という順序で述べるでしょうが、ルターは逆です。「神がこの私を創造された」と冒頭に述べ、それに続けて「すべてのもの（存在するすべてのもの、被造物）と一緒に（共に）」という具合に展開しています。第一条の「答」を見てみましょう。「**私は信じている。神が私をお造りになったことを。すべての被造物と一緒にだ。**」ここは注目すべき点です。

それは、他のなにが神に創造されていようがされていまいが、疑いもなく、紛れもなく確かなのは「この私が神によって創造された」ということだという確信です。きわめて実存的な信仰理解です。この私が、いえ、こんな私が、恐れ多くもありがたくも神さまによって創造されて、それゆえ今生きている！　否、生かされている！　この神の恵みの出来事（神の創造。神が創造主、私はその被造物）への自己の確信がまずあって、それからそれを全体に広げていくという論理構造です。それ抜きだと、創造の教理も下手をすれば観念的になってしまいます。

神が創造なさったのは私のいのち、私の心身や理性や感性だけではないのです。衣食住も、生きていくための環境もすべてが創造主の御手の内にあることを明言しています。しかも、神はかつて創造されただけではなく、今も創造し続けておられます。継続的な創造、また保持とも言います。「**神は私にからだと魂、目や耳やすべての部分、理性、あらゆる感覚をお与えくださったし、そのうえこれを保ってくださっている。また衣服や履物、食べ物や飲み物、家屋敷、妻や子、畑や家畜やすべての財貨を、このからだといのちのあらゆる必要なものと共に豊かに日毎に与え、あらゆる危険から守り、あらゆる災いに対して備え、保護し……**」と書いているとおりです。

『大教理問答』はそれを以下のように詳述しています。

答え、「私は次のように考え信じている。私は神の被造物である。すなわち、神は私にからだ、魂、生命、大小の肢体、すべての感覚、理性および悟性、さらに飲み物、食べ物、衣服、生計、妻子、使用人、家屋敷などをくださり、しかも絶えずこれらを守ってくださる。その上、すべての被造物、すなわち空の太陽と月と星、昼と夜、空気、火、水、大地、およびその大地が載せ、算出するもの、鳥、魚、獣、穀物、あらゆる種類の農産物、さらにその他の肉体的、地上的財貨、良い政府、平和、安全などを生活の益と必要とのために奉仕させてくださる」。したがって、われわれのだれひとりとして、生命も、今数えあげたもの、また数えあげうるすべてを、それがたとえどんなに小さく価値のないものであるにせよ、自分自身の力では手に入れることも、保有することもできない、ということをこの個条から知るべきである。いっさいのものはこの「造り主」という言葉の中に込められているからである。……父である神は、われわれが所有し、また目の前に見る事物のすべてをわれわれにくださったばかりでなく、毎日われわれをあらゆる災いと不幸とから守り、さまざまな危険と災厄とを除き、しかもそうしたすべてのことを、われわれが全く受けるに値しない純粋の愛と慈悲とから、われわれの身にいかなる苦難も降りかからぬようにと配慮してくださるやさしい父としてくださる、と。(『一致信条書』)

ここに見るように、小教理問答に記されていることを大教理ではさらに敷衍(ふえん)していますが、そこには人間の生を可能にしさらに守り豊かにするために、地球環境さらには宇宙環境、また政府、平和と安全などまでも挙げられていることは大変興味深いことです。

聖書が証しする神は、魂の救済だけではなく、キリスト者であれ非キリスト者であれ神が創造されたすべての人間たちのいのちを守ることをご自分の責任となさっていることをしっかりと覚えておきましょう。創造と救済、その両方を完成に導かれることが神の働きなのです。

そして、そのゆえに小教理は第一条の答をこう結んでいるのです。「**これらすべてのものを純粋に父としての、神のいつくしみとあわれみから、私のなんらの功績やふさわしさなしにしてくださるのだ。**」これはいかにもルターらしい、信仰義認の教えに通底する「恵みのみ」の創造理解です。

そしてこの「先行する恵み」のゆえに、キリスト者の生き方が導き出されるのです。「**これらすべてに対して、私は神に感謝し、賛美し、これに応えて神に仕え、服する責めを負っているのだ。**」これが恵みへの応答の生き方、つまり、感謝と賛美であり、神への奉仕と神への服従です。しかも神に奉仕し服従することは、とりもなおさず、神が愛しておられる私たちの隣人へ奉仕することなのです。

使徒信条の第一条、僅か一行の簡潔な信仰告白「**天と地の造り主、全能の父である神を、私は信じます**」にこめられていることは、すべての人間には神から恵みの賜物としてのいのちを与えられていることと、それに必要な衣食住は言うに及ばず、家庭も、今で言う環境（エコロジー）も、政治も経済も平和も安全（エコノミー）も、それら一切のものを支配し、提供し、治めておられることと、それゆえにすべての人間はこの恵みのゆえに神に感謝と賛美を捧げることと、この創造の世界で神と隣人に責任を持って奉仕することとが語られているのです。

十字架の神学、信仰義認という言葉に代表されるルターの神学はもっぱら救済論、贖罪論一本槍だという理解を持ちがちですが、それを改め、このように創造論に関する深く広い視野があったことを再認識したいものです。

第二条　救いについて

使徒信条の三つの部分の中でも最も分量も多いのが第二条です。そこでは主イエス・キリストの生涯と現在と将来を僅か四行で（それでも第一条や第三条と比べると四倍以上の量で）叙述しています。

主イエス・キリストの本質とはなにか。使徒信条は「**そのひとり子**」、つまり神のひとり子とズバリと表現し、人間として生まれたけれどもその懐胎の経緯は「**主は聖霊によって宿り**」ということで、そもそもその存在は永遠の初めより父なる神とともに天にある神的な存在であったことを告げています。ニケア信条が「神の神……真の神の真の神……父と同質であって」と厳密に語ろうとしていることを端的に示しているのです。それと同時に「**おとめマリアから生まれ**」ということで、主イエスは紛れもなく人間であるということを示しています。

ですから、ルターの記した答にも、「**私は信じている。永遠のうちに父から生まれた真の神であって、また、おとめマリアから生まれた真の人であるイエス・キリストが私の主であることを**」と率直に告白しているのです。教会史・教理史における最重要事の一つであるカルケドン公会議（四五一年）で決定されたキリスト神人両性説、つまりイエス・キリストは「真の神であり、真の人間」というキリスト論をルターもここで継承しています。

ここでも注目すべきは、ルターは、イエス・キリストは「父から生まれた真の神」で「おとめマリヤから生まれた真の人」ですと教会の教理を再述しているだけではなく、「私は信じている。……私の主であることを」と代々の教会の先達たちと共に「告白」していることです。「主」であるとは、私の支配者、導き手、かつ最後の最後まで責任を取ってくださるお方ということです。「信じます」とは、「こう教えられています」という単なる客観的な叙述でもなく、「思います」とか「考えます」という私の知的、理性的な判断でもなく、他の誰がなんと言おうともこの私は全身全霊で、全存在をあげてそのように受け止め、受け容れ、表明します、もしもそう受け止め、受け容れ、表明しないならばもはや私は私ではありませんとまで言うほどに重い行為、いのちの在り方を示す言葉なのです。

原語では「そのひとり子」から「さばかれます」まで一文で区切りはないのですが、文法的に言えば「聖霊によってやどり」以下は関係代名詞でつながれている、「主イエス」の修飾（説明）なのです。しかし、そのまま訳すと一文がとても長くなるので、まず「そのひとり子……キリストを」「私は信じます」と主語と述語を直結させて明確に言い切ります。そのように「父である神を」「主イエス・キリストを」「聖霊を」「私は信じます」と簡潔明瞭に言い切るのが信仰告白にはふさわしい表現だと私も思い、この訳し方を支持します。

それだけではなく、主イエスは地上の生涯で誰に何を語ったのか、何をしたのか、どう生きたのか……それらは伝記を書くなら必須のことですし、四つの福音書はそれぞれ特徴的に主イエスの言動を描き出しています。けれども、使徒信条はこれまた実に簡潔に「**おとめマリヤから生まれ、ポンテオ・ピラトのもとで苦しみを受け、十字架につけられ、死んで葬られ、よみに下り、三日目に死人の中から復活し、天に昇られました**」と述べているだけです。人々に神の国の到来を告げ知らせ、罪の赦しを宣告し、病んだ人々を癒し、ファリサイ派や律法学者たちと論争をし、また数々の譬え話を語り、祈りを教え……と僅か三年あまりの短い公生涯でしたが、実にいろいろなことをなさいましたのに、使徒信条が告げるのは、生まれた後は一気にピラトのもとでの受苦、十字架の死と復活、昇天に飛びます。教えや癒しはどうなったのでしょうか。

ルターが言い表した答はこうです。「**私は信じている。……主は失われ、罪に定められた人間である私を、金や銀をもってではなく、ご自身の聖なる、貴い血とご自身の罪なき苦しみと死をもって、すべての罪と死と悪魔の力**

から救い、あがない、かちとってくださったのだ。」

ここにルターにとっての救い、福音、神の恵みとは一体なんであるのかがはっきりと分かります。罪を赦しそれから解放してくださったことと、キリストのものとしてくださったことです。それを文字通り命懸けでこの私にもたらしてくださったのがイエス・キリストだと歓喜しながら表明しているのです。

この場合の「私」とはどういう存在なのでしょう。ルターは「失われ、罪に定められた人間」と正直に認めています。これが彼自身の、他の人間との相対的な比較ではなく、絶対的な義であり愛である神の前での自己認識なのです。最も厳格な修道会として名高いアウグスチヌス会、正確に言えば、アウグスチヌス隠修修道会戒律厳守派に入ってからも、その修行修練の徹底ぶり、聖書の学びの深さ、祈りの切実さ、自己省察の厳格さなどどこからみても修道士の鑑（かがみ）のように傍（はた）からは思われていたルターでした。しかし、彼自身は修練を積めば積むほど神の前での己の罪深さが自分の中で露わになり、救いにはほど遠い存在だと認めないではいられず、ただただ「失われ、罪に定められた人間」だと告白せざるを得なかったのです。救いを得られないということは生きていく意味はないということであり、地上にいる間に救いの約束を与えられないなら死後に天国に入ることなどおよそ不可能なことになります。彼は闇の中に、絶望的な思いでうごめくしかできない苦しみを味わっていたのです。

その彼が「塔の体験」と呼ばれる、聖書を通しての「神の義の発見」あるいは「福音の再発見」という、人生最大の出来事を経験し、その後の生き方がすっかり変わったのです。ルターは、その根本的な出来事を「失われ、罪に定められた人間である私を」「ご自身の聖なる、貴い血とご自身の罪なき苦しみと死をもって」、「すべての罪と死と悪魔の力から救い、あがない、かちとってくださった」と凝縮して述べ、そうしてくださったお方こそが主イエス・キリストであり、そのお方が私の主であると告白するのです。十字架の意味することが明らかになりました。

ですから、もろもろの教えも癒しや力ある業の数々も愛の行為も一つひとつ並べたてなくても、「主は……ご自身の聖なる、貴い血とご自身の罪なき苦しみと死をもって」、「すべての罪と死と悪魔の力から救い、あがない、かちとってくださった」ことが究極の福音ですから、キリストがなさったことは使徒信条が言うように「**聖霊によって宿り、おとめマリヤから生まれ、ポンテオ・ピラトのもとで苦しみを受け、十字架につけられ、死んで葬られ、よみに下り、三日目に死人の中から復活し、天に昇られました**」と述べるだけで必要にして十分で、それに尽きるのでした。その他すべては十字架と復活に含まれ、またそこから出てくるのです。

主イエスの地上の生涯がそのように凝縮されるとしても、ではそれを受けて、この私はどのように生きるのでしょうか。それ抜きにはキリスト者は心の中で罪の赦しを感謝してはいても、具体的な生き方は変わらないのでしょうか。信仰は所詮内面の事柄で、表に具体的には出てこないのでしょうか。

主イエス・キリストの受肉、十字架、そして復活が私に罪の赦しをもたらしたら、その結果、私はどうなるのか、ルターはこの点を次のように言明します。「**こうして私は主のものとなり、主のもとでそのみ国に生き、永遠の義と清さと救いの中で主に仕えるだ。それは主が死から復活して、永遠に生き、支配なさるからだ。これは確かに真実なのだよ。**」

「こうして」、すなわち、受肉、十字架、復活という揺るぎない根拠によって「私は主のものとなり」、つまり、もはや罪、死、悪魔の支配下から解放されてキリストのものとされるのです。さらに所有者が変わったことによって「み国」＝神の国＝神の支配のもとに生き始めます。神の国＝神の支配が完成するのは終末であるにせよ、キリストは十字架、復活、昇天を経て、今や神の右に座し、父なる神と共にすでにこの世界の支配を始めておられるのです。だから「み国に」おいてとは、死後の天国においてでもなく終末の神の国においてでもなく、既に今ここで始まっている神の国＝神の支配においてということです。

「主のもとでそのみ国に生き……主に仕えるのだ」。使徒パウロの好む表現を使えば、教会は「キリストの体」（一コリ一二27）、キリストは教会の「頭（かしら）」（コロ一18）です。頭なるキリストの御心に従ってそれを実現するために、キリスト者はキリストの体として生きるのです。キリストが望まれるなら義を、愛を、慈しみを、正義と公平を、平和を実現するために生きるのです。愛と奉仕は主に向けられ、それゆえに隣人に向けられるのです。それは強いられてするものではなく、救いの約束と共に与えられた「キリスト者の自由」として存分に発揮されるものです。キリスト者は、たとえ見えなくても既に始まっている神の国＝神の支配を生きるのです。

この信仰は、無条件の愛と罪の赦しと贖いという先行する無償でかつ一方的な恵みをただひたすら信じて受容するだけというまさに徹底的に受動的な信仰ですが、それはけっして消極的な生き方にとどまらせることはなく、自由な愛と奉仕というきわめて能動的・積極的な生き方を生み出さずにはいないのです。主日礼拝の結びの派遣の挨拶「平和のうちに行きなさい。主と隣人に仕えなさい」（司式者）、「神に感謝します」（会衆）はまさにそのような徹底的に受動的な恵みを受けた者がする徹底的に自由で能動的・積極的な愛と奉仕という福音信仰をよく表わしているではありませんか。

第三条　聖化について

聖化という熟語は、漢字自体からなんとなく意味が分かる気はしますが、普通の国語辞典にも載っていないほどで、日常会話で頻繁に用いる言葉ではありません。さすがに大きな『広辞苑』第七版には「②〔宗〕イ

(sanctification) 神の恩恵により義と認められ信仰を与えられた人間が、聖霊を受けて愛に満ちた人格に成熟し、キリストに似た者になってゆくこと。」と記されています。かなりキリスト教に詳しい人が書いた印象を持ちます。ですから一般に「聖なるものになってゆくこと」と理解するのはもっともです。たしかにキリスト教の教派によっては「聖化されること」に信仰生活の中でも大きな比重をかけているところもあります。

しかし、恵みとしての義認を強調し、またその深い罪理解のため「義人ニシテ同時ニ罪人」という人間理解を持つがゆえか、ルーテル教会では聖化という言葉はあまり耳にしないのも事実です。しかし、ルターは『小教理問答』という大事な書物の中で堂々と聖化という言葉を使っているのですから、私たちも先入観なしにルターが本当に意味するところを正しく理解するように努めましょう。

さて、「**聖霊、聖なるキリスト教会、聖徒の交わり、罪の赦し、からだの復活、永遠のいのちを私は信じます**」この第三条について問われての答が次のような自分の思いや行いについての(いわば聖化への)無能力の告白から始まっていることは興味深いことです。「**私は信じている。私は自分の理性や力では、私の主イエス・キリストを信じることも、そのみ許に来ることもできないことが……**」。聖化という見出しをつけた第三条でのルターにとっての最大の関心事は「キリストを信じること」「み許に来ること」です。つまりは信仰すること、救いに与かることです。そこに聖化への鍵があるのに、それを達成するには自分の能力ではとても及ばないと認めているのです。

しかし、ルターは諦めも絶望もしてはいません。むしろ、明るく喜びに満ちた口調でこう語るのです。「(けれども、)**聖霊が福音によって私を召し、その賜物をもって照らし、正しい信仰において聖め、保ってくださったことを**(私は信じている)。」そうです。自分は弱い、しかし、自分には強い味方がいる。自分は無能力だ、しかし、福音を信じさせ救いに至らせてくださる力を持ったお方がいてくださる。そのお方こそが「聖霊」と呼ばれる神の霊なのだ。――その聖霊が私を召し、照らし、聖め、保ってくださるのです。自分が自分を聖化しなければならないとか、聖化できるとかできないとか、どの程度できるかなどいうことは問題になっていないのです。ルターは『大教理問答』の同じ箇所で、「この聖霊だけが、これまでわれわれを聖めてきたし、現に今も聖める霊なのである。ちょうど父が造り主と呼ばれ、み子が贖い主と呼ばれるように、聖霊もまたその働きから、聖なるかた、あるいは聖くするかたと呼ばれるべきである」と述べています。この絶対的な信頼が鍵です。

しかも、ルターはここで人が聖霊の摩訶不思議な力で「成熟した人格、キリストに似た者」になっていく様子を詳述するのではなく、聖化に導くのは「福音」であるとの確信に焦点を合わせています。この使徒信条第三条を原文から直訳してみれば、「私は信じます、聖霊を、聖なる公同の教会を、聖なる交わり（ルターは会衆と訳しています）を、罪の赦しを、肉の復活を、永遠のいのちを」となっており、聖霊の次に続く聖なる公同の教会以下永遠のいのちまでは聖霊が私たちに与えてくださる恵みの一つひとつであり、それによって、またその中で、聖霊が私たちを信仰に導き入れ、み許へと至らせてくださるのです。その全過程こそが聖化なのです。だからこそ何よりも「福音」が肝心なのです。

ここで、使徒パウロの言葉をしみじみと思い起こします。「聖霊によらなければ、だれも『イエスは主である』とは言えないのです」（一コリ一二3）。ですから、ルターは「自分の理性や力では、私の主イエス・キリストを信じることも、そのみ許に来ることもできない」と素直に正直に認識し、「けれども、聖霊は」そのことを可能にしてくださると信頼しているのです。その聖霊は説教を通して働くし、その説教は教会において語られるのです。

だからこそ、『小教理問答』では教会がどんなに大切であるかをこう記しているのです。聖霊が個々のキリスト者に対してそうしてくださるように、それは「**聖霊は、地上の全キリスト教会を召し、照らし、聖め、イエス・キ**

リストのみ許にあって正しい、ひとつの信仰の内に保ってくださる。」「このキリスト教会において聖霊は日毎に私とすべての信仰者のすべての罪を豊かに赦し、終わりの日には私とすべての死者とを呼び起こし、すべての信仰者と共に、私にキリストにある永遠のいのちを与えてくださるのだ。」福音が語られ聴かれることによって起こされる聖化にとって、教会というものが果たす役割の大きさを改めて感じさせられます。

四　信仰告白――私と私たち

私は信じます、私たちは信じます

使徒信条の三つの条がいずれも「私は信じます」（クレドー）と神の前での私の信仰告白を強調していることが日本語訳でも明確に出るようにするために、『一致信条書』（邦訳一九八二年）に収められ、以後の礼拝式文で採用されている訳文は「天地の造り主、全能の父である神を私は信じます」と語順を変えて、「私は」と「信じます」とを直結させせました。それ以前は「我は天地の造り主、全能の父なる神を信ず」という具合に「我は」と「信ず」が離れていました。この「私は信じます」に歩調を揃えるように、ルターの解説も一貫して「私は……」「私を……」「私とすべての信仰者の……」「私とすべての死者とを……」「……と共に私に……」という具合に「私」の主体的な信仰が強調されています。

そのような「私」が集まって唱えるときに、「私」の信仰告白は教会の中で「私たち」の信仰告白となります。けれども忘れてならないことは、この「私」の信仰が育まれ、養われ、支えられる場は、無人の真空地帯ではなく、「私たち」の中だということです。言い換えれば「教会」の中においてです。それだけではなく、この信仰告白は、「私」の信仰告白になる前に、「私たち」の、つまり「教会」の信仰告白だったのです。その教会とは、使徒信条の言い方を借りれば「聖なる公同の教会」（『どちりなきりしたん』では「カタウリカにてましますサンタ・ヱケレジヤ」でした）です。ニケア信条はさらに言葉を重ねて「唯一の、聖なる、公同の、使徒的な教会」（エクレシア・ウナ・サンクタ・カトリカ・エト・アポストリカ）とより厳密に定義しています。

　ですから、ルーテル教会の洗礼式で行なう信仰告白は、『塩狩峠』において主人公が一晩かかって書き上げた自己の罪深さと主イエス・キリストとの出会いと新生の体験、つまり懺悔と回心の経験とキリストに従って新しく生きていくという決意の表明を縷々述べるようにではなく、単純率直に教会の信仰である「使徒信条」を唱えます。そうすることで私の信仰は教会の信仰に合わされて行くのです。突き詰めれば、使徒信条に凝縮されると言っていいでしょう。

私の物語、彼の物語

だけれども、当然のことですが、一人ひとりに与えられている個人の信仰の出来事、ストーリーというものがあり、その証しがあります。それは軽んじてはいけません。これを教会の集まりで証言したり、月報や文集などに掲載したりすることも大事にしたいものです。そのことをはっきり確認した上で、「私の物語（マイストーリー）」をどのように描き出すかについてひと言。語るべき「私の物語」はそれ単独では存在し得ないのです。私の誕生も死も自分自身で計画することも実現することもできません。生涯の歩みも自分で考え、実行しているみたいであっても、実は見えない御手に導かれているのです。預言者エレミヤも使徒パウロも、自分は母の胎に創られる前から神に選び分かたれ将来の預言者、使徒として立てられていたと告白しています。

ですから、My story（私の物語）を大きな His story = History（主イエス・キリストの物語＝主の救済の歴史）の中に見出し、あるいは位置づけ、それとの関連の中で語ることをためらわずにしていこうではありませんか。ごくごく小さいとしか思えないかもしれない My story であっても、実は神の目から見れば大きな大きな His story の中のなくてはならない一コマなのです。それはちょうど一〇〇〇ピースのジグソーパズルの中の一個のピースは、それだけを見れば形も不格好でしょうし、色も図柄もその意味もよく分からないかもしれません。でも、それがジグソーパズルの絵を完成するのに無くてはならない一個なのです。その小さな一個なしには大きなジグソーパズルは完成しないし、取るに足りないと思えるほど小さく見える My story なしには壮大な His story（= History 神の歴史）は全貌を現さないのです。

主の体として生きる

「主体性」ということが、とりわけ近代においては強調されます。それに異議は唱えません。とても大事なことです。しかし、主体性という言葉にはもう一つ別な読み方があると私はある時ふと気づきました。それは「主の体（からだ）」性と読むことです。「主体的に生きる」とは「主の体として生きる」ということです。「キリストの体」と言ってもいいのです（一コリ一二27、エフェ一23）。一九〇〇年余にわたって唱えられ、告白されてきた使徒信条の創造、救い、聖化についての信仰的理解に「アーメン＝これは確かにまことです」と心から唱和して、それにふさわしく生きること、それが福音的なキリスト教信仰です。

さあ、一人ひとりが自分の信仰告白を主体的にしながら、ともどもに、自分が属する教会の人々と共に、それのみならず、世界中のキリスト者と共に、そして二〇〇〇年の教会の歴史を生きてきた数え切れない程多くの有名無名のキリスト者と共に、使徒信条を唱えて生きて行こうではありませんか。アーメン。

「天にましますわれらの父」に地上から祈る
——主の祈り

一　祈ってよい、祈りなさい

祈らないではいられない

　生きていくのは自己責任、自分が頑張らなくっちゃ……。どんなにそう思っても、その道は平坦ではなく、壁があります。頑張るけれども、疲れます。希望が見えなくなったり、悲しみに襲われたり、孤独に耐えられなくなるときがあります。張り詰めていた心がしぼみそうになり、気力が萎え、くずおれることも経験します。親しかった人を信じられなくなる苦痛を味わいます。自分を責めて、赦せなくなるときがあります。目に見える、あるいは目に見えない敵対する力に囲まれ、恐れおののき不安になることがあります。

　仏教流に言えば、生老病死が人生につきまといます。四苦どころか八苦が避けられないのが私たちの人生です。ですから、私たちは祈らないではいられないのです。祈る相手がどなたであれ、いえ、どなたかがはっきりしていなくても、祈らないではいられないのです。どの宗教にも祈りがあり、祈ることが勧められます。聖書にもまた祈りについてさまざま記されています。詩編は全編これ祈りです。主イエス・キリストご自身が祈る人でしたし、最後の最後まで祈られました。使徒パウロも祈る人でしたが、「わたしのためにも祈ってください」(エフェ六19、20)と懇願する人でもありました。それだけ祈りの力を信じていたのでしょう。

「十戒」の第二戒「あなたは、あなたの神の名を、みだりに唱えてはならない」はあたかも祈ることが禁じられているかのように見えますが、ルターは自己中心的な神の名の濫用を戒めながらも、「かえって、すべての困窮の中でそのみ名を呼び求め、祈り、賛美し、感謝するのだよ」とむしろ祈りを奨励しているのです。詩編五〇編一五節では「苦難の日には、私に呼びかけよ。私はあなたを助け出し、あなたは私を崇めるであろう」(『聖書協会共同訳』)と主は語りかけておられます。イエスさまも「求めなさい。そうすれば、与えられる。探しなさい。そうすれば、見つかる。門をたたきなさい。そうすれば、開かれる。だれでも、求める者は受け、探す者は見つけ、門をたたく者は開かれる」(『新共同訳』マタ七7、8)と約束しておられます。神さまが「祈ってよいのだ」「祈りなさい」と私たちすべてに祈ることを許し、勧め、求めておられるのです。

だから、こう祈りなさい

祈りなんだから、好きに祈ればいいとか、どう祈ってもいいとか、いろいろな考えはあるでしょう。そうかもしれません。でも、祈りたい、でもどう祈ったらいいか分からない、それどころか、祈りの言葉も出ないという場合だってあるのです。私は次の話を聞いたときの感動を忘れることができません。

それはおしどり夫婦として知られたある先輩の話です。お二人には子どもさんがなく、ですからなおのこと、いくつもの人生の苦労を経験しながらも、常に二人仲良く手を携えて生きてきました。しかし、ある時、夫人にガンが発症し、しかももはや手遅れということが判明したのです。お二人はキリスト者としていつもどんなときも共に祈ってきていたのですが、さすがにこの時は祈る言葉が出てこなかったそうです。無理もありません。唐突に、残酷にも最愛の人が余命の宣告をされたのですから。

そのときお二人は、口から自分の言葉が出てこなかったので、ただただ「主の祈り」を祈ったそうです。そして、そうすることで、不思議にも安らぎを得たのだそうです。夫人のガンが治ったのではありませんでした。一人残った夫もまた与えられた務めを果たしてやはりガンで召されました。あの「主の祈り」には不安や悲しみに耐えさせ、それに打ち克たせる力があったのです。

マタイによる福音書六章にはイエスさまが祈ることについての基本的な姿勢や祈りの仕方を縷々話された後に、「だから、こう祈りなさい」（マタ六9）と言って、今私たちが「主の祈り」として知っている祈りを教えられたと書かれています。同じことがルカによる福音書一一章にも記されていますが、そこでは「イエスはある所で祈っておられた。祈りが終わると、弟子の一人がイエスに、『主よ、ヨハネが弟子たちに教えたように、わたしたちにも祈りを教えてください』と言った。そこで、イエスは言われた。『祈るときには、こう言いなさい』（ルカ一一1—2）と言われて、「主の祈り」を教えてくださったと伝えられています。

いずれにしろ、はっきりしていることは、この祈りは主イエスご自身が弟子たちに直々に教えられた祈りだということです。そこにはイエスさまが考えられる祈りというものの本質が入っているのです。そういう祈りだから、いつでも、どこででも、一人であってもだれかと一緒であっても祈っていいのです。たとえ祈りたいのに自分の言葉が出てこないような辛い状況であっても、この「主の祈り」を祈ればいいのです。なぜなら、そこには私たちにとって必要なことが漏れなく満たされているからです。この祈りで十分なのです。私たちが祈るべきことはこの短い祈りの中に尽きていると言って差し支えないのです。

ルターが「小教理問答」で「十戒」と「使徒信条」を取り上げ、キリスト者として信じるべき内容と、実践するべき生き方を説き明かした後に、「主の祈り」を取り上げたのには深い意味と配慮とがあったのです。どんなに信仰について知っていても、私たち人間は困難がいっぱい待ち受けている現実を実際に生きていくには弱さを抱えています。生活の中で十戒を完全に守れる人はいないし、使徒信条を告白するのにためらいやたじろぎをまったく感じない人はいないでしょう。そんなときに整った言葉で祈ることができようができまいが、はては言葉も出てこない状態に陥ろうとも、私たち人間は祈らないではいられない存在です。そういう私たちのために主イエスは「主の祈り」を教えてくださったのです。ですから、この祈りを祈ればよいのです。しかも、この祈りは必ず神さまに聴き入れられるという確かな信頼をもって祈っていいのです。それがイエスさまの意図でしたし、それがルターの確信でした。

二　「あなたの」と「わたしたちの」と

伝統的な訳、新しい訳

マタイ六章とルカ一一章に記録された主イエスが教えられた祈りに基づき、歴史的にキリスト教会の中で唱えられてきた「主の祈り」はドイツ語訳（Vater Unser）にも英語訳（The Lord's Prayer）にも格調高い響きがあり、それがすっかり定着しています。最近は言わば口語的なバージョンもしだいに用いられるようになってきています。

日本語のものでは「一八八〇年訳」と呼ばれる文語のものがプロテスタントの間では今に至るまで最も広く行き渡っていて、教会員でなくても、子供の頃教会学校に通ったり、キリスト教系の幼稚園・保育園に通ったり、小学校から大学までのキリスト教学校で学んだりした人には暗記している人も多いでしょう。カトリック教会では「主祷文」と呼ばれる文語でしたが、二〇〇〇年からは「カトリック・聖公会共通口語訳」（以後、「カトリック聖公会訳」と略記）が採用され、それは両教会以外でも用いられているところもあるようです。日本ハリストス正教会は「天主経」というやはり文語の訳を用いています。その他にも日本キリスト教協議会（NCC）統一訳（以後「NCC訳」）が日本福音ルーテル教会の一九九六年版の式文（いわゆる青式文）では用いられています。それぞれに微妙な訳の違いがあります。

呼びかけと七つの願いとアーメン

「天にましますわれらの父よ」という呼び掛けは、「在（ましま）す」という今や神や天皇に対してさえ滅多に用いない動詞（「ます」の強調形）が冒頭に出てくることで、「天」「我ら」「父」と相俟って、呼び掛ける相手がグンと遠く感じられます。「カトリック聖公会訳」が「天におられるわたしたちの父よ」と敬意を保ちながらも口語体になっているのはごく自然な感じがします。「NCC訳」はギリシャ語原文から「私たちの」を削除して思い切って「天の父よ」という直接的な呼び掛けにしました。

イエスさまご自身が一人でゲッセマネの園で祈られたときに「アッバ、父よ」と呼び掛けられたと伝えられています（マコ一四36）。アッバはイエスさまも日常話しておられたというアラム語では元来幼児が父親を呼ぶ呼び掛けだったと言います。後には成人した息子・娘も使ったという説もありますが、いずれにしろ親子の情という特別の親しみがこもった表現だったでしょう。おとうちゃんとかパパとまでは訳せなかったでしょうが、「父よ」という言葉に心からの親しみと全幅の信頼が込められていることだけは間違いないでしょう。

そのあとに、「願わくは」に始まる七つ（数え方によっては六つですが、ここはルターの分け方に従います）の祈り（願い）が続きます。それを大きく二つに分けることにします。その手掛かりが「あなたの」と「わたしたちの」という言葉です。

一八八〇年訳であれ最新の「カトリック聖公会訳」であれ、「あなたの」という言葉は見当たりませんが、ドイツ語訳を見れば「ダイン dein」、英語も文語調なら「ザイ thy」、口語調なら「ユア your」が「名」「国」「意志・心」の前に付いていますが、日本語には相手への最高の敬意を込めて「御（み）」を付けて「御名」「御国」「御心」と丁寧に訳して、「あなたの」は直接には出てきません。「御」を付けることでおそらく「尊いあなたさまの」という思いを表わしているのでしょうから、祈る人々は名前も国も意志・心もみな「あなたの」ものだと理解はしているでしょう。しかし、「あなた（さま）の」と三度繰り返すほうがそれらが「神さまのもの」ということがより明確になり、三度確認していることになると思います。

「御名をあがめさせたまえ」「御国を来たらせたまえ」「御心の天に成るごとく地にもなさせたまえ」の三つの願いの後には、「我らの」「わたしたちの」が付く願い事が四つ続きます。「『我らの』日用の糧（ルーテル教会では「日ごとの糧」と訳してきました）を今日も与えたまえ」、「『我らに』罪を犯す者を『我らが』赦す如く『我らの』罪をも赦したまえ」、「『我らを』試みに遭わせず（『我らを』）悪より救い出したまえ」、この三番目の願いを二つに分けるから、計四つの祈りです。「我らの」「我らに」「我らが」「我らを」がはっきり表わしているように、いずれも紛う方なくこの私たち自身の生き死にに関わる重大な願い事です。それを「遠慮なく祈りなさい」と主イエスはおっしゃるのです。

「父」と呼べるのは「子供」だから

以下は『エンキリディオン小教理問答』の徳善義和先生の訳文を用います。太字がそれです。

七つの祈りの前にまず来るのが神への呼び掛けです。「**天におられる私たちの父よ**」と呼び掛けるように言われたのは、神のひとり子イエスさまが「アッバ、父よ」と神に呼び掛けられたことを単に真似るためではありません。使徒パウロは手紙の中でキリスト者たちにはっきりと勧めているのです。「あなたがたは……神の子とする霊を受けたのです。この霊によってわたしたちは、『アッバ、父よ』と呼ぶのです」（ロマ八15）。「それは、律法の支配下にある者を贖い出して、わたしたちを神の子となさるためでした。あなたがたが子であることは、神が、『アッバ、父よ』と叫ぶ御子の霊を、わたしたちの心に送ってくださった事実から分かります」（ガラ四5―6）。神がキリストのゆえに私たちを神の子としてくださったのだから、なにも怖じ恐れることなく、少しも自分の罪深さにためらうことなく、「天の父よ」と呼び掛けていいのです。

ですから、ルターはこう書いています、「**神はこれによって私たちを促して、神が私たちの真のみ父であり、私たちがその真の子らであると、私たちが信じるようにしてくださっているのだ**」と。真の親子であるならば、何を躊躇したり遠慮したりすることがあるでしょうか。彼は続けます、「**こうして私たちは愛する子らがその愛する父**

に願うように、安心して、あらゆる信頼をもって、み父に願うのだよ」と。祈る相手は必ずこの祈りを真正面から受け止め、しっかりと聴き入れ、必ずかなえてくださるという絶対的な信頼がなければ、本気で祈ることはできません。「天におられる私たちの父よ」という呼び掛けをしてよいのだと言ってくださること自体が、神さまの愛の表れなのです。

祈るまでもなく

最初の三つの願いは「あなたの」つまり神の名、神の国、神の意志・心に関わる願い事です。第一が「**み名が聖とされますように**」、第二が「**み国が来ますように**」、そして第三が「**みこころが天におけるように、地上でも起こりますように**」です。「**これはなんですか**」との問いに対する答は一つひとつていねいに見ていく必要がありますが、そこに進む前に、三つの答に共通するルターに特徴的な考え方がありますので、それをまず確かめましょう。

第一の答の始まりはこうです。「**神のみ名は確かにそれ自体において聖いのだが**」。次の答は「**神の国は私たちの祈りがなくともそれ自体で確かに来る**」。最後は「**神のよい、恵み深いみこころは私たちの祈りがなくても確かに起こるのだが**」。私たち人間が祈ろうが祈るまいが、神の本質も働きも左右はされないと言っているようです。それはそうです。人間が祈ったら神が聖となるが、祈らなかったら聖とはならないというのならば、神は人間に影響を受けていることになる、いえもっと強く言えば、人間に支配されていることになるではありませんか。それでは神が人間以下の存在になってしまい、神と呼ぶに価しません。神の神たる所以（ゆえん）は、人間が信じようが信じまいが、人間から超絶した絶対者というところにあるのでしょうし、その神の人間に対する恵み深さも神の一方的な愛や憐れみに起因するところにあるのです。「天におられる」ということが表しているのはまさに神の人間との本質的な差異でもあるでしょう。

さて、もしもそうならば、なぜこの三つの願いを私たちは真剣に祈るのでしょうか。実はまさにここにこそルターの信仰の実存的な性格や能動的な受動性が隠されているのです。神のみ名はそれ自体で聖であるのですが、「**私たちはこの祈りにおいて、み名が私たちにあっても聖となるように願うのだよ**」と言って、私たちが祈り願う意義を教えてくれます。この世界（地）においても神が聖であられることが一方的に顕わになったとき、私たちはそのことに無関心・無頓着であっていいのでしょうか。望まなくて、背を向けたままでいいのでしょうか。自分自身の思いの及ばないところではともかく、せめてこの「私たちにあっても」聖となるように願うことこそ自発的、主体的、能動的、積極的な生き方ではないでしょうか。根本的には神がなさることですから、私たちにできることはそれを感謝して受け容れるという受動的なことですが、この自分自身に対しても実現することを待望する能動性はせめて持ちたいものですし、神さまはそれを望み喜んでおられるのです。

その能動的・積極的・主体的な信仰が現れるのは「**神のことばが正しく、純粋に教えられ、私たちもまた神の子らとしてこれに従って聖く生きるところ**」においてなのです。もちろんそうしたいけれども、必ずしも順調にそうはできない現実があるので、「**天の愛する父よ、そのように私たちを助けてください**」とも祈るのです。もしも神の教えと違った生き方をしてしまうなら、それは「**私たちの間で神のみ名を汚しているのだ**」と認めているのです。

第二の願いの神の国の到来についても全く同じ論理です。祈らなくともそれ自体で来るのですが、「**しかし私たちはこの祈りにおいて、み国が私たちのところにも来るようにと願う**」のです。それがどのようにして起こるのかと問われれば、「**天の父が私たちにその聖霊を与えて、私たちがその聖なるみことばをその恵みによって信じ、こ**

の生においても永遠の生においても、信仰をもって生きる時に」だと告白するのです。ここでも「聖なるみことば」を「信じて生きる」という主体的・能動的な生き方が求められています。もちろんその源は「聖霊」であり、「その恵みによって」信じるという根本的な受動性に立ってのことです。

第三の「**みこころが天におけるように、地上でも起こりますように**」という願いも、祈りがなくても起こるのは言わずもがなですが、やはりここでも「**私たちはこの祈りで、みこころが私たちの許でも起こるように**」願うことが繰り返し勧められています。ルターは神を信じるのと同じほどに、神に敵対し人間に悪を働く「**悪魔やこの世や私たちの肉の思い**」の実在とその働きとをリアルに信じていました。そう実感していることは彼の説教や聖書講義や賛美歌の至る所に見出すことができます。ですから「みこころが……地上でも起こ」ろうとするときには、「悪魔」も「この世」の諸力もそして私たちの中にしつこく巣くっている「肉の思い」もが必死に抵抗し邪魔立てするのですが、「**そのあらゆる悪いもくろみや意図を神が打ち破り、妨げて、むしろ私たちを終わりに至るまでみことばと信仰において固く強め、保たれるときに起こる**」と教えています。ここでもキーワードは「みことばと信仰」です。ここだけでなく、第一、第二、第三の願いについてのどの問答でも必ず登場するのが「神のことば」「みことば」、「信仰」、「生きる」という言葉です。単に欲しいから、なくては困るから願う（祈る）という願望の表明ではなく、「みことば」「信仰」「生きる」と一緒になった祈りが求められているのです。

天におけるように地上でも

第二の願いと第三の願いの共通点は、どちらも神の国また神のみこころが「地上でも」実現することを祈り求めていることです。み国＝神の国が「天において」存在していることも、みこころ＝神の意志が「天において」現実のものとなっていることも言うまでもありません。だからこそ、中世ヨーロッパのキリスト教徒である人々も、日本の切支丹たちも、この世で過酷な生活を強いられていても、いえ、強いられていてそこには期待がもてないからこそ、来たるべき世＝神の国・天国（パライソ）をひたすら待ち望み、そこにのみ希望を託していました。

でも、イエスさまがこう祈りなさいと教えられたことは、「み国が（この地上の世界にも）来ますように」であり、「みこころが天におけるように、地上でも起こりますように」でした。「（この地上にも）来ますように」「（この）地上でも起こりますように」なのです。

宗教というと、来世願望だと思ったり、現世利益だと思ったりしがちですが、ルターは「二つの義について」という文章の中で、神の前での、キリストによる罪の赦しと新生によって与えられる「キリストの義」と、この世で（信仰の有無にかかわらず）すべての人に与えられるべき「この世の義＝正義」の両方の意義と価値を説いています。前者が福音、後者が律法とも言えます。神はその両方の実現を望んでおられるというのです。

マタイ福音書の山上の説教の中でイエスさまが「何よりもまず、神の国と神の義を求めなさい。そうすれば、これらのものはみな加えて与えられる」（六33）と教えておられますが、これらのものとは自分の命と体に関わる事柄です。地上での生活のこと一切です。「神の国と神の義」（霊的な義）と「これらのもの」（この世的な義）の両方が「二つの義」として成就されなければならないとルターは確信していましたし、それがキリスト教の言う、終末に完成する救いの内実です。

最後の審判で再臨の主（人の子）が人々を右と左に、永遠の祝福と永遠の呪いとに分ける基準は何だったでしょうか。それは、誰かが（実はキリストが）「飢えていたとき、のどが渇いていたとき、旅をしていたとき、裸のとき、病気のとき、牢にいたとき」そこに居合わせた人がどのような対応をしたかだったということを思い出してください（マタ二五31―46）。

「飢え、渇き、裸」、これらの言葉が象徴的に示しているのは、貧困の問題です。貧富の格差、持てる者による持たざる者の搾取と支配、富の分配の不公平……。それらはみなあたかも自己努力の不足であり、自己責任の当然の結果であり、成果主義・業績主義の世界で起こるべくして起こった、仕方のないことだとみなされて人間社会では往々にして見過ごされるのです。セーフティーネットは機能せず、社会的弱者が犠牲となるのです。その結果、人間の尊厳は守られず、いのちそのものが脅かされるのです。

さらには「旅先で宿がない」とは、単に旅行先でというだけでなく、人生という旅路に安全安心が保証されてはいなくて、見知らぬ他者にはもてなしも寛ぎも提供されない冷酷な現実を表しています。他者への無関心がまかり通っているのです。「病気のときや牢にいるときに見舞わない」ということは、心身が弱り果て、痛みや不安に襲われていても、必要な援助の手は差しのばされず、孤独のうちに放置され見棄てられる状態に置かれているということです。「牢」が表しているのは、司法が公正でなく政治犯や冤罪の犠牲者に関心が寄せられていなくて、いかなる容疑者・既決者であっても基本的人権など守られない、正義の欠如という状況にほかなりません。ヨハネ黙示録が新天新地は「もはや死はなく、もはや悲しみも嘆きも労苦もない」（二一4）と謳っていますが、この地上にはそれらがあるのです。

そういう「地上」であるからこそ、「み国が来ますように」「みこころが天におけるように、地上でも起こりますように」と祈るよう求められているのです。それを妨げようとする諸力が神に逆らって牙を剝き出しにしているからこそ、私たちは祈るのです。御国の到来とみこころの地上での実現を信じています。そうだからこそ、その到来と実現が一日も早いようにと祈るのです。到来と実現の場所が、漠とした世界全体というだけでなく、今ここで私たちが経験している不義と不正義が満ちたこの社会に到来し実現するように祈るのです。「**神の恵み深い、よいみこころ**」を信頼するからこそ、「**みこころが私たちの許でも起こるようにと願う**」のです。

三　毎日のパンを私たちに今日

「私たち」とは誰か

第四の願いから第七の願い（最後の二つの願いをくっつければ第六の願い）までに共通するのはどれも「私たちの」「私たちに」「私たちを」と明確に自分自身の必要を前面に打ち出して神に祈っているということです。それを確認の上で、ここでいう「私たち」とはいったい誰のことを指しているのかをはっきりさせるために立ち止まって考えたいと思います。

『エンキリディオン』の「主の祈り」の表題のすぐ横に「**家の主人が家の者たちに分かり易く示すために**」と書いてあります。これは「十戒」の場合も「使徒信条」の場合も同じです。ルターが念頭に置いているのは、当時の言い方をすれば家長である父親が、子どもたちや家の使用人たちに対して信仰教育をしている状況です。そうなると「私たち」とは父親の目の前にいてこの教理問答を交わしている家族と使用人たちのことでしょう。ルターの場合は妻一人と子供たち六人、また当時は複数の使用人がいて妻マルガレータと家事全般も畑仕事もビール醸造もあらゆることをやっていました。何しろルター家には何人もの居候がしょっちゅうたむろしていましたから食事の準備だけでもさぞや大仕事だったでしょう。ですから、「私たち」とは身近な一〇人前後のこと、あるいはそれプラス顔なじみの若い居候たちだと言っても、彼らの実感としては決して間違っていないでしょう。

もっとも家族といってもその場にいない大家族のメンバーや親戚も含めておかしくないし、子供たちなら友だちにも輪を広げるかもしれません。ペストが流行したときには、自分たちの住む町とか村とかもう少し広い領域に住む人々も「私たちをお守りください」というときの「私たち」に入ることもあるでしょう。でも、心のどこかに「私たち」と「彼ら（あの人たち）」という線引きをすることをしていないでしょうか。

第四の願いは「**私たちの毎日のパンを私たちに今日お与えください**」です。もしも「毎日のパン」を祈るのが自分たちの家族と使用人と親しい人々だけのためだったら、いったいどうなるでしょうか。

私たちは知っています。同じ家族、同じ日本人からも見棄てられたハンセン病の患者のために私財をなげうって生涯をその救済のために献身した外国人の宣教師たちのことを。たまたままったくの見ず知らずの女性と出会い、その子どもを預けられたことがきっかけで日本の児童福祉の先駆けとなった人のことを。言ってしまえば縁もゆかりもないアジアの遠い国の戦乱と干魃に苦しむ農民たちを救うために、本来の医師であることよりも井戸を掘り、何一〇キロと用水路を造って水を引き乾ききった大地を潤して麦や農作物を収穫できるように働くことを選び、挙げ句の果てに銃撃されて死んだ人のことを。その人たちにとって、「私たち」とは誰でしょう。その人たちにとって、血縁も何もつながっていない、ときに国も違い文化も宗教も違うが、紛れもなく困窮の中にある人たちは「彼ら」ではなく「私たち」でした。「私たち」と「彼ら」とを区分しようと線引きする思いから自由になれる度合いが強ければ強い人ほど、神さまに喜ばれているのに違いありません。

「天におられる私たちの父よ」と主の祈りの冒頭で呼び掛けました。神が父であるなら、人類はみな神の子供たちで、お互いは兄弟姉妹になるではありませんか。「私たちの父」とは「人類みなの父」ということなのです。第四の願いの答で、**「神は私たちの願いがなくともすべての悪人にも確かに毎日パンを与えてくださる」**と認めています。イエスさまも山上の説教の中でこう言われました、「……あなたがたの天の父の子となるためである。父は悪人にも善人にも太陽を昇らせ、正しい者にも正しくない者にも雨を降らせてくださるからである」（マタ五45）と。人間には善悪、正不正はありますが、神が「天の父」であり、私たち人間が「父の子」であることは変わらないのです。

そうであるならば、この第四から第七の願いで「私たちの」「私たちに」「私たちを」と言って祈り願うときに、その「私たち」の中に含まれている人々が常日頃思っているよりもずっと多く、その範囲もずっと広いことに気づくのです。ここにいる私の大好きな身内だけがパンを十分に与えられて、遠くの難民キャンプの人たちや貧困にあえいでいる人たちの食料のことは知りませんではすまないのです。まして現代みたいに金融も経済も情報もウイルスの感染もなにもかもがグローバルに繋がり、一体化しているときに、狭い意味の「自分たちだけ」という発想では生きていけないのです。

五〇年も前のこと、大学生の頃に読んだ『見えない隣人』という本のことをその印象的な書名と共に思い出します。これは在日朝鮮韓国人のことを記した本です。現にそこに（ときに目の前に）いるのに、無関心の故に「見えない」人がいることに気づかせてくれました。「見えない隣人」「見えない兄弟姉妹」が見えてくると、「私たち」の範囲は確実に広がってくるでしょう。

なんと大きな「パン」であることよ

「**では毎日のパンとはなんですか**」と訊ねられたら、私たちはルターが挙げたものをいくつまで挙げることができるでしょうか。彼はこう言っています、「**からだの栄養と維持のために必要なすべてのもの、すなわち、食べ物、飲み物、衣服、履物、家、屋敷、畑、家畜、お金、財貨、ちゃんとした家族、ちゃんとした真実の支配者、よい政府、よい気候、平和、健康、規律、名誉、よい友人、忠実な隣人などだよ**」と。「大教理問答」においてはこの箇所は九行にわたって実に細かく、実に広範に私たちの生活と人生に必要なものを列挙しています。

一言で衣食住と言いますが、食べ物一つとってもカロリーも栄養もバランスよく十分でかつ安全なものが必要です。二一世紀の日本で学校給食やこども食堂がないと満足な栄養が摂れない子供たちが少なからずいます。遺伝子まで操作して作った食糧はほんとうに後代に悪影響はないでしょうか。世界中で命に関わる清潔な水が供給されていない人々がどれほど多くいるでしょうか。ホームレスはホーム（家庭）だけでなくハウス（家屋）もファミリー（家族）もない暮しを余儀なくされています。一六世紀はまだ農業中心の社会でしたから畑と家畜が挙げてありますが、今や第二次どころか第三次いえ第四次産業が主になっています。しかし、雇用も給与も不安定な人がたくさんいます。お金といいますが、安心した老後のための貯蓄や年金はどうでしょうか。家族の形態は多様化していますが、それぞれに必要な権利は守られているでしょうか。五世紀前のルターの時代と異なり現在の主権者は特定の支配者ではなく国民です。デモス（民衆・人民）のクラチア（支配、統治）がデモクラシー民主主義です。それは形骸化していないでしょうか。統治機構としての政府には信頼に価するものであってもらい、「健康にして文化的な」最低限度の生活を保障する行政サービスをしてもらわなければなりません。

そして先見の明を感じるのですが、ルターは「よい気候」も挙げています。環境問題が真剣に取り沙汰され始めたのは二〇世紀の後半のことです。今や地球温暖化、気候変動という人類規模での危機に直面しています。二〇世紀には人類史上初めて世界大戦を二度も経験し、核兵器まで開発し行使してしまいました。「平和利用」などという偽装をした原子力発電はもはや人類と共存できないものと認識されてきつつあります。第二次世界大戦後また冷戦後、戦争はなくなったかと思いきや、期待に反して民族や宗教が各地に紛争を引き起こし、テロの脅威が世界を覆っています。戦争がなければ平和であるのではありません。正義のない平和は空虚です。正義、公平、友愛、共生といった内実を伴った「平和」が求められています。「健康」が今日ほど意識された時代はなかったでしょう。「規律」とはよい意味の秩序のことでしょう。そして「名誉」に代表される人間の尊厳こそがすべての人に、あらゆる状況でも保たれなければなりません。共に生きる「友人」と「隣人」が地域レベルでも国内レベルでもそして世界レベルでも着実に増えていくとき、真に心豊かで安心安全な暮しができるでしょう。

これらが「毎日のパン」の意味する内容です。しかも一生に一度これらに与かればいいのではなく「毎日」、いつの日かではなく「今日」与えられなければ、意味がないのです。明日があるかどうかは分かりません。しかも（狭い意味での）私たちさえその豊かさを満喫できればそれでいいのではなく、広い意味での「私たち」みながそれを享受しなければならないのです。多くの誰かの犠牲の上に少数の私たちが安穏と「パン」を食べ、しかも無駄にされた食糧が貧困にあえぐ人たちに必要な食糧を上回るなどということは、正義にも公正にも反するのです。

第四の願いの答は続きます。「**しかし私たちはこの願いにおいて、神が私たちにこのこと**（神が私たちの願いがなくともすべての悪人にも確かに毎日パンを与えてくださるということ）**を分からせ、私たちの毎日のパンを感謝をもって受け取らせてくださるようにと願うのだよ**」。感謝をもって受け取る、恵まれている者にふさわしい生き方とはいったいどういう生き方でしょうか。限られた資源を用いて神から提供される衣食住を責任を持って受け取って利用しているでしょうか。実現されることが神から望まれている正義、平和、公正、共生のために責任を持って社会（国内も国際も）に参与しているでしょうか。神から与えられた心身の健康を責任を持って保持するように努めているでしょうか。生まれたときから死ぬときまで人間の尊厳を保つために貢献しているでしょうか。よい友人、誠実な隣人を得るために自分自身が誰かのよい友人、誠実な隣人として関わっているでしょうか。恵みをいただくのにふさわしく生きるというのは「十戒」を受けた者の務めであり、そう生きることができるように私たちは「主の祈り」で祈るのです。

四　赦すように、赦したので、赦すので、それとも

ことはそう単純ではない

「主の祈り」も第四の願いまでは、読みまた口に出して唱えると、難しい説明を聞かなくてもなんとなく言っていることは理解できる気がします。でも、第五の願いは少し事情が違っています。ルーテル教会で青式文と呼ばれる現行式文に変わり、主の祈りは「ＮＣＣ訳」が公式に採られたときに、「この言葉だと、私、主の祈りを祈れない」と真顔で相談をされたことがありました。一人ならず二人以上の長い信仰歴を持つ人からです。カトリック教会と聖公会が新しい訳を作り、それが伝わってくると「あっ、これいい」と喜ぶ声も聞きました。礼拝の中で、また家族や仲間たちと一緒に、心を合わせて祈る「主の祈り」なのですから、受け取り方や解釈の仕方がバラバラだ

と困ります。しかもそれが信仰の核心に触れることならばなおさらのことです。

翻訳ですから文語か口語かによる口調の違いや、訳語の選択とか語順の違いや、毎日毎週のことですから慣れの問題とかも気になるかもしれませんけれども、その程度の問題ならばたいしたことではありません。しかし、ここは軽く流さないで、きちんと考えてみましょう。それは第五の願いにまつわる問題です。「一八八〇年訳」は「我らに罪をおかす者を我らがゆるすごとく、我らの罪をもゆるしたまえ」、「ＮＣＣ統一訳」は「わたしたちに罪を犯した者を赦しましたから、わたしたちの犯した罪をおゆるしください」、「カトリック聖公会共通訳」は「わたしたちの罪をおゆるしください。わたしたちも人をゆるします」です。こう並べてみるとたしかに違いがあります。それぞれ「ゆるすがごとく」「ゆるしましたから」「ゆるします」です。

マタイ版とルカ版

言うまでもなく教会で用いられている「主の祈り」は福音書の中に記されている主が教えてくださった祈りが大本です。もっとも聖書にはなくて「主の祈り」にはある「国と力と栄えとは限りなく汝のものなればなり」という頌栄の部分があります。これはイエスさまが教えられたときにはなく、後に教会によって加えられたものでしょうが、教会の伝統の中で、「主の祈り」の一部としてずっと唱えられています。しかし、この点は今は触れません。

問題はマタイ版とルカ版に実は違いがあることです。マタイでは「わたしたちの負い目を赦してください、わたしたちも自分に負い目のある人を赦しましたように」（六12、『新共同訳』一九八七年）です。新しい『聖書協会共同訳』（二〇一八年）も全く同じですが、「赦しましたように」に注が付けられていて、原文の形に近い訳文を「直訳」として「赦しましたから」と示していて、さらに「異」（底本以外の読み）として「赦します」を添えています。『岩波訳』（二〇〇三年）も「私たちの〔もろもろの〕負債をお赦し下さい、私たちに負債のある者たちを、私たちも赦しましたように」と訳しています。「負い目」と「負債」の訳語の違いはあっても意味に変わりはなく、それよりも大事な点、私たちも「赦しましたように」は権威のある三つの聖書翻訳で同じなのです。

ところでルカ版では『新共同訳』は「わたしたちの罪を赦してください、わたしたちも自分に負い目のある人を皆赦しますから」（一一４）となっています。『聖書協会共同訳』は、僅かに変わっているとも言えないほどの小さな変更で「赦してください」が「お赦しください」となっている以外は、『新共同訳』と全く同じです。『岩波訳』も内容は同じで、「また、私たちの〔もろもろの〕罪をお赦し下さい、私たちに負債ある者をことごとく、私たち自身も赦しますから」となっています。つまり三者とも私たちも「赦しますから」と現在形で訳されています。実際は「今している」というより「これからする」「～しよう」という意味の意思を表わす現在形でしょう。

「赦しましたように」あるいは「赦しましたから」と「赦しますから」では、私たちがすでに赦すという行為をしてしまったことが前提にされているか、それともこれから赦すという行為が行なわれるかが大きな違いです。「赦しましたように」と「赦しましたから」にも「ように」と「から」では微妙な違いはありますが、ひとまずそれはおいておきます。いずれにしろ、「赦しました」と言う以上、私たちは神さまに自分を赦していただくのにふさわしい他者への赦しという行為をできているのかどうかを自問しないわけにはいきません。はたして胸を張ってそう言えるでしょうか。（先ほど「相談された」と言いましたのは、「自分は人を赦しましたとはとても言えない」という誠実な悩みだったのです。）

「仲間を赦さない家来」のたとえ

聖書、特に福音書の中に「赦し」についての教えはたくさんありますが、マタイ福音書には主イエスがペトロから自分に罪を犯した兄弟を何回赦すべきかを尋ねられて答えるために語られた有名なたとえ話が第一八章二一節から三五節に記されています。『新共同訳』の小見出しは『仲間を赦さない家来』のたとえ」です。そのあらすじは、王が決算の際にひとりの家来が一万タラントンという莫大な借金をしたままで返済できていないので厳しく返済を迫ります。けれども、必死に猶予を乞うので、王は「憐れに思って、彼を赦し、その借金を帳消しにしてやった」（一八27）のです。ところがこの家来は自分に一〇〇デナリオンの借金のある仲間を厳しく責めて、取り立てができないと分かると、必死に猶予を乞うその仲間を「借金を返すまで牢に入れ」（一八30）てしまうのでした。

一〇〇デナリオンは小さい額ではありませんが（日給の一〇〇日分）、一万タラントンと比べれば、六〇万分の一で取るに足りない額です。自分は王にあれほどまで赦されていながら、たったそれだけの負債をも赦さなかった家来の振る舞いに義憤を感じた同僚たちが王に直訴し、それを聞いた王が激しく怒り、あの家来に「不届きな家来だ。お前が頼んだから、借金を全部帳消しにしてやったのだ。わたしがお前を憐れんでやったように、お前も自分の仲間を憐れんでやるべきではなかったか」（一八32―33）と言って罰します。イエスさまの結びの言葉はこうです。「あなたがたの一人一人が、心から兄弟を赦さないなら、わたしの天の父もあなたがたに同じようになさるであろう」（一八35）。

つまり、神に対して負債のある（罪を犯した）私たちは、その負債（罪）の大きさにもかかわらず赦していただいている。それなのに、自分では自分に負債のある（罪を犯した）仲間を赦すことをしない。それは憐れみ深い神の御心にまったくそぐわないことで、神に裁かれることになる。このことを裏返して言えば、私たちは神に対して大きな罪を犯したのに、あえてそれを赦していただいている。そうなのだから、自分に罪を犯す人をも当然赦すべきだということです。赦されているから（赦されたから）赦すべきである、赦そうではないか、ということがこのたとえを通してキリストから教えられていることでしょう。先行する恵みへの応答行為です。このたとえ話は「主の祈り」の第五の願いを理解し解釈するのに役に立つでしょう。

自分という者は……、だから……

「主の祈り」の邦訳と福音書にある「主の祈り」のマタイとルカの二つの原典とを見比べると、それぞれの訳には聖書的な裏付けがあります。すっかり定着している「我らに罪を犯す者を我らが赦す如く、我らの罪をも赦し給え」（「一八八〇年訳」）の「赦すが如く」はマタイが伝えるバージョンが「ように」と訳されていることと合致します。ただマタイは「赦しましたように」ですから、時制で言えばルカの現在形と組み合わされていると言えます。

「NCC統一訳」の「私たちに罪を犯した者を赦しましたから、私たちの犯した罪をお赦しください」は「……から」と言って、神の赦しへの人間の側の条件のように受け取られそうで、自分にはそのように人の罪を赦すことなど十分にはできていないからと戸惑いを覚える人も出てきます。しかし、たしかにそうですが、ルカが伝えるバージョンでは「皆赦しますから」となっていて、これまた聖書的根拠があるのです。さらに「聖書協会共同訳」にはマタイ版の「赦しましたように」は直訳では「赦しましたから」と訳せると注記してあります。

「カトリック聖公会訳」の「赦します」という意思の表明は「フランシスコ会聖書研究所訳」に「同じようにわ

たしたちも……ゆるします」（マタ六12）との訳と一致していますし、「聖書協会共同訳」はマタイの異読として「赦します」という可能性を注記して認めています。

つまり、現行の「主の祈り」の三つの訳し方はどれも聖書からそれぞれ支持を得ていると言えます。ちなみに『エンキリディオン』では「**私たちが私たちに咎のある人を赦すように、私たちの負い目を赦してください**」という訳を選んでいます。

そうなると、教会の伝統はどう教えているかということに目を向けることが必要でしょう。ルターは「小教理問答」の第五の願いの「**これはなんですか**」との問いに対する答をこう書いています、「**私たちはこの願いにおいて、天の父が私たちの罪に目を留めず、またこの罪のゆえに、このような願いを拒まれないようにと願うのだ。なぜなら私たちはこうしたことを願うに値せず、またそれを得る値打ちもないからだ。私たちは毎日多くの罪を犯し、ただもう罰に価する者だからだ。だから私たちは私たちに対して罪を犯す人々をも、逆に本当に心から赦し、進んでよいことをしたいものだ**」と。

ルターは知っています。理論としてというだけでなく、自分のこととして知っているのです、「私たちの罪」がどれほど大きく、どれほど深刻かを。ですから私たちは「こうしたことを願うに値せず」「それを得る値打ちもない」「毎日多くの罪を犯し」「ただもう罰に価する」者だということを、言葉を重ねて告白するのです。ちょうどあの一万タラントンの負債を抱えている者のようなのです。

そのような罪人である私たちに神は何をしてくださったかという肝心なことを、ルターはここであえて書いていません。彼にとってあまりに自明なことだったからでしょうか。一万タラントンという自分ではどうしようもなく大きな罪の赦しが、驚くことに一方的に、ひたすら恵みとして与えられているということです。あの王がしたことてやった」（マタ一八27）ということです。

同じ「小教理問答」の「使徒信条」の記述に拠れば、「(真の神であり真の人であるイエス・キリストという）主は失われ、罪に定められた人間である私を、金や銀をもってではなく、ご自身の聖なる、貴い血とご自身の罪なき苦しみと死をもって、すべての罪と死と悪魔の力から救い、あがない、かちとってくださった」のです。借金を帳消しにするために尊い代価が払われているのです。

使徒パウロが書簡のあちこちに書いている罪の赦しという救いの消息を一、二挙げましょう。「人は皆、罪を犯して神の栄光を受けられなくなっていますが、ただキリスト・イエスによる贖い(あがない)の業を通して、神の恵みにより無償で義とされるのです」（ロマ三23―24)。「実にキリストは、わたしたちがまだ弱かったころ、定められた時に、不信心な者のために死んでくださった。……しかし、わたしたちがまだ罪人であったとき、キリストがわたしたちのために死んでくださったことにより、神はわたしたちに対する愛を示されました」（同五6、8)。

自分はこのような罪人である。しかし、ありがたいことに、私はキリストの十字架と復活によって罪赦され、新しい命を生きる者とされた。だから、少しでもそのような者にふさわしい生き方をするように、このように勧められているのです。「**だから私たちは私たちに対して罪を犯す人々をも、逆に本当に心から赦し、進んでよいことをしたいものだ**」と。

私が他者の罪を赦しました「から」、どうぞ私を赦してくださいとか、他者の罪を（これから）赦します「から」、どうぞ赦してくださいとか、自分の側の赦す行為と引き換えに私の罪を赦してくださいと申し出ることができるほど、私は立派に他者の罪を赦していると胸を張って言える人はいません。いるとしたら、偽善的だと言われるでしょう。私が他者の罪を赦す、あるいは赦した「ように」にしても、それほどみごとに赦すことができないのが私たちの実態です。ですから、「から」と訳そうと「ように」と訳そうと、そこから「私を赦してください」とお願いできるものではありません。

厳然たる事実はただ一つだけ。それは「あなた（神）さまが私を赦してくださった」ということです。それだけが揺るがぬ事実なのです。憐れみ深く、恵みに満ちた神の救いの業なのです。このように「天の父が私たちの罪に目を留めず、またこの罪のゆえに、このような（私を赦してくださいとの）願いを拒まれない」ことを知らされているのですから、私たちは「天の父よ、私たちの罪に目を留めないでください。この願いを拒まないでください」と懇願するのです。この順序であって、その逆ではありません。

そのような願い事を申し出るなかで、せめて私にできることはたとえ僅かであってもやりますから、あるいはやりましたからとか、やりますようにとか言うのは、あの「仲間を赦さなかった家来」が裁きの場で王に「お前も自分の仲間を憐れんでやるべきではなかったか」と詰問される前に、自ら進んで言っておいたらよかった言葉でしょう。

私たちの現実は、一万タラントンもの巨額の負債を赦していただいていることと、一〇〇デナリオンほどの負債をも赦してやっていないということです。そうだからこそ、罪赦されている者として今言えること、言うべきことは「（これからは）私もまた他者の罪を赦します」という感謝のゆえの決意ではないでしょうか。一〇〇パーセントできるかどうかなどの心配にとらわれ、はっきりと決意を表明するのをためらったりしないで、ひたすら「私たちも人をゆるします」と言い、その道を歩むことです。それが恵みを受けた者にふさわしい生き方なのです。

五　結びの願い

敵を知り、己を知らば

性善説を信奉する人は、自分を根っからの善人と思い、周囲の人もそれなりに善い人々だと思っているでしょう。日本は平和な国だと言われます。それはそれで良いとは思いますし、そう信じたいものです。そういう社会の中で穏やかに、仲良く生きていきたいものです。

けれども、現実はそれほど甘くはなく、生きていく上でさまざまな壁にぶつかり、困難に遭遇し、苦労もします。最近やっと二万人台に落ちましたが、ひととき一四年間にわたって三万人台が続いていたことがあります。日本での自死者の数です。さらに驚くべきことは、若者の自殺率はこの二〇年間で世界のトップに躍り出たのです。悲しいことに、そうさせる力が働いているのです。生きていく前途に立ち塞がり邪魔をし、あるいは横から背後から突然襲いかかる悪の力が確かにあるのです。個人、集団や組織はては国家が、また社会の構造が安全な生活を奪い取り、あるいはそこから押し出したりする場合、災害や事故に見舞われる場合、病気や死などに遭遇する場合など、さまざまな形で私たちの命を脅かす力が存在します。有名な「よいサマリア人」のたとえが象徴的に示しているように、人生という旅路に突然追い剥ぎが現れ、半死半生の目に遭わせられることがあるのです。そして、多くの場合、その争いには勝てないのです。

そういう世界に生きているのですから、不用意に「艱難汝を玉にす」と格言を持ち出したり、（いささか古い話ですが）「願わくは我に七難八苦を与えたまえ」などと自らさまざまな困難や窮境を招き寄せたりすることは避けましょう。慰めや励まし、あるいは自分を（あるいは困難の中にある人を）発憤させるつもりで言うのかもしれませんが、肉体的であれ精神的であれ困難に出会わなくてすむなら出会わない方がどれだけいいでしょうか。

ルターは第六と第七の願い、つまり「**また私たちを誘惑に導かないでください**」と「**むしろ私たちを悪からお救いください**」に関しての語りの中で、私たちに襲いかかり、危害を加え、心と身体、はては命まで脅かし、人間らしい生き方を損なわせる力を名指ししています。「**悪魔やこの世や私たちの肉**」がその力だと指摘し、その力によって「**誤った信仰や絶望、また他の大きな咎や悪**」に導くと指弾しているのです。さらには「**からだと魂、財貨と名誉に対するあらゆる類いの悪**」から救ってくださいと願っています。

それらの悪や誘惑が敵なのです。同じ「小教理問答」の「使徒信条」においては「すべての罪と死と悪魔の力」と言っています。また、自分という存在はそれらの敵に遭遇すれば多くの場合傷つき、健やかな人間性を損なわれ、最悪では命さえも失いかねない弱いものなのです。敵を知り、己を知らば百戦危うからずと昔の人が言いました。それ以上に最も適切な行動は、「**また誘惑**（試練、試みとも訳せます）**に導かないでください**」と神に願い、「**むしろ私たちを悪からお救いください**」と祈ることです。

最も巧みな誘惑

マタイ、マルコ、ルカの共観福音書が揃って記述しているのが、主イエスがいわゆる公生涯の冒頭に経験された「荒野の誘惑」です。マルコは簡潔に「サタンから誘惑を受けられた」（マコ一13）と記すだけですが、マタイとルカは三つの誘惑を仔細に叙述し、サタンがいかに言葉巧みに誘惑したか、主イエスがそれに対してどのように、何をもって戦い勝利されたかを明らかにしています。マタイの語る順序で見ていきましょう。

第一の誘惑は「神の子なら、これらの石がパンになるように命じたらどうだ」（マタ四3）です。満腹の時なら笑って撥(は)ね除けるでしょうが、四〇日四〇夜の断食の後で「空腹を覚えられ」ていた時です。単に堕落させようとする、贅沢そうな食欲をそそるグルメへの誘いではありません。これから始まる大切な福音宣教のためには健康は必須です。神さまの御用に仕えるためだからこそ、今飢えて健康を損なってはいけないのです。悪魔の誘惑は実に巧妙です。

第二の誘惑は聖なる都の神殿の最も高い屋根の上から飛び降りることを促し、そうしたら神が天使を遣わして守ってくれるだろうと唆(そそのか)すのです。自分の人並み優れた能力をひけらかそうというよりも、見えない神が特別に守護してくださることを自らも確認でき、天下に知らしめることができるのです。しかも、その不思議なカリスマを自分が誇るためではなく、この世を救い神の国を来たらすためという尊い使命のために使うことができるのです。イエスさまが十字架にかけられて兵士たちから嘲(あざけ)られたときに言われた言葉「他人は救ったのに、自分は救えない。……今すぐ十字架から降りるがいい」（マタ二七42）はまさにこのような誘惑のひとつです。自分を救い、人をも救い、神に栄光を帰することをしようではないか、君ならできると誘っているのです。

そして、最後は悪魔を伏し拝めという誘惑です。そうすればすべての有意義な願いがかない使命が果たせるというのです。心を惹かれるではありませんか。しかし、これら三つの誘惑に対して、主イエスは「神のみ言葉」を突き付けて鮮やかに悪魔を撃退し、勝利なさったことが記されています。どうぞご自分で聖書を開き、声に出して読んでください。

これらの誘惑の特徴は、悪魔はけっして人間をあからさまに堕落させようと「下に向けて」引きずり下ろそうとはしていないことです。むしろ、より良い目的のために、より高い力を得るようにと「上へ上へと」誘っています。人間は、誰が見ても堕落させようとする誘惑に対してはかなりの程度までは抵抗できるのではないでしょうか。でも、その逆に抗(あらが)うのは簡単ではありません。

悪魔のすごいところ

ルターが私たちを試み、誘惑する敵をどこに見出しているかという点は実に興味深いところです。「**悪魔やこの世や私たちの肉が私たちを欺いたり、誤った信仰や絶望、また他の大きな咎(とが)や悪に誤り導くことがないよう**」願い求めています。「悪魔」の存在はリアルですが、外観はすぐにそれとは分かりません。荒野で出会ったサタンの言葉を思い出してください。彼はあたかもあなたの味方、神の協力者であるかのように語りかけています。「この世」をまるごと否定することはできません。そこには良いものも必要なものもあるでしょう。しかし、そう装いながら、実は神さまの御心、価値観と違うものが働いていることがあるのです。

「私たちの肉」、これはぎらぎらした肉欲といった意味だけではありません。むしろ、ルターが終始問題にして戦ったのは、私たちの心の中深くに巣くう「自己中心性」といったものです。それが「肉」の正体なのです。それらの正体を見破れないと、気がついたときには「誤った信仰」さらには「絶望」に引きずり込まれていたり、具体的な「大きな咎や悪」に陥っていたりするのです。そのとき敵の本性に気づいても、それに打ち克つことは容易ではない、いやほとんど不可能なのです。

自力でできる限りの努力はすべてやったのです。けっして怠け者でも性根が腐った不真面目な男でもありませんでした。それがルターでした。けれども悪魔との戦いに自分の力では勝利できないと思い知らされたから、「主の祈り」を祈るのです。それしか道はなかったのです。第六の願いの答はこうです、「**たとえこうしたものに誘惑されても、私たちが最後にはこれに打ち勝ち、勝利を得るようにしてくださいと願うのだよ**」。最後の第七の願いにこの祈りの「まとめ」としてこう願うように勧めています。「**天の父が私たちのからだと魂、財貨と名誉に対するあらゆる類いの悪から救い、最後に、私たちの終わりの時が来るときには、祝福された終わりを与えてくださり、恵みを受けてこの苦しみの谷から天へと受け入れてくださるようにと願うのだよ**」。まさに本当の意味での「苦しい時の神頼み」です。そうするように勧められています。

ともに祈る、代わって祈る

「主の祈り」を教えられたイエスさまは公生涯の間、繰り返し山に退いては一人で祈られました。最後に逮捕され裁かれる直前にはゲッセマネの園で祈られました。このとき三人の弟子たちも伴われました。なぜでしょう。一人だけでは心許なかったからでしょうか。私も長くそう思っていましたが、ハッと気がつきました。この最大の危機の時は主イエスにとっての危機であると同時に、実は弟子たちにとっても大きな危機の時だったのです。だからこそ、主イエスだけでなく、弟子たちも祈ることが必要だったはずです。けれども三人はその意味もよく分からず、また緊張感も続かず、眠りこけてしまいます。一度ならず二度、三度までも。

「死ぬばかりに悲しい」（マタ二六38）と言いながら祈る主が三度も弟子たちの様子を見に来たのは、やはり危機にある弟子たちが「目を覚まして祈ってい」（同二六41）ることができているか気掛かりだったからではないでしょうか。ご自分のことだけで手一杯のはずなのに、そういうときでもなお弟子たちを気遣い、弱い彼らと（少し距離は離れていても）共に祈り、眠ってしまう彼らに代わって、彼らのために祈るイエスさまだったのです。共に祈る、ために祈る、代わって祈る主イエス、このことに彼らと同じように弱い私たちは慰められ、励まされます。ということは、私たちが「主の祈り」を祈るときも、やはり主は私たちのために、私たちと共に、ときに私たちに代わって祈っていてくださると信じていいのです。ありがたいことです。

ルターの宗教改革的主張の一つに「全信徒祭司性」（明治以来の言い方は「万人祭司」）があります。祭司の七つの務めのうちの大切な一つは「他者のために執り成しの祈りをする」ことです。誰かの「ために祈る」、誰かと「共に祈る」さらに誰かに「代わって祈る」ことです。主イエスが私のためにそうしてくださるのですから、私たちもまた及ばずながら隣人のためにそうしようではありませんか。考えてみれば、私が誰かのために執り成しの祈りをするということは、実は誰かが私のために祈っていてくれているということになります。私は祈られているのです。

主が教えてくださった「主の祈り」を、主は私のために、私と共に、私に代わって祈ってくださっているのですから、私もまた、自分のためばかりではなく、誰かのために、誰かと共に、誰かに代わって「主の祈り」を祈る者でありたいものです。

福音的、公同的な信仰告白
――アウグスブルク信仰告白

序

普通のキリスト者にとって「信仰告白」とは、自分の乏しい信仰を拙い言葉でなんとか表明することと思うでしょう。それとともに、礼拝の中で会衆みんなで大方は「使徒信条」というものを、たまに「ニケア信条」を唱えることを想起するでしょう。しかし、どちらの信条も古めかしい（文語文の場合はなおさらのこと）言葉遣いだし、ある意味、鋳型（いがた）にはまった感じで、面白いものではありません。それでも、使徒信条なら洗礼を受ける前には必ず勉強をするし、ほぼ毎週唱えるからある程度親しんではいます。

それと比べると、「アウグスブルク信仰告白」は聞いたことはあっても見たこともないという方が大部分でしょう。それでも、宗教改革の真っ只中の一五三〇年に発表された、ルーテル教会にとっては重要なものだと言われています。フィリップ・メランヒトン著『アウグスブルク信仰告白』ルター研究所訳（二〇一五年、リトン）は宗教改革五〇〇年記念事業としてのルーテル教会の四冊の「推薦図書」の一冊です。ご一緒に学んでみることにしましょう。

一　信仰告白

――とどのつまりは「あなたはどなたか」「私（たち）は何を信じるか」

旧約聖書の中で

聖書の民は信仰告白をする民です。申命記六章五節は有名な「あなたは心を尽くし、魂を尽くし、力を尽くして、あなたの神、主を愛しなさい」という命令ですが、ここでいう「あなたの神」とは誰のことでしょう。六章四節には「聞け、イスラエルよ。我らの神、主は唯一の主である」とずばりと言い切ってあります。世に神々は数知れずいるが「我らの神こそが『唯一の神』である」と。この神だから、「心を尽くし……愛しなさい」とつながるのです。

これは実に簡潔ですが、紛れもなく古代イスラエル民族の信仰告白です。自分たちイスラエル民族の原点の確認です。彼らにとっては、「エジプトの国、奴隷の家から導き出した」（出二〇2）神は民族の歴史と救済に固く結びついた神なのです。申命記二六章五―一〇節の告白はその典型例です。歴史の中で自己を顕わし、働かれるその神の言葉と行為に対する感謝、信頼、忠誠、総じて信仰を告白するのです。

新約聖書の中で

最も短く、最も古い信仰告白は「イエスは主（キュリオス）である」（一コリ一二3）でしょう。ギリシャ語原文でたったの二語です。ローマ帝国で「カエサル（皇帝）は主（キュリオス）である」と崇めさせられていた時代ですから、まさに命懸けの告白でした。

福音書の中に記されている代表的な信仰告白を私が二つ挙げるならば、十二使徒の筆頭、ペトロがフィリポ・カイサリアで述べた「あなたはメシア、生ける神の子です」（マタ一六16）と、もう一つは弟ラザロの死と復活の場面で姉マルタが発した「あなたは世に来られるはずの神の子、メシアであるとわたしは信じています」（ヨハ一一27）です。いずれも「イエスよ、あなたはわたしにとってこういうお方です」と告白しているのです。

そもそも、「イエス・キリスト」とは人名と思われていますが、これは言うまでもなく「イエス」はファースト・ネームですが、「キリスト」は名字ではありません。「キリスト」は、ご存じのとおり、ヘブライ語の「油注がれた者」のギリシャ語訳で、サウルやダビデが王に任職されたときに油を注がれたことに由来して、のちに「救い主」「救世主」という意味を表わすようになった称号です。ですから、「イエスはキリストである」、「キリストであるイエス」という信仰をこめて呼ぶ呼び方がいつの間にか人名みたいになったのです。この呼び方こそまさに信仰告白に違いありません。

新約聖書の中には「ダビデの子」とか「神の小羊」とか他にも実に多くの主イエスへの信仰告白が記録されています。

古代教会の中で

キリスト教史の初期、迫害が行われていた頃、キリスト者たちは自分たちの信仰を世間には分からないように密かに表明する方法として、ランプの絵とともに魚の絵を用いていました。線描で簡単にできます。なぜ魚かと言えば、魚はギリシャ語で「イクトゥス（イクスス）」と言い、ギリシャ文字をローマ字のアルファベットで表記すれば、I, Ch, Th, U, Sとなります。でも、ここに秘密の仕掛けが隠されているのです。IはIesous（イエスース）、ChはChristos（クリストス）、ThはTheou（セウー：神の）、UはUios（フイオス：子）、SはSoter（ソーテール：救い主）の頭文字です。つまり、魚（イクトゥス）は「イエス・キリスト（は）・神の子・救い主（です）」という信仰を表わす暗号だったのです。魚の絵もまたりっぱな信仰告白の手段だったのです。

ユダヤ人ならばユダヤ教の伝統の中で、それ以外のローマ帝国に住む非ユダヤ人（異邦人）にとってはギリシャ・ローマの神々が盛んに祀られている宗教・文化の伝統の中で、自分にとっての神は聖書が証しする唯一絶対の神であり、十字架に架けられて死んだイエスこそは神の子、救い主、主（キュリオス）だと信じることは、しかも、心密かに信じるだけでなく、家族の中で、共同体の中で、社会の中でそれを公にするということはとてつもなく大変なことでした。日本でのキリシタン迫害を思い起こせば、その困難さは想像がつきます。

それでも、洗礼を受けてキリスト者となる時には、自分が信じる神が他のもろもろの神々とどう違うのかを自分にも周囲にもはっきりさせなければなりません。俗な言い方をすれば、ケジメをつけなければなりません。それが信仰告白です。その告白がなされる場は、なによりも洗礼式においてでした。使徒信条の原型は二世紀の半ばにローマ地方で次第に形を取ってきました。最終的に現在の形に練り上げられたのは八世紀だと言われていますけれども、当初から数えれば長い長い歴史を持っています。

二世紀、三世紀とキリスト教が発展していく中で、とくにキリスト論や三位一体論についての真剣な神学論議が戦わされるようになります。ついには四世紀にそのために教会の指導者たちの公会議が招集され、第一ニケア公会議（三二五年）で、さらに第一コンスタンチノポリス公会議（三八一年）で厳密に叙述した「ニケア・コンスタンチノポリス信条」（一般には「ニケア（ニカイア）信条」）が定められました。現在に至るまでカトリックと多くのプロテスタントを含めた西方教会も東方教会も全教会が一致して信仰告白できる信条です。

宗教改革の中で

一六世紀に入ると、ルターにより「九五箇条の提題」が一五一七年一〇月三一日にヴィッテンベルクの城教会の扉に貼り出され、瞬く間にヨーロッパ中に広がり、それが教会と社会を巻き込む大論争へと発展しました。神聖ローマ帝国内で教会は深刻な分裂の危機に直面します。またすでにビザンティン帝国は滅ぼされ、今やウィーンも包囲されるなど神聖ローマ帝国はトルコの脅威に晒（さら）されていたので、皇帝カール五世は教皇側とプロテスタント側（福音主義陣営）の間に妥協点を見出させ、宗教的、政治的和解と一致を図ろうとして、双方に自分たちの主張を明らかにするよう求めました。

プロテスタント側は、帝国追放令の下にあったルターの代わりに彼の若き同僚フィリップ・メランヒトンに起草を託しました。一五三〇年六月二五日に、その年はアウグスブルクで開催されていた帝国議会の席で二時間ほどかけて朗々と読み上げられたのが「アウグスブルク信仰告白」（ラテン語でConfessio Augustana コンフェッシオ・アウグスターナ。以下「ＣＡ」と略記する）なのです。皇帝に提出された文書そのものはラテン語とドイツ語二種類ありますが、朗読はドイツ語でなされました。今も残るその建物の二階の窓から聞こえてくる朗読を、建物を取り囲んだ大勢の人々は固唾（かたず）を呑んで聞き入ったのでした。

「アウグスブルク信仰告白」は（時に激しい論争口調になるルターと違って）メランヒトンの穏やかな表現、熟考された構成で記述されていて、なんとか論争を収集し一致への可能性を求めたものでした。しかし、だからといって、それはけっして曖昧なものではなく、教会の歴史と共にある正統的な信仰と福音主義の精髄を明らかにしたものでした。けれどもカトリック陣営からの論駁を受け、結果的にはこの文書がその後のプロテスタント（この場合、ルター派）の信仰の旗指物（シンボル）となったのです。その五〇年後にまとめられたルター派の教会の信条集『一致信条書』には、古典／エキュメニカル信条として「使徒信条」「ニケア信条」「アタナシオス信条」と、宗教改革の中で公表されてきた「アウグスブルク信仰告白」「アウグスブルク信仰告白弁証」「シュマルカルデン条項と、それに付随する教皇の権力と首位権についての小論」「小教理問答」「大教理問答」「和協信条」が収められています。

信仰告白というと礼拝の中で神と会衆の前で表明されるものと思いがちですが、「ＣＡ」のように居並ぶ皇帝と帝国を代表する政治的指導者の前で、ごく少数の「ヨハン　ザクセン公、選帝侯」ほか六名、「ニュールンベルクとロートリンゲンの市長および参事会」の署名がなされた文書の公表もまた立派な信仰告白です。のちに出版された「ＣＡ」の書名に添えて記された詩編の言葉「わたしは王たちの前であなたの定めを告げ、決して恥とすることはないでしょう」（詩一一九46）は彼らの心情を実によく表現していると思えてなりません。

この九文書のうち、ルーテル世界連盟（ＬＷＦ）に加盟するためには「小教理問答」と「（改変されていない）アウグスブルク信仰告白」の二つを受け容れることが必須となっているほど、「ＣＡ」は重要な信仰告白なのです。

信仰告白は今日も教会の歴史の中で

このように信仰告白というと一五〇〇年以上も前の、あるいは五〇〇年も昔の、言わば苔むしているような古臭い古文書と思われがちですが、生きた信仰はその時代の中でたえず新しく告白されるものでもあります。有名なものでは第二次世界大戦下に繰り広げられた反ナチスのドイツ教会闘争の中で発表された「バルメン宣言」（一九三四年）などはその代表的なものです。日本では「教団戦責告白」、正式には「第二次世界大戦下における日本基督教団の責任について」（一九六七年）がとくに重要な意味を持っています。「日本福音ルーテル教会宣教百年信仰宣言」（一九九三年）という宣教百年記念大会で表明され常議員会で採択された文書もまた忘れないようにしたいものです。

ルーテル教会は多くの信仰告白文書を大切にする教会であるがゆえに「信仰告白の教会」と呼ばれたりしますが、私たちはこのことが「信仰告白（文書）を持っている教会」という意味だけでなく、絶えず時代と社会の中で「信仰告白をする教会」であることを願うものです。

二　「ＣＡ」の構成――そこに真意がくみ取れる

二つのテキスト

当時の教会の公用語はラテン語です。ルターも学術的な文書はすべてラテン語で執筆しています。「ＣＡ」も当然ラテン語本文が作成されました。しかし、同時に、宗教改革は主としてドイツ語圏内で起こったのですから、その主唱者たちも支持者たちも多くの民衆もこの大事な信仰告白を「自分の言葉」で表明したいし、聞きたいし、より良く理解したかったに違いありません。ですから、ドイツ語本文も作成されました。どちらもメランヒトンによって執筆されました。

ルターが聖書をドイツ語に翻訳し、説教をドイツ語で行い、賛美歌も式文もドイツ語で作ったその意図を汲み取れば、信仰告白もドイツ語で書かれ、読み上げられたのは当然至極のことでした。

二部構成

「CA」は全部で二八条から成っている比較的小さなもので、このリトン版『アウグスブルク信仰告白』ではB六判で八三頁です。それが前半と後半の二部構成になっていますが、前半の「信仰と教理の条項」は第一条から二一条まで（二四頁）で、ローマ・カトリック教会と当時は依然としてその一部であったプロテスタント陣営の信仰が基本的に一致していることを訴えているように思われます。後半の「分裂のある事柄についての条項。悪習について検討を加え、それを正したもの。」が第二二条から二八条まで（四六頁）です。それに序文（五頁）とむすびと署名（三頁）がついています。条の数では前半が四分の三ですが、頁数にすれば後半が前半よりずっと多く、ほぼ二倍の分量です。

〈前半　信仰と教理の条項〉

一読してすぐ気がつくことですが、前半の各条項の「記述の簡潔明瞭さ」が大変印象的です。あれこれ言いたいことは多々あるけれども、それらを削ぎ落とせるだけ削ぎ落として、どうしても必要な核心的な事柄だけに集中して述べています。最小限主義とか最小限綱領とか学者たちは呼んでいます。絞り込んだ事柄さえ一致できれば、残りのことは対立している諸派が相互に認め合い、受け入れ合うことができるはずだとの信念に根差しているのでしょう。言い換えれば、それ以外のことは一緒でなくてもいいということです。現代風の言い方をすれば、各自の個性の多様性を認め尊重しながら「多様性における一致」を目指していこうとする考え方です。その場合、一致しなければならないことと、多様であって構わないこととを峻別しなければなりません。それさえできれば、想像以上に幅広い連携・繋がりができ、総体としての豊かさを楽しめることになりますね。「CA」においてはその絞り込んだ「信仰と教理」の内容は古典／エキュメニカル信条の基本に極めて忠実です。

第一の塊——福音信仰の核

二一に及ぶ「信仰と教理の条項」は三つの塊に分けられます。最初の塊ですが、第一条「神について」から始まります。人間論からではなく神論からです。続いてキリストや聖霊が語られるかと思いきや、第二条は「原罪について」です。ここで被造物である人間の現実が明らかにされます。これには第一八、一九条も関連します。「自由意志」と「罪の原因」です。原罪を受けて、第三条は「神のみ子について」です。罪人へ救いをもたらす存在、救い主の登場です。引き続いて第四条が「義認について」、つまり救いの内容です。ここにも「ＣＡ」の特徴が表われています。続く第五条で「説教の職務について」が出てくるのは、義認の福音を届けるのが説教の役割だからです。なお、後の第一四条「教会の秩序について」がこれと結びついています。第六条が「新しい服従について」というのは唐突な感じがするかもしれませんが、福音を与えられた者の新しい生き方が示されているのです。恵みを受けた者の生き方です。第四条と第六条はもちろん区別されますが、両者は密接不可分な関係なのです。第六条は第二〇条の「信仰とよい行為について」と合わせて理解されるべき事柄です。このように、第一～六条では、言わば福音信仰の骨格また救済の流れが明瞭に語られているのです。これが最初の塊です。

第二の塊――教会

第二の塊は、「教会」とそこで行われる「サクラメント」（プロテスタントでは聖礼典と呼びます。カトリック教会の言葉では秘跡）について述べられています。第七条はその題が示しているとおり「教会とその一致について」です。教会の本質を示し、ただちに、分裂の危機にある教会にとって焦眉の急の問題である一致についてここで発言しています。しかし、けっして観念論・理想論に陥らないように第八条は「教会の現実について」です。

この脈絡で、教会で執行されている洗礼、聖餐、ざんげ告白・悔い改めというサクラメントの意味と用法について第九～一三条で述べています。さらに、第一四条では教会での説教やサクラメントに奉仕する者に必須な要件を、第一五条では教会にあるさまざまな定め、規定や習慣はあくまで人間が作ったものだとしてその位置づけを明らかにしています。第五条もこの第二の塊との関わりで理解した方がいいでしょう。

第三の塊――その他

第三の塊は、統一した主題の傘の下にある事柄というよりも、その他もろもろの事項が述べられています。教会とこの世との関わり、あるいはキリスト教的社会倫理（正戦論も含め）については第一六条「国の秩序とこの世の支配について」で、神の支配との関係で明確にしています。第一七条は「審判のためのキリストの再臨について」、言わば終末論です。第一八～二〇条は宗教改革の論争の中で争われていた「自由意思」「罪の原因」「信仰とよい行為」です。いずれも罪と信仰の関係が問われています。それぞれ聖書と教父の教えを引きながら根拠づけようとしています。ただ第二〇条だけがそれ以外の条項と比べて群を抜いて長いのが目を引きます。最後の第二一条が「聖人に対する崇敬」ですが、現在のプロテスタント信仰にはなじみが薄い聖人崇敬（崇拝と区別のこと）がどのような意味で維持してよい習慣であるかが述べられています。

〈後半　分裂のある事柄についての条項。悪習について検討を加え、正したもの。〉

信仰と教理についてはなんとかして一致を求めようと努めていますが、しかし、当時教会の習慣として当然のこととして実践されているもので、福音的な信仰と教理に照らせば改められるべきと宗教改革陣営からみなされている事柄については、「ＣＡ」はそれら一つひとつを緻密に吟味し批判しました。どちらがより良いかという程度の問題としてでもなく、些細なことだからどちらでも良いではないかという寛容の問題としてでもなく、その習慣の背後にある根拠が福音的かどうかという観点から批判しているのです。取り上げられた事柄は、「二種陪餐」「司祭の結婚」「ミサ」「ざんげ告白」「食物の区分」「修道誓願」「司教権」の七つです（第二二～二八条）。福音的な信仰にとって許されることか否か、これが「ＣＡ」においての判断の分かれ目だということだけを今は覚えておいてください。

三　「ＣＡ」にみる福音信仰――これが凝縮したキリスト教信仰

「ＣＡ」の量的には三分の二を占める後半の悪習の批判は言うに及ばず、前半の教会論やサクラメント論、倫理等々にとってもその基盤となるのが、最初の六条項にまとめられた福音信仰です。ですから、ここは丁寧に見ていき、宗教改革の拠って立つ信仰をしっかりと学び、共に告白できるようになりましょう。

太字は「ＣＡ」の本文の引用で、鈴木浩先生の訳業です。

神について【第一条】

第二条から六条までは「われわれは……教える」と言っていますが、第一条は「**われわれは……教え、また告白する**」と言い切っています。「告白する」ということは、「考える」とか「教える」ということと並ぶ、いわゆる人間の行為ではありますが、それは人間の自由な創作・創造の行為ではありません。告白する対象である神は告白する主体である人間（私）が存在するよりも先に存在していて、私から独立した他者なる存在であって、私が思いのままに操作できる存在ではありません。神は単なる対象ではなく、れっきとした主体です。有限な私がどんなに能力の限りを尽くしても知り尽くすことはできない存在です。だから私には、その存在の本質であれその意志であれその働きであれ、ただ先方が私に自らを開示（啓示）し、働きかけ、語りかけてくださって初めて、私はそのお方を受け止め、その本質、意志、働きを感じ取り、認識し、その内容を表明する、すなわち告白することが可能になるのです。ということは、私が「告白する」という以上、神は人間の想像の産物ではないし、操作の対象でもないと認めているということです。私より先に存在し、私に向かって語りかけるお方に対して、「あなたはこれこれこういうお方です」と応答することが「告白する」ということです。すべての認識の出発点は私ではなく、神なのです。「CA」の第一条が「神について」であるのはそういうわけだからです。

「CA」は、福音主義陣営が教えている教えは自分勝手に創作したりでっち上げたりねじ曲げたりしたものではなく、「**われわれはニカイア公会議の決定いわゆるニカイア信条のとおり、一致して次のように教え、告白する**」と第一条の冒頭に宣言します。これがキリスト教会の正統の教えだと自らの立場を鮮明にしているのです。だからここに立脚する以上分裂は起こらないはずだということになります。

すなわち、「**神と呼ばれ、真に神である**」ところの「**唯一の神的本質**」があり、その中に「**同じように力があり、同じように永遠である**」ところの「**父なる神、子なる神、聖霊なる神の三つの位格**」があるというのです。それが唯一の神であり三位一体の神だというのです。世界の諸宗教の中でも極めて独自な神理解です。また続けてニカイア信条の文言どおりに「**すべての見えるものと見えないものの**」「**唯一の創造者**」であり、しかも太古の昔に創造しただけではなく今に至るまで変わらず「**維持者**」であると告白しています。人間とこの世界とを「神の前で」「神の見方によって」見ることの宣言でもあります。

教理史の中でも難解な神論（唯一性、三位一体性、創造等）を改めて議論することが本稿の目的ではありません。「ＣＡ」は自分たちの拠って立つ神理解が古代からの正統的な、公同の教理と同じものだと宣言しているのです。

原罪について【第二条】

日本人の多くは「罪人」という熟語を目にすると「ざいにん」と読みます。「つみびと」と読む人は稀です。『広辞苑』を引いてみると「ざいにん」は「①罪を犯した人。②有罪の確定判決をうけた人。犯罪人。」と説明されています。また「つみびと」という項目もあり、そこには「罪ある人、とがにん、ざいにん」と説明してあります。ですから、キリスト者が自分たち人間のことを「罪人」とわりと平気で呼ぶのは世間から嫌われます。私はそれほど立派でも善人でもなくても罪人ではないさ、と思っているからです。ですから、ましてや「原罪」など無縁と感じています。キリスト教国と言われる国々においても、基本的には人間の善性、ヒューマニズムを信じる多くの人々には、「原罪」は昨今はあまり評判のよくない言葉であり、教理です。

「ＣＡ」は好まれようと嫌われようと、人間とはどういう者かということを容赦なく述べます。なぜなら、神の前での人間についての現実を正しく認識しないと、裁きも救いもありえないからです。その現実とはこうです。「**アダムの堕罪以後**」、「**すべての人間は、罪の中にはらまれて、生まれてくる**」と言うのです。ですから、その人間は「**母の胎にいる時から悪への傾向と欲とに満ちており**」「**神に対する畏れを持たず、真の信仰を持たない**」と。あのことこのことの道徳的な罪過にとどまらず、その根にあるものを示しています。言い換えれば、罪を道徳の問題としてだけでなく、神関係の歪（ゆが）みとして捉えているのです。

原罪のことを「**生まれながらの疾病**」だとも言います。だから、教父の教えに従って、ドイツ語では直訳すれば「遺伝的罪」と呼びます。人間の意志によって悪を考えたり実行したりするのではなく、生まれながらにそうなっているのだとうめくように認めているのです。遺伝的というのは生殖によって世代から世代へと継承されていくという生物学的な仕組みの説明というよりも、個々人の資質や意志にかかわりなくすべての人に備わっている人間に普遍的な性質のことの表現であると理解するのが良いでしょう。

また、罪を個々人の問題としてとらえるだけではなく、社会的な悪という側面にも現代ならなおいっそう視野を広げて考える必要もあるでしょう。科学技術や産業や総じて文明が進歩発展しているように見えながら、人類は二〇世紀には過去に類を見ない悲惨さと規模を持つ世界大戦を二度も起こしましたし、二一世紀に入ってからも、環境破壊や原子力発電事故など人類が自ら破滅を招くような潮流を変えることができてはいません。またさまざまに姿を変えて現われる差別や偏見も少しもなくなりそうにありません。個人の内面的な資質というよりも、平和学者が言うように「構造的暴力」と呼ぶ集合的、集団的な罪の現実が現代でも根深く存在していることは否定することができません。

こう見てくると、原罪という教理の真理性を認めざるを得ないのです。現代には不人気な原罪の教理の必要性と真実性、不可避性とを改めて認識したいものです。

だからこそ、そのような状況にあり、自らはその罪を克服することができないからこそ、神は人間を裁くことで関係を終わりにしようとはなさらず、何としても救済するために究極の手段に訴えられるのです。神が創造主であるということは、創造されたもの＝被造物＝とりわけ人間にあくまでも責任を取り、どこまでも関わり、なんとしても救いに至らせるという揺るぎない決意を持っており、実践されるということです。そうしないではいられないのは神が愛であるからです。そのための究極の手段が、神の子（「**子なる神**」）が人となり、人間の罪を贖い、新しいいのちに導くということでした。言い換えれば、神の子の受肉と十字架と復活です。

「CA」は伝統的な教理にしたがって、「**神性と人性**」が「**不可分的に結合**」して「**一人のキリスト**」となり、この方こそ「**真の神であって真の人**」だと告白します。そのお方の生涯は突き詰めれば「苦難と十字架の死」です。それにより「**原罪のためだけでなく、世のすべての罪のためにも供えもの**」となり「**神の怒りを宥められた**」のです。そのお方はまた、父なる神と共に「**永遠に支配し統治**」されます。さらに彼を信じるすべての者を「**聖霊によって聖め、純粋にし、強め、慰め、彼らに生命とあらゆる種類の賜物と善きものとを分け与え、そして悪魔に対し、また罪に対して守り、保護してくださる**」と述べて、キリストの働きを明言しています。

伝統的な贖罪信仰であり救済理解です。今日ならば救いをさらに広く考えるにしても、受肉（人となる、罪人と連帯する、人間性を肯定する）、赦し（罪を裁く、罪人を受容する）と和解（神関係を正常化する）、代理性（罪人の代理となる）、聖化（人間を聖化へと導く）、新生（新しいいのちを与える）などその原点は明確です。それらをもたらす存在としてのキリストです。

義認について【第四条】

ルターはキリストを「賜物であり模範である」と言いますが、「模範」であるだけならば人には神の前に是とされ受け入れられる可能性はないのです。なぜならば、自力では模範に倣い模範に近づき模範と同じようになる可能性がないからです。自力での救済（自己義認、わざによる救い、行為義認）が不可能ならば、「外からの」救い以外に人間にとって救いの可能性はないわけで、その意味で主イエスこそがキリスト、救い主なのです。

「CA」の大きな特徴は、神—原罪—キリストの次に、キリストがもたらす救いの内実をこれ以上ないくらい明瞭に、「義認」であると宣言します。そしてこれがルターの宗教改革の信仰と神学の中核なのです。

「**われわれは、自らの功績やわざ、償（つぐな）いによって罪の赦しと神のみ前における義を獲得するのではない。**」「**むしろ恵みにより、キリストのゆえに、信仰を通して罪の赦しを得、神の前に義となる。**」すなわち「**キリストがわれわれのために苦しみを受けたこと、また彼のゆえにわれわれの罪が赦され、義と永遠の生命が与えられることを信じる信仰を通してである**」。端的に言えば、福音とは義認であり、キリストによる罪の赦しなのです。

「CA」第四条が宣明した救いに関する人間の能力理解（救いのための無能力さ）とキリストのみ（ただキリストによってのみ救われる）という信仰告白は、一六世紀以来何世紀にもわたって教会間の深刻な分裂をもたらしましたが、宗教改革からほぼ五〇〇年経った、一九九九年一〇月三一日に三〇年余にわたる真摯な神学対話の結果、ルーテル教会（ルーテル世界連盟）とカトリック教会（教皇庁）は『義認の教理に関する共同宣言』という歴史的文書に署名し全世界に公表しました。その中で、「義認に関する共通理解」と「義認の視点から見た人間の無力さと罪」という節で、両者は「共にこう告白」しているのです。

「われわれは、われわれの側のいかなる功績によってでもなく、恵みによってのみ、キリストの救いのみ業への信仰において、神に受け入れられ、聖霊を受ける。この聖霊がわれわれの心を新たにし、それによってよい行いへとわれわれに力を与え、召し出す。」(三、15項)

「人間はその救いのために神の救いの恵みに全く依存する。人間、あるいはこの世の事物に対して人がもっている自由は、救済の視点から見ればなんら自由とは言えない。すなわち、人間は罪人として神の裁きのもとに立っており、解放を求めて自分自身の力で神へと向き直ることも、神の前に自らの義認を手に入れることも、自らの能力によって救いを獲得することも不可能だからである。義認はただ神の恵みによってのみもたらされる。」(四・1、19項)

この福音理解を現代社会の中で苦悶する人々にどう分かち合い、どう適用するかは別途論じることにいたしましょう。

説教の職務について【第五条】

第一～四条の流れの中で、第五条で「説教の職務」が登場します。しかし、「説教者の職務」ではありません。ラテン語本文ではこの条のタイトルは「教会の職務について」となっていることも示唆に富みます。もちろん具体的には説教者というものが立てられますが、それはその人個人に与えられた職務ではなく、説教とはまずなによりも教会に与えられた務めだということをしっかり覚えておかなければなりません。

「**このような信仰を得るために**」、つまり義認の信仰を人々が持つことができるようになるためには、「**神は福音**

とサクラメントを与える説教の職務を設定された」のです。神による設定であること、（見えないみ言葉である）説教と（見えるみ言葉と言われる）サクラメントの両方を合わせてここでは説教と言われており、それらによって（それらを媒介として）義認の信仰が与えられること、あくまでも聖霊は「**仲立ち**」であること、その聖霊が「**福音を聞く人々の中に信仰を起こされる**」こと、だから「**自分の功績によってではなく、キリストの功績によって、恵み深い神を持つ**」ことを第五条は述べています。

私たちはここで、神の言葉が説教を通して与えられることと説教の目的、説教者の使命とを再確認しましょう。

新しい服従・善い行いについて【第六、二〇条】

ルター派の信仰の特徴は、徹底した罪理解と無条件の恵みによる罪の赦し、義認理解にあります。そこでは人間の業の出る幕は全くありません。信仰義認こそが福音であって、行為義認を全面的に否定します。ところがその結果、そのことを強調すればするほど、善い行いが語られることが少なくなっていく恐れはないでしょうか。実際私たちの教会でそうなってはいないでしょうか。実は宗教改革の初期から福音主義陣営に向けられていた批判あるいは非難の中に、次のようなことがありました。「CA」第二〇条の冒頭にこういうことが書いてあるのです。「**われわれの教師たちは、よい行為を禁じているとして誤った非難を受けている**」と。

ですから、「新しい服従について」というタイトルの第六条は「恵みのみ」「信仰のみ」を掲げる改革者たちの教会が信仰とよい行為についてどのように教えているかを、恵みと信仰との関係で総括的に明らかにする必要があったのです（詳しくは第二〇条で展開されています）。

第六条はこう告白します。「**そのような信仰は、よい実と、よい行為とをもたらさずにいない**」と言い、また「**人は、神が命じられたあらゆる種類のよい行為をなさなければならない**」とまで断言しています。さらに、その理由は「**神のためにわれわれはそれをなすのであって、決してそのような行為に信頼し、それによって神のみ前に恵みを得るためではない**」、なぜなら、「**われわれは罪の赦しと義とをキリストを信じる信仰によって受けるからである**」。

信仰か業（わざ）（行為・行い）かという二者択一は、それによって救いを勝ち取れるかどうかという問いに対する答です。第六条が問題にしているのは、救いに与かった人はどう生きるのかという問いなのです。しかも、ただ闇雲に善い行為をしなければならないと言っているのではありません。冒頭に、大前提として「**そのような信仰は、よい実と、よい行為とをもたらさずにはいない**」と言っていることに留意しましょう。

第二〇条「信仰とよい行為について」で改めて詳述しています。「**われわれの行為は、われわれを神と和解させたり、恵みを獲得したりすることはできない**」と確認した上で、「**それはむしろ、われわれが、父なる神と和解させる唯一の仲保者であるキリストのゆえに罪が赦されることを信じるとき、その信仰によってのみ生じるのである**」と述べ、「事実、あなたがたは、恵みにより、信仰によって救われました。このことは、自らの力によるのではなく、神の賜物です。行いによるのではありません」（エフェ二8―9a）と聖書を引用しています。

しかし、信仰義認論はそれでは終わりません。「**更に次のように教える。すなわち、よい行為はなされるべきであるし、なされなくてはならない**」。なぜなら、「**われわれが、それによって恵みを獲得するようにそれに依存するからではなくて、神のみ旨を行ない、また神を褒め称えるためである。常に信仰だけが恵みと罪の赦しを把握する。そして、信仰によって聖霊が与えられるときに心はよい行為をするように動かされる**」と述べます。

前述の『義認の教理に関する共同宣言』四・2の二二項で、ルーテル教会とローマ・カトリック教会はこのように述べています。「われわれは共にこう告白する。神は恵みによって人間の罪を赦し、同時にそのいのちにおいて罪の奴隷とする力から解き放ち、キリストにある新しいいのちの賜物をお与えになる。人間が信仰においてキリストに与かるときに、神はもはや彼らの罪を彼らに帰すことはなさらず、聖霊を通して彼らのうちに積極的な愛を引き起こしてくださる。神の恵み深い行為のこれらの二つの側面は分離されるべきではない。」

私たちは、福音と信仰によって生かされています。そして、その福音によって新たにされ信仰によって導かれながら生きていきます。第三、四条と第六、二〇条の関係は単なる理論の問題としてではなく、私たちの生き方、いのちの在り方の問題（だから第六条のタイトルは「新しい服従」です）としてともどもに考えていきましょう。その際、ルターが遺した珠玉の名作『キリスト者の自由』は、キリストによる罪の赦しの恵みによってひとたび自由にされた者がそのおかげで隣人への愛と奉仕へと送り出されていくことを、小品ながらも鮮やかに、心に沁みる言葉で語りかけています（ルター研究所は『エンキリディオン小教理問答』『アウグスブルク信仰告白』と三部作で『「キリスト者の自由」を読む』を刊行しています。ぜひご一読ください）。同じルターの『善い行い（善きわざ）について』もじっくり読むのに手応えのある著作です。

四　「CA」にみる教会論——教会とは何で、誰か。そこで行われるサクラメントとは。

教会の本性を言い表す形容詞は、「CA」では「**唯一の、聖なる、キリスト（の）**」教会です。使徒信条は「聖なる、公同の」教会、ニケア信条は「唯一の、聖なる、公同の、使徒的な」教会です。当時のドイツの習慣では「公同の（カトリカ）」が「キリストの」に置き換えられていたので、「CA」もそれに倣[なら]っただけで、ローマ・カトリック教会を想起させる「カトリカ（ラテン語で「公同／普遍の」の意）」という言葉を避けたのではないと言われています。

それはさておき、その教会とは何かと言えば、第七条によれば「**全信徒の集まり**」（ドイツ語本文）、「**聖徒の交わり**」（ラテン語本文）という定義です。つまり、一般に思われていたように、教会は建物でも聖職者でも制度でも教理でもないのです。この「全信徒の集まり」「聖徒の交わり」という定義は、しかし、いわゆる信徒たちの自発的な集団、宗教結社ではありません。キリストによって召し集められた者たちの集団、交わり（ギリシャ語で「エクレシア」、これを教会と訳している）なのです。召し集めるお方に注目しましょう。

そこで何がなされているか、何をすることが託されているか、それが肝心なことなのです。「**その中で福音が純粋に説教され、サクラメントが福音に従って与えられる**」。そうです、教会とは福音の説教とサクラメントの執行がなされる共同体です。説教をしサクラメントを与えることが神から託されている共同体なのです。

徹底した最小限主義とエキュメニズム【第七条】

教会というものを表現するのにはもっともっとたくさんのことがあるでしょうに、いくらなんでもこれだけでは少な過ぎるでしょう。たとえば教皇を頂点とする聖職者の位階制（司教・司祭・助祭）、使徒性・使徒的継承、教会の統治の制度（監督制、長老制、会衆制）、礼拝の様式、教憲教規、さまざまな教義や伝統等々是非とも加えなければ不十分だと思えるでしょう。

しかし、この一点だけに教会の本質を求めるということを「CA」があえて選んだのは、それ以外の事柄は「**真の一致のため**」の必須要件とは考えないからです。「**人間によって定められた同じ形式の儀式が、どこででも守られるということは、キリスト教会の真の一致にとって必須ではない**」。必須要件をできるだけ削ぎ落とし最小限に絞り込めば、おのずとそこから、多様な教会の在り方を相互に受け入れ合うことができるようになる！「多様性における一致」、これこそ今日の世界のエキュメニズムの理念であり標語なのです。

その場合、絶対一致しないといけないことを見極めることがとても大事ですね。それは神の言葉が教会を創り出すこと。その教会が神の言葉を語り続けること。神の言葉は説教とサクラメントを通して語られること。ここでもまた神の主導性（イニシアティブ）が働いていること。このように絞りに絞り込んだ教会論がここに登場したのです。

この条項の結びはエフェソ書四章を引用して、教会の一致を聖書に基礎づけると共に、イエス・キリストが教会の「主」であることを示しています。

教会の現実【第八条】

ルターの良き同僚らしくメランヒトンは教会を観念的に美化することはしません。非常にリアリスティックです。教会のことを「全信徒の集まり」「聖徒の交わり」と言いながら、その交わりの構成員は理想的な聖徒だとは言いません。第八条「教会の現実」では、むしろ、「**しかしこの世にあっては、多くの偽キリスト者や偽善者、また明らかな罪人が、信仰ある人々の中に混ざっている**」ことを認めます。「偽キリスト者」と「信仰ある人々」の二種類の人がいるみたいです。けれども、私は思い切って言いますが、「CA」は「偽キリスト者」も「信仰ある人々」も両方がキリスト者であり、教会員だと認めていると思います。

その証拠に、「**不信仰な司祭によって与えられたサクラメントも同じく有効である**」と言っています。「不信仰な司祭」という言い方自体が矛盾していますが、これが現実であり、たとえ「不信仰な司祭」が執行した洗礼であろうと聖餐式であろうと、その執行者の信仰の質の高さや逆に罪深さにかかわらず洗礼としてまた聖餐として有効だと、改革者たちだけでなく、四世紀以来の教会は認めてきたのですから、彼らもまた間違いなく「司祭」なのです。この世にあるかぎり、完全なキリスト者はいませんし、純粋なキリスト者だけから成る教会もないのです。「罪赦された罪人たちの交わり」なのです。

説教職と教会の秩序【第一四条】

第五条で説教の職務が設定される理由は福音の宣教のためであることが明示されましたが、ではその職務を具体的に担う人については第一四条で「**誰であろうと正規の召しなしに、教会において公に教えたり、説教したり、サクラメントを与えたりしてはならない**」と書かれています。言い換えれば、説教者（牧師と言ってもいいですが）は「正規の召し」が必要だと言っているのです。教会はさまざまな手続きを経て、その職務を遂行するためにしかるべき訓練を受けた適切な人を招聘し、教職授任按手を授けます。現在はいろいろな教会で信徒説教者、配餐奉仕者、礼拝後聖餐を病者などへ届ける奉仕者などの働きが受け入れられてきていますが、それも単なるボランティアではなくなんらかの「正規の召し」を目に見える形で行うのが適切でしょう。それは、「教会に託された」説教とサクラメントの職務を教会が特定の人に託し、そうやってこの職務に教会として責任を持って関わっていくことの表れだからです。

サクラメント【第九、一〇、一一、一二、一三条】

サクラメントは単なる宗教的魔術ではありません。キリストの命令に基づきなされるものです。水とかパンとか目に見える要素（物素）が摩訶(まか)不思議な力を持っているのではなく、神の言葉と共に用いられることによって、福音を伝え、信仰を強めるのです。人間の儀式でありながら、真の主宰者は神ご自身であり、それによって神の力を与えます。

最初に第九条で「洗礼」が取り上げられ、簡潔明瞭に「**洗礼は欠くことのできないもの**」、なぜなら「**それを通して恵みが与えられる**」からだと述べています。ルター派の神学が古くからサクラメントを「恩寵の手段」と呼んできたことが納得できます。また、ルター派も「**嬰児にも洗礼を施すべき**」と言います。成人の自覚的信仰はもちろん大切ですが、嬰児もまた「**洗礼によって、神に委ねられ、神に受け入れられる**」のです。そう言えるのは、洗礼は私の主体的な信仰告白である以上に、そもそも私の信仰に「先行する神の恵み」があってこそ成り立つものだからです。さらには、洗礼も、受洗する個人あるいは親だけの問題ではありません。「教会共同体」の信仰とその養育の責任が不可欠なのです。今日的な問題である知的障がい者や認知症の人の受洗を論じるときにも、洗礼における神の恵みの先行性や信仰養育の共同体性は根本的に大切なサクラメント理解であり、問題を解決する手掛かりです。

第一〇条「聖晩餐について」は三つの大切な教えがごく短い一文の中に含まれています。その一文とはこうです。「**キリストの真実の体と血とは晩餐におけるパンとぶどう酒の形態のもとに真に現臨し、またそこで分与され、受け取られる**」。まず、パンとぶどう酒のもとに現臨しているのは「キリストの真実の体と血」と明言されていることです。これはカトリック教会との間には違いはなくても、プロテスタント陣営の間でパンとぶどう酒をキリストの「象徴」と理解する派もあったからです。この相違は現在まで続いています。ルター派は、聖餐の設定辞で必ず繰り返される主イエスの最後の晩餐の時の言葉「これはわたしの体である」「これはわたしの……血である」(マタ二六26―28)の「である」をそのまま信じる立場です。

第二は、「**パンとぶどう酒の**(ふたつの)**形態**」です。そうならば、当時の習慣のように信徒はパンだけを受けるのでなく、パンと共にぶどう酒も受け取るべきでしょう(「二種陪餐」と言います)。このことは義務とか権利の問題ではありません。主から恵みの賜物として差し出されている二つを受け取らないではいられないし、それを人間的な理由で差し止めることもできないはずです。

三番目は、パンとぶどう酒の形態のもとにキリストが「**真に現臨し**」ていることです。上述の「真実の体と血」と結びつきますが、その反対の理解は、地上にあるのはパンとぶどう酒という物質のみで、復活のキリストは天高くにいましたもうのであり、パンとぶどう酒は十字架のキリストの象徴であるということです(象徴説)。また、パンとぶどう酒が外見はそのままであっても実体はキリストの体と血に化学的に変化したというのでもありません(実体変化説)。パンとぶどう酒はパンとぶどう酒でありつつそれがそのままキリストの体であり血なのです。パンとぶどう酒「の内に、と共に、のもとに」キリストご自身が聖霊の力によって真実に現臨する（「現在する」とも言います）というのがルター派の聖餐論の中核です（現在説。よく英語でリアル・プレゼンスとも言います）。

「CA」には、自明のことだからでしょうか、聖餐を受けるには「み言葉」と共に受けること、み言葉によって養われる「信仰」が不可欠のこと、共にキリストの体と血に与かることを通してキリストの体としての「教会共同体」が建てられていくことなどが書かれていませんけれども、それらもまたルター派が重んじている聖餐理解です。

第一一条「ざんげ告白について」と第一二条「悔い改めについて」を合わせて読みましょう。のちにサクラメントは聖書におけるキリストの設定と物素の存在という条件から洗礼と聖餐の二つに限られましたが、この時点ではまだもうひとつ「ざんげ告白」もサクラメントとして維持されていました。「**罪の個人的な赦免は、教会において保たれるべきで、廃止されるべきではない**」とその信仰生活への意義が認められていました。これは今日においても変わりません。ただ上述の理由で今日はサクラメントには数えられていないだけです。

ただし、信仰生活と良心にとっていいことであり必要であっても、それが義務化され、それだけでなく「**すべての悪事や罪を数えあげる**」という誰にとっても不可能な要求を突き付けられると、かえって弊害となります。実際、あれほど厳格に教会の定めを守ろうとしていたルターにとっても、それを果たすことは無理で良心にとって苦痛でありました。ですから「CA」はあえて「**しかし、ざんげ告白においてすべての悪事や罪を数えあげる必要はない**」と念を押す必要を感じ、表明したのです。

イエスさまの福音宣教の第一声が「時は満ち、神の国は近づいた。悔い改めて福音を信じなさい」（マコ一15）だったことはご存じのとおりです。宗教改革は赦しの福音を宣べ伝えたのであり、悔い改めは廃止したというのはとんでもない誤解です。また、教会の歴史の中で一時は教えられたこともある「洗礼後犯した罪は赦されない」

などという教えも誤りであると明言した後、第一二条でこう教えています。「**真の正しい悔い改め**」とは「**もともと、罪についての痛悔と悲しみと恐怖とを持ち、またそれと共に、福音と罪の赦しについて信じることに他ならない。そうすれば罪は赦され、キリストによって恵みが与えられる**」。悔い改めとはただむやみと己を責め苛むことではなく、人は「福音と罪の赦し」が与えられていることを信じることで赦されると教えています。ティリッヒという二〇世紀の神学者は信仰のことを「受容の受容（acceptance of being accepted）」だと言いましたが、それは「既に神によって罪赦され受け容れられている（受容）という事実を、私が感謝と悔い改めの心を持って受け容れる（受容）」ことに他なりません。ここにも神の側の恵みの先行性と人間の側の信仰の主体性が正しい順序のもとに両立しています。もちろん信仰もまた恵みの賜物です。

このように見てくると、何のためにサクラメントというものがイエスさまによって制定されたのか、そもそもサクラメントとは何かが分かってきます。第一三条「サクラメントの意味と用法について」では、私たちの信仰との関わりで明瞭にこう述べられています。「**サクラメントは外的にキリスト者を識別するしるしであるだけでなく、むしろわれわれに対する神のみ旨のしるしであり証明であって、それによって、われわれの信仰を目覚めさせ、強めるために設定されている。それゆえ、これは信仰を要求する**」と。繰り返しますが、まさに「恩寵（恵み）の手段」です。

だからこそ信仰の危機にあったとき、ルターが「わたしは洗礼を受けている」と言ってその事実によって支えられたということも起こるのです。

教会の定め【第一五条】

教会における定めには、「神の定め」と「人間の定め」があることを知り、その見定めが必要です。なぜなら、両者は同じ重みではなく、後者は私たちの責任で変えることもできるのです。その区別と判断のために必要なことが第一五条に記されています。人間の定めたものでも「**教会における平和やよい秩序に役立つもの**」は維持してよいが、それでもなお「**それが救いに不可欠であるというような重荷を良心に負わせるべきではない**」のです。また、「**神と和解し、恵みを勝ちとるために人間によって作られた**」すべての規定と慣習は教理に反するし、廃止されるべきだと教えられています。

五 「ＣＡ」の社会倫理、歴史（終末）観、自由意思など

この世の秩序と支配【第一六条】

信仰と倫理、内面と外面、教会と国家、福音と律法、キリストの国とこの世の国……これら両者の関係は私たちが信仰を持ってこの世界を生きていこうとするときどうしても考えないといけない問題です。教皇と皇帝がそれぞれ霊的とこの世的権威を持ち、二本の柱としてこの世界を支配していた中世だけでなく、現在に至るまで形を変えつつ続いてきた大きな問題です。「ＣＡ」もまた第一六条「国の秩序とこの世の支配について」でこの大きな問題への具体的見解を示しています。

まず冒頭に「**この世におけるすべての権威と定められている支配と法律とは、神によって作られ、設定されたよい秩序である**」と基本的見方を示します。ここでいう「秩序」とは普通考える「物事が正しい状態を保つために守るべき一定の順序、きまり」（新明解国語辞典）というよりも仕組みとかシステムと受け取ればよいでしょう。この世における権威、支配、法律と言えば、政治を筆頭に立法、行政、司法など社会を統治、運営する上でなくてはならない仕組みです。さらに、それを担う人々が立てられ用いられています。

けれども、特に政治などの実体はまことにドロドロしたものがあるでしょう。それを一括りに無条件で「神によって作られ、設定されたよい秩序」だと断言することは、現状の権威を神の権威でもって正当化ないし絶対化・神聖化することになり、歴史的な経験から言っても容易に認められない、非民主的な、既存の権威に従属的な、悪をのさばらせる現状維持的な態度だと言って猛反発を食らうでしょう。そんなことを許容するルターは保守的だとの批判を受けそうです。

しかし、ルターが考え「CA」が言っているのは、ドロドロとした政治をはじめこの世の統治の現状が手放しですばらしいということではないのです。神の御心は人間に理性を用いてこの世のよい統治をさせることなのです。創世記を見れば、神はエデンの園で「人がそこを耕し、守るようにされた」（創二15）のでした。耕し、守るという二つの動詞に込められていることは、田畑を耕し環境を保護するということだけでなく、人々がこの世界で健やかに心豊かに生きていくために必要なすべての個人的、社会的な営みをなしつつ、この世の平和と秩序の維持、正義と公平の実現のために責任を持って労することが神から託されているということです。

聖書を読めば、神は人間と世界をまるでロボットを操作するように直接的にコントロールする方法は採られなかったことが分かります。人間を信頼し私たちに大切な務めを託しておられるのです。有名な「十戒」は一枚目の板には神と人間の正しい関係を示し、二枚目の板には父母を敬うことと、殺人、姦淫、盗み、偽証の禁止など正しい人間同士の関係、社会の在り方への戒めを与えました。この世の統治は（宗教の如何も、信仰の有無も問わず）すべての人間の務めであり、その働きに委ねられたのです。ルター神学の言い方をすれば、律法の領域です。

　このような仕組み、システムを神は選ばれたのですから、「**キリスト者は**（一人の市民として）、**政府、諸侯、裁判官の地位に罪を犯すことなく就くことができ、**（法に従い）**判断や判決を下し**（立法・行政・司法権）、**悪人を剣によって罰し**（警察権）、**正しい戦争を行ない**（交戦権）、**売買し**（経済活動）、……**宣誓をし、財産を持ち**（財産権）、**結婚するなどのこと**（市民権）**をしてもよい**」のです（第一六条）。キリスト教信仰のゆえに俗事から離れ、政治にも関わらず戦争にも従事してはいけない、あるいは（修道士になり司祭になれば）結婚もしてはいけないということを教える立場を退けているのです。「**福音はこの世の支配、国の秩序、結婚生活を否認するのではなく、これらすべてが神の真の秩序として保たれ、またそれぞれのものが召されたところに従い、それぞれの立場において、キリスト者の愛と正しい行為を示すことを欲するのである。したがって、キリスト者たちは、政府に従い、罪を犯さないで実行されうるすべてのことにおいて、その命令や法に従う義務がある**」とこの世の生活についての原則を述べています。

　繰り返しますが、この教えは政治・社会の無条件の現状肯定・現状維持の主張ではありません。この世のものの神化には大きな危険が伴います。ローマ一三章一―七節の「人は皆、上に立つ権威に従うべきです。神に由来しない権威はなく、今ある権威はすべて神によって立てられたものだからです」は正しくても、そういう委託を受けて立てられたはずの現存の権威を持つ者が常に神の御心を忠実に体現しているかどうかは絶えず検証されなければなりません。そのためには歴史に学び、過去への深い反省が必要で、また現状への冷静な観察とその本質への深い洞察を欠かすことはできません。

だからこそ、第一六条の結びの言葉は、上記の原則への付則ではなく根本原則として、聖書を引用しながら紛れもなく明瞭にこう教えています。「**しかし、政府の命令が、罪を犯さないでは従うことができないときは**」「**人に従うよりは神に従わなければならない**」（使徒五29）。究極の権威は神ご自身なのです。

なお、この世の事柄は根本原則こそ不変であっても、その教えの適用は時代と社会の変化の中でたえず吟味、再吟味されていかなければなりません。第一六条にある「正しい戦争を行い」という一句に疑問を持たれた方も少なくないでしょう。これについては、ルター研究所訳の『アウグスブルク信仰告白』に収められている鈴木浩先生の解説の中で、中世以来厳密な規定の下に神学的に肯定されてきた「正しい戦争」は、核兵器をはじめとする大量破壊兵器の出現と、戦闘員と非戦闘員とを区別しない戦略の変化により、ポスト・ヒロシマ／ナガサキの現代ではもはや支持され得ない旨詳述されていますから、ご参照ください。

また、ルターの二王国論・二統治説の真意の追求、第二次世界大戦という過酷な歴史の中での教会と国家の正しい関係、福音と律法の関係、委任という概念などについての二〇世紀のルター派神学者ボンヘッファーの理論と実践から第二〇条についての興味深く示唆に富む学びができますが、それは別の機会に譲ることに致しましょう。

キリストの再臨と終末【第一七条】

第一七条「審判のためのキリストの再臨について」では、現代の私たちにはいささか関心が薄い教理である「最後の審判」および「死者のよみがえり」、また「永遠の命と永遠の喜び」と「永遠の罰」が扱われていますが、ここには歴史を貫く神の支配と終末におけるその完成というものが疑いもなく存在し、必ず来るということへの固い信仰が表出されています。

終末を滅亡と同義語だと思ってしまうと、そんなものがあるからこの世ははかないのだと思いニヒリズムに陥りかねません。しかし、たとえ現在は不完全であっても神の創造と救済には必ず完成の時が来ると信じて希望を持って生きることを可能にするのが終末信仰です。私たちは一方では「今、終末に向かって生きる」のですが、この信仰があるゆえにまた「終末から今を生きる」ということができます。ルターが言ったとされているあの有名な「たとえ明日世界の終わりが来ようとも、わたしは今日リンゴの木を植える」という終末論的な生き方が、東日本大震災によって絶望的な状況に落とされていた多くの人々に希望の灯を点したという報告（ネットを通して広範に伝播・共有されたという事実）は終末論というものの力を再認識させてくれるのではないでしょうか。

自由意思と罪の原因【第一八、一九条】

教会とか国家とかの巨大な力によって他律的な思惟や生き方を強いられてきた人間にとっては自律を重んじる主張は強烈なインパクトを与えました。自律のためになくてはならないのが「自由意思」であり、宗教改革の時代におけるそのチャンピオンはエラスムスでした。それから五〇〇年経ち、科学技術も驚異的に発達した今日はますますそうでしょう。それに対抗して、「奴隷意志（論）」を標榜するルターが歓迎されないのは当然かも知れません。しかし、私たちは「ＣＡ」の真意を正確に捉えなければなりません。

第一八条は自由意思について「**人間はある程度の自由意思を持っており、外的に節度のある生活をし、また理性**

の把握できる事柄については選択をすることができる」と説いています。「**外的な、この世のわざにおいて、善悪を選択する自由を持っている**」とも認めています。高い学問を修めた知的な人ルターは当然そのことを理論的にも経験的にもよく知っていました。しかしながらそういう認識を持ちつつも、同時に「CA」は「**人間は、聖霊の恵みや助力、その働きによらないでは神に受け入れられ、心から神を畏れ、信じ、また心の中から生来の悪い欲望を取り除くことはできない**」と聖書や教父（アウグスティヌス）などを引いて立論しています。他のことならいざ知らず、こと信仰と救いに関しては自由意思というものはなく、「ただ恵みのみ」の立場を貫いているのです。

ですから、罪の原因については、神の善い創造と保持の働きにもかかわらず、「**罪は、堕落した意志がすべての悪しき者と神を冒瀆する者の中に働くことによって起こる**」と第一九条で告白しています。

聖人崇敬【第二一条】

聖人はカトリックの信心に関わることであっても、プロテスタントには関係ない、これがプロテスタントの一般的な理解ではないでしょうか。なのに、聖人崇敬を否定するのではなく「**われわれは、聖人を覚えるべきである**」と第二一条の冒頭に書いてあると面食らいます。しかし、その理由が明確になると、「CA」の考え方が理解できるでしょう。

ここには聖人を覚える理由が、そうすることによって自分たちの功徳を増し加えて救いの獲得の手段として大いに役に立つからとは書かれていません。そうではなく、「**いかに恵みが彼らに与えられたか、またいかに信仰によって彼らが助けを与えられたかを知って、われわれの信仰を強める**」ためであり、また「**よい行為は、われわれ**

がそれぞれ自分の召しに応じてする行為の模範となる」ために「**聖人を覚えるべき**」だと主張しているのです。聖母マリアへの特別な信心を私たちはカトリックのようには持ちませんが、ルターの『マグニフィカト』で明らかなように、おとめマリアはいかに一方的に神の恵みを注がれたかを知り、また彼女はおののきつつもいかに従順にそれを受け入れたかというところに神の恵みの例また信仰者の一つの範を見出すことは福音信仰の益になるでしょう。

六　分裂のある事柄についての条項

ルターの宗教改革の基本は、教会の伝統をすべて否定・破棄することではなく、聖書に立ち返り福音の原点を明らかにすることでした。そこから当時の教会の信仰箇条を吟味し、共通して告白できることを告白し、また習慣としてなされていた事柄を福音主義に照らして、乱用をしていたらそれをただし、再解釈し新たな意味づけを与えることができることは新たな文脈で認め、継承していくのです。その典型は礼拝、とくに聖餐式（ミサ）の改革と継承に見られます。

そのような姿勢で臨んでもなお批判せざるを得ないと判断し、悪習として指摘したことがいくつか残りました。ですから「ＣＡ」の後半では、教会の「多様性における一致」という大原則に立ちつつもなお、「分裂のある事柄についての条項。悪習について検討を加え、それを正したもの。」と題して七箇条にわたって論じます。私たちはその分裂の表面的な争点というよりも、その根底にあるキリスト教信仰の理解を少しでも明らかにしたいと願っています。またここで批判的に取り上げている事柄は一六世紀当時の教会の問題であり、現在そのままに主張することではありません。

二種陪餐【第二二条】

当時習慣となっていた聖餐の際、信徒にはパンのみが与えられていたのを「**聖餐の二種の形態**（パンとぶどう酒）**を信徒に与える**」ように改めることを主張します。聖書に記されている「**キリストの明らかな命令**」と「**歴史や教父たちの文書**」による「**証明**」に反しているからというのが根拠です。

司祭の結婚【第二三条】

第二三条は、歴史を見れば、「**かつてはキリスト教会において、司祭や執事は結婚していることが一般の習慣であった**」のに、ドイツでは四〇〇年前に「**独身誓願**」を強いられるようになり、司祭が結婚しないことによる不道徳の問題も大きくなっていることを問題視します。「**神は人間の弱さを助け、不道徳を抑制するために、結婚生活を定められた**」とか「**結婚は、神ご自身が設定し、人間の自由にまかせられたもの**」という聖書的結婚観を示し、神の命令と教会法に戻るように訴えます。ここではもちろん自発的な選び取りとしての独身を否定しているのではありません。

ミサ【第二四条】

宗教改革とは礼拝改革であると言われるほどですから、その中心であるミサ（聖餐式）について衝突が先鋭化します。プロテスタント側は当時の「**人々は不当にも、われわれがミサを廃止したといって非難している**」状況において、第二四条の冒頭でそれは誤りであり、「**われわれの間でもミサは敵対者たちの間におけるよりも、いっそう大きな敬虔さと真剣さをもって守られている**」と弁明します。ただ「**金銭次第のミサや私唱ミサ**」を廃止し、ミサを「**生きている者と死んだ者のために、罪を取り除き神との和解をもたらすための犠牲**」だとの理解を退け、「**キリストの唯一の死**」のみが「**原罪と他の罪に対する犠牲**」であることを宣言します。罪の贖いのための犠牲を捧（ささ）げるのではないというのです。さらに聖餐における信仰の重要性を再確認します。「（われわれの信仰）**は聖餐を通して恵みと罪の赦しとがキリストによって約束されることを認める**」ので、「**聖餐は信仰を必要とし、信仰なしには用いられても無益である**」とまで言い切ります。さらには聖餐の共同体性についても「**共同（交わり）の儀式**」とも言っています。

ざんげ告白【第二五条】

すでに第一一、一二条で述べられていますが、第二五条では改めて「**ざんげ告白は……廃止されていない**」旨確認します。ただし、ざんげ告白（告解）が、というか罪の赦しがなぜ必要か、どの点が強調されないといけないかについて明言する中で、相手方との相違点が浮かび上がってきます。「**罪を赦すのはそこにいる人間の声や言葉で**

はなく、神のことばであるから」そして「**喜ばしい慰め**」だからです。「**誰も罪をいちいち数え上げるように強いられてはならない**」けれども、ざんげ告白は「**その主要な、最も重要な部分である赦しのために、悩める良心のために……保たれるべきだ**」と熱心に教えているのです。形式はどうであれ、今日(こんにち)も罪の赦しとの関わりで神の前でのざんげ告白の必要性に変わりはありません。

食物の区別【第二六条】

私たちの信仰生活においては、第二六条に記された件はほとんど縁がない感じです。当時の「**食物の区別や人間によって定められたそれに類する伝承**」が批判されています。ここでもその理由は明確で、その実践が「**恵みを獲得し、罪を償うために役立つ**」と考えるからです。恵みと罪の償いはただ「**キリストのゆえに**」だということから少しでも逸れることは受け入れられないのです。

修道誓願【第二七条】

修道者となる献身の在り方は現在もカトリック教会に生きており、大切な召命ですから、それはそれで敬意をもって理解するべきことです。しかし、「CA」が第二七条で多くの紙幅を割いて批判しているのは、当時の修道誓願の理解です。アウグスティヌスの時代には「**修道生活は任意のものであった**」のに、いつのまにか「**修道生活によって罪の赦しと神の前での義も勝ち得る**」し、それだけでなく「**それによって福音の中に含まれている戒めと**

勧告とが守られる」と教えられるようになっていたのです。さらには「**彼らのよい行ないを他の人々に融通**」できるし、「**キリスト教的完全**」であるとさえ考えていたのです。それらが批判の対象だったのです。

司教権【第二八条】

いよいよ最後の第二八条は「司教権」についてです。ここでは司教（主教、監督）という教会の歴史と共にある監督職を否定しているのではありません。問題は「**霊的権能とこの世の権能**」「**霊的統治とこの世の統治**」という「**二つの統治と権力の職務を区別し、両者とも地上における神の至高の賜物として敬う**」ことが疎かにされていないかということなのです。当時は両者の混同が甚だしかったのです。

では、司教に託された霊的権能とはなんでしょうか。それは「**福音を説教し、罪を赦し、また留め、サクラメントを執行し分与すべく神より与えられた力であり命令である**」のです。別の箇所ではそれらに加えて「**教えを判断し、福音に反する教理を斥け、神に背く生活であることが明らかである不信仰な者たちをキリスト者の交わりから排除すること**」であり、しかもこれらのことは「**人間的な力によってではなく、ただ神のことばだけによってなされなければならない**」と教えています。司教はそのための大切な奉仕職なのです。

また教会の中で秩序としていろいろと定めるときに、それらは神の定めとしてとしてではなく、人間的な定めであることに注意を向けます。その例としてキリスト教会が日曜日を集まりの日と定めたことを挙げる大胆さに感心し、司教たちが、「**良心を強制して罪を犯させることのないよう、願い求めている**」姿勢に共感します。

七　キリスト教信仰の基本、ルター派の独自性、エキュメニカルな一致

基本の基本は聖書

宗教改革の中心的スローガンの一つは「聖書のみ」です。これは、キリスト教信仰の出発点も土台も目指すところもすべては「聖書」にあることと、それのみが無数の解釈また教会の伝統への規範性を持つということです。だから、ルネサンスも宗教改革も「源泉へ帰れ」という大きな精神運動でしたが、宗教改革にとっての源泉とは「聖書」だったのです。魂の煩悶の只中にあったルターを救ったのは聖書の言葉でしたし、ローマとの闘いでいつも根拠としていたのも聖書でしたし、ウォルムス国会で審問されたときにルターが言ったというあの有名な「我ここに立つ」の「ここ」とは他でもない、聖書でした。

キリスト教の伝統の中にはさまざまな理解や教えがあり教派がありますが、それらによって聖書が解釈されるのではなく、聖書によってもろもろの理解や教えや伝統が解釈され、評価され、正され、また共有され、一致へと方向付けられるのです。

歴史の中で、時代と社会の中で、キリスト教の教えや理解の神髄と思われるものを言語化したものが信条ですから、それはどうしても必要なものです。しかし、それは絶えず新たに聖書に遡（さかのぼ）って吟味され、確認され、場合によっては再解釈されなければなりません。

五〇〇年前にルーテル教会が定めた信仰告白（信条）もその原則が貫かれています。

教派の独自性とエキュメニカルな一致

前節での聖書中心、神の言葉中心という大原則を踏まえた上で、教派、教会がそれぞれ持っている信条、それに裏打ちされた独自の教理的強調というものをどう考えたらよいでしょうか。そういうものがあることが一致の妨げになっているから、排他的、狭隘（きょうあい）な独自の信条などは止めてしまえと単純・早急に結論づける前に次のことを思い起こしてみましょう。

イエス・キリストの生涯とその間になされた数々の教えや行動およびその死と復活を綴った文書を福音書と言いますが、ご承知のとおり新約聖書には四つあり、マタイ、マルコ、ルカ、ヨハネが収められています。四つの独自な角度と資料を用いてのキリスト証言です。それによって各証言が指し示しているものの内容の広さと深さを補い合っています。一つだけに絞ることはしません。

なぜ、複数の証言があるのでしょうか。巨大な被害を出した原爆についての報告もより複眼的であればあるほどよりよいことを示しています。日本軍からの報告、米軍側からの報告、国や県、市町村からの報告、医療者の報告、さまざまな民間人の証言、同じ被害に遭っても朝鮮半島出身で被爆した人たちの証言……。立場によってその報告や証言は異なります。しかし、さまざまな証言者がいて、証言の視角や立場が数多くあるおかげで、あんなにも大きな出来事の総体を捉え核心に迫ることができるのです。そのためにはどうしても多様な証言が必要なのです。

それと同じように、神の救済の出来事、その具体的なキリストの働き（恵みの出来事）はあまりに大きくて、それの人間の受け止め方（信仰告白。信仰的応答としての教理と実践）は一つの教派、教会の捉え方に収まりきれません。救済の出来事の総体を少しでも正確に、広く、深く理解するためには、一つのものを見つめる多数の目が必要なのです。そのときには、共有すべき福音の中心についての理解をしっかりと共に告白すると同時に、それぞれの教派、教会が大切にしてきたキリスト教信仰のさまざまな特徴（たとえば、東方教会のような宇宙的な神理解、カトリック教会の典礼の美しさと霊性の豊かさ、メソジスト教会やバプテスト教会の社会的関与の強さ、長老派の教会訓練の徹底ぶり、福音派の伝道の熱心さ、もちろんルター派の罪理解の深さと「恵みのみ」の強調等々）を互いに謙虚に受け止め合い、尊重し合うことが、総体としてのキリスト教理解をより豊かにするのです。

ルターの時代もそうでしたが、現代のエキュメニカル運動が目指す教会の一致も、単なる組織的な統合のための一致ではありません。福音の豊かさをこの世に住む一人ひとりに届け、世界の隅々に行き渡らせて神さまの愛と義が世界に満ち満ちるようになり、終末の完成に至るまで福音を証しし、神の道具として世に奉仕するために、教会が用いられよい働きをするための一致です。当然、多様性における一致です。

ですから、終末の完成の時までは、異なる伝統と強調点を持つ教派、教会があるのはけっして悪いことではないのです。むしろ、福音の総体の豊かさを表わすためには望ましいと言ってもいいでしょう。ただし、福音の中核を共有し、互いに謙虚に自分以外の教派、教会のもつ良さを認め合うかぎりです。

そのためには、自分の捉えている福音とは何かを自分の言葉にして、相手にも理解してもらう必要があります。その意味で、ルターが主唱し、仲間たちが広め、深めていった宗教改革の伝統に立つルター派（ルーテル）教会が自らの理解する福音というものを信仰告白・信条という形にまとめるのは必要なことでしたし、現在もなお学び続けるのは大事なことです。その中の大切な一つが『アウグスブルク信仰告白』です。それ抜きには、自分たちの教会のアイデンティティーもしっかりと理解できませんし、また他の伝統に立つ教会との神学的な対話と相互理解、共同の奉仕もできないのです。

宗教改革五〇〇年の節目に、『アウグスブルク信仰告白』があったので、私たちルター派の福音理解、そのアイデンティティーが改めてくっきりとし、同時にそれだからこそ、それに立って、エキュメニカルな対話のやり方に習熟したルーテル教会とローマ・カトリック教会は、相互の違いを認め合いつつ、肝心要の福音の中核としての「義認の教理」についての相互理解を深め、ついには『義認の教理に関する共同宣言』（一九九九年）を共々に告白できるようになったのです。教理の説明の仕方の違いを受け入れ合いながら、福音の核心を「共に告白する」ことができたのです。そこからルーテル・カトリック共同の宗教改革五〇〇年記念礼拝も可能になりました。

『アウグスブルク信仰告白』を今学ぶことは、このようにふるき（古）をたずねて（温）あたらしき（新）をしる（知）ことなのです。

われわれは共にこう告白する

――『義認の教理に関する共同宣言』

一　建て直しのはずが分裂へ案に相違して

宗教改革という日本の言葉の原語はReformation（ドイツ語ならリフォルマチオン、英語ではリフォーメーション）です。reformですから、再形成、平たくいえば仕立て直しあるいは建て直しです。古くなりあちこちガタが来た建物を、本体は生かしながら手を入れ、本来の美しさや機能を回復しようとすることでした。改革者ルター自身、自分がその一員であるローマ・カトリック教会を打倒しようとか破壊しようなどとは夢にも思わず、その教会から離れるなど望んでもいませんでした。

しかし、結果はと言えば、彼は破門されました。プロテスタント（異議申し立てをする者たち）は、既存の伝統的な教会とは別個の福音主義を奉じる教会を立てざるをえなくなりました。論争だけでなく戦争までした挙げ句、共存共生することが認められたのに、起こったのは事実上の棲み分けでした。ローマ・カトリック教会はトリエント公会議でルター派の教理を、一方、ルター派の教会は『一致信条書』でカトリック教会の教理を断罪しました。同じ神を信じ、同じ聖書を拠り所にしながら、別々の教会ができてしまったのです。それからの約五世紀の間に、悲しむべきことに、分裂は固定化されてしまいました。

時は満ちてきた

ところが二〇世紀に入り、まずプロテスタントの側から、各伝統・教派の教理や教会・教職制度の研究（「信仰と職制」運動）、キリスト者の社会的実践での協調（「生活と実践」運動）、世界宣教の協力（「国際宣教協議会」）といった分野での協働が始まり、第二次世界大戦後の一九四八年に世界教会協議会（ＷＣＣ）が成立しました。カトリック教会でも教皇ヨハネ二三世の指導のもと一〇〇年ぶりに第二バチカン公会議が開かれ（一九六二―六五年）、そこでエキュメニズム（教会一致運動）へ大きく舵が切られました。画期的なことでした。

それを受けて、ルーテル世界連盟（ＬＷＦ、一九四七年創立）と教皇庁とは真剣に神学対話を開始し、着実にその成果を上げてきました。アメリカやドイツでも共同研究と対話は進みます。日本でも一九八五年に正式に「ルーテル／ローマ・カトリック共同委員会」が発足し、「洗礼の相互承認」や『カトリックとプロテスタント　どこが同じで、どこが違うか』の出版などをしてきました。

それらの地道な努力の積み重ねと相互信頼の醸成とが、ついに「義認の教理に関する共同宣言」という歴史的な文書を生み出し、両教会の代表が調印をしたのが、一九九九年一〇月三一日でした。そこに至るまでに双方でどれほど苦労・艱難があったかを、私はＬＷＦのエキュメニズム専門常置委員（一九九七―二〇〇三年）として目の当たりにしてきました。内容は下記に示しますが、教会史に残る画期的な出来事でした。この『共同宣言』はＬＷＦの加盟教会を拘束するものですから、私たち日本のルーテル教会員にとっても影響するのです。

さらにこの『共同宣言』はいくつもの他の教派・伝統にも受容されています。なによりもこの『共同宣言』があったから、ルーテル教会とローマ・カトリック教会が宗教改革五〇〇年を共同で記念するという過去五世紀の間夢想もできなかったことが可能になったのです。

なお、国際レベルの「一致に関するルーテル＝カトリック委員会」の第四期に徳善義和先生が、第五期に鈴木浩先生が世界のルーテル教会を代表する一〇人の委員の一人として大きな貢献をなさいました。

二　ルター派とカトリックはどこまで近づいたか
――『義認の教理に関する共同宣言』の内容

「ほぼ五百年にわたる対立の克服！　宗教改革以来の長い分裂の歴史を乗り越え、カトリックとプロテスタントの対立の核心であった『義認』の問題についての共通理解に到達。和解と一致への第一歩を踏み出した歴史的な文書。」これは『共同宣言』の邦訳（二〇〇四年）の帯紙に記された文言ですが、これはけっして誇大広告でもなんでもありません。ルターの宗教改革の最大の特徴は義認論です。義認、それは罪人であるにもかかわらずキリストの十字架のゆえに神が人間を義と認め義とすること。罪を赦し、新しいいのちを生きるようにすること。神と和解させ正しい関係に入れることです。福音の中心です。その義認をめぐる教説、両者を分裂に導いた義認論について、両教会が共同の理解に至ったというのですから驚き以外の何ものでもありません。そこに至るまでの幾多の困難にまつわる話は多々あるのですが、それはさておいて、最終的な結論を丁寧に見ていきましょう。

この『共同宣言』で起こったこととは何でしょうか。それは両教会が、それぞれの教理を振り回すのではなく、「**聖書において宣べ伝えられている福音に共に聴いてきた**」ことが、ついに「**義認に関する理解の共有へと導いた**」のです。しかも、その共通理解とは「**これは基本的諸真理における合意を含んでおり、それは個々の所説における異なった説明と矛盾しない**」(一四項)というものです。その合意は「基本的諸真理を含んでいる」と明言しています。もちろん両教会の神学的伝統には小さくない相違があります。それらも一切合切ひっくるめて合意し一つになったというのではありません。しかし、喩えてみれば、別々の地点から異なるタイプの望遠鏡で見たものが実は同じ星だと確認したということだと言ってもいいでしょう。聖書に基づく義認に関する基本的諸真理がそうなのです。たとえ、その説明は異なっていても、その説明が指差している真理は同じだというのです。「**義認の根拠また前提はキリストの受肉と死と復活である**」。そのとおりです。そして「**キリストご自身がわれわれの義であって、われわれの御父の意志に従って聖霊を通してそれに与かる**」。義認における主体が神の側にあり、われわれ人間の側にあるのではないと断言します。その結果を要約し明確に言明するとこういうことになるのです。「**われわれは共にこう告白する。われわれは、われわれの側のいかなる功績によってでもなく、恵みによってのみ、キリストの救いのみ業(わざ)への信仰において、神に受け入れられ、聖霊を受ける。この聖霊がわれわれの心を新たにし、それによってよい行いへとわれわれに力を与え、召し出す**」(一五項)。ここがこの『共同宣言』の中核です。

しかも、こう考えるとか、こう理解するとかといった知的、客観的な言明にとどまらず、「告白する」と言うのです。神の前で、全存在を賭けて人間がする最も重い行為です。さらには「共に告白する」と言うのです。五〇〇年にわたって、極端に言えば不倶戴天の関係だった両教会が「共に」告白するのです。

「キリストを通してのみ、われわれは義とされる。信仰においてこの救いを受けるからである。信仰とは聖霊を通して与えられる神の賜物そのものである」（一六項）。「われわれが義とされる」のは「キリストを通してのみ」、言い換えれば、恵みによってのみだと言うときに、そのことと信仰によって義とされるということとの関係はどうなるのか。これについて、誤解のないように、疑念が差し挟まれないように「信仰においてこの救いを受ける」と言った直後に、「信仰とは聖霊を通して与えられる神の賜物そのものである」と断定的に言います。恵みはキリストのもの、信仰は人間のものと思いがちですが、人間の主体的な行為ではありますが、実はその信仰でさえも神の賜物だと言って憚(はばか)らないのです。

一七項は一五項の繰り返しでもありますが、別な表現でもう一度確認します。**「義認の使信は……罪人であるわれわれに新しいいのちが与えられるのは、ひとえに［罪を］赦し［罪人を］新たにされる神の憐れみのゆえであると告げる。神のこの憐れみを賜物として与えられ、われわれは信仰においてそれを受け取る。それは――いかなる形においても――自力では獲得されない。」**（一七項）

義認が「新しいいのち」を与えると言うとき、そこには切り離せないけれども区別される二つの出来事が起こっていることをまず確認します。「［罪を］赦し」と「［罪人を］新たにする」ことです。その二つは一枚のコインの両面と言ってもいいでしょう。

もう一つは「神のこの憐れみ」はあくまでも「賜物」として与えられるのであって、人間にできるのは「それを受け取る」ことであると言い、これはいかなる形においても「自力では獲得されない」と念を押します。

七つの共通理解「われわれは共にこう告白する」

『義認に関する共同宣言』を読むと、結論としての神学的合意に達するためには、それを支えるための精緻で厳密な確認事項がいくつも必要だということがよく分かります。ここではそれを七つ挙げてあります。さらに、今回の『共同宣言』のもう一つの特徴ですが、その共同の言明を認めるための論理（説明）まで同一であることを両教会に要求してはいないのです。言い換えれば、それぞれの伝統的な思考形態（神学的・哲学的論理構造）を保っているのです。ですから、以下の七つの共通理解では、たとえそれが一見すると従来の見解を変えているように思われるとしても、それぞれルーテルとカトリックの従来からの立場を変えていないとの独自の言い分（補足説明）が記されているのです。これは大変興味深いものですが、本稿では深入りしません。関心のある方はぜひ『共同宣言』の四・1～7の二〇・二一、二三・二四、二六・二七、二九・三〇、三二・三三、三五・三六、三八・三九項をご覧ください。

さて、「われわれは共に告白する」というその内容を順に見ていきましょう。そうしながら、これまで私たちが教えられ、理解し、信じてきたことと比べてみましょう。

義認の視点から見た人間の無力さと罪

罪の赦しを得、義認を勝ち取るためには神だけでなく人間にも、たくさんであれ僅かであれ、どれだけかの果たすべき役割（救いのための神と人間の協働・協力）があるかどうかは長く論じられ争われてきた点でした。それについてこう明言しています。

「**人間はその救いのために神の救いの恵みに全く依存する。……人間は罪人として神の裁きのもとに立っており、解放を求めて自分自身の力で神へと向き直ることも、神の前に自らの義認を手に入れることも、自らの能力によって救いを獲得することも不可能だからである。義認はただ神の恵みによってのみもたらされる。……**」（一九項）

罪の赦しと義とすることとしての義認

「**神は恵みによって人間の罪を赦し、同時にそのいのちにおいて罪の奴隷とする力から解き放ち、キリストにある新しいいのちの賜物をお与えになる。人間が信仰においてキリストに与かるときに、神はもはや彼らの罪を彼らに帰すことはなさらず、聖霊を通して彼らのうちに積極的な愛を引き起こしてくださる。……**」（二二項）

これを読むと、ルター派が義認を罪の赦しの側面を強調するのに対して、カトリックが内的人間の刷新を強調することが二者択一ではなく、その両方を含むことを可能にする道筋を示していると言えます。ちなみにラテン語でユスティフィカチオ iusutificatio（英語では justification）という、直訳すれば「義とすること」となる用語をカトリックは義化（義と化す）あるいは成義（義と成す）と訳し、プロテスタントが以前は宣義（義と宣する）、現在はもっぱら義認（義と認める）と訳していることも両者の強調点の違いを示唆していました（今は両教会とも義認という用語を用いています）。

しかし、『共同宣言』は、罪は赦すけれども罪人の内実は全くなにも変わらないのではなく、罪人は新しいいのちの賜物を与えられると述べています。もちろん、事柄の複雑さを正しく理解するためには、後段の「義とされた者が罪人であること」の項なども併せて読まなければなりません。

信仰により、恵みゆえの義認

「罪人はキリストにおける神の救いの行為を信じる信仰によって義とされる。……人間は義とする信仰によって神の恵み深い約束に対して信頼を置くが、この信仰は神への希望と愛とを含む。この信仰は愛において行動的となる。それゆえキリスト者は実践がないままにとどまることはありえず、そうあってはならない。……」（二五項）

ここでも再び義認は信仰により、恵みゆえにという大原則が確認されています。ですから、愛の実践へと導かれても「**人間のうちで信仰の自由な賜物に先行したり、あるいは後から伴ったりするものはすべて、義認の根拠ではなく、義認をもたらすものではない**」（二五項）と言って、恵みによる義認から愛の実践へという順序は揺るぎません。

義とされた者が罪人であること

義とされた人間が、それでも罪人であるという人間理解は私たちをしばしば混乱に陥れます。ルーテル教会がルター以来言い続けてきた「罪人ニシテ同時ニ義人」という逆説的な表現には戸惑わされます。当然のこと、カトリックでもすんなり受け入れるのに困難を感じるでしょう。それでもなお、『共同宣言』ではその点で聖書に根拠を求めながら両者共にこの人間理解に固く立ちます。やや長くなりますが、引用します。

「洗礼において聖霊は人をキリストに結びつけ、義とし、その人を真に新しくする。しかしながら、義とされた人間は全生涯を通して絶えず神の無条件的な、義とする恵みに頼り続ける。人間はまた、依然として攻撃を続ける罪の力（ローマ六・12―14参照）に絶え間なくさらされる。さらには、古い人間の自己中心的な欲望（ガラテヤ五・16、ローマ七・7―10参照）による神への対抗の、生涯にわたる闘いから逃れられない。義とされた者はまた、主の祈りにあるように（マタイ六・12、Iヨハネ一・9）、日ごとに神に赦しを求めなければならない。常に繰り返し回心と悔い改めへと召され、また、常に繰り返し赦しを与えられるのである。」（二八項）

律法と福音

神の言葉は律法としてまた福音として語られますが、こと義認に関してはもっぱら福音の出番のように思われるでしょうが、では果たして律法はもはや何の役もないのでしょうか。ここでもまた誤解のないように二つのことを合わせて語っています。

「われわれは共にこう告白する。人は『律法の行いによるのではなく』（ローマ三・28）、福音への信仰において義とされる。キリストは律法を成就し、その死と復活によって救いへの道としての律法を克服されたのである。われわれは同時にこう告白する。神の掟は義とされた者にとって有効性を持ち続けている。また、キリストはその言葉と生活とによって、義とされた者にとって行動の基準である神の意志を表現された。」（三一項）

ここに無条件、無償の福音により罪の赦しが与えられたことが確かめられたのですが、それだから律法はもはや無用のものとされてしまったのではなく、新しい順序、新しい意味合いと位置づけを与えられ、罪人への罪の告発のためではなく、義とされた者にとっての「行動の基準である神の意志」の表現として用いられることを知るのです。別な言い方をすれば、古い「モーセの律法」はその役を終えたけれども、使徒パウロが言う意味での、新しい「キリストの律法」（ガラ六2）が与えられているというふうに理解すれば良いのでしょうか。

救いの確かさ

自分の中にではなく、神の憐れみと約束の中に救いの確かさを与えられているにもかかわらず、依然として人間としての弱さや不安から免れ得ないのが私たちの現実です。しかし、繰り返しますが自分自身の中には救いの確かさはないのです。そのような時に何が助けになるのでしょうか。ここで一致して告白されているのは次のことです。「……**自らの弱さと、信仰のさまざまな脅威にもかかわらず、キリストの死と復活のゆえに、彼らはみ言葉とサクラメントにおける神の恵みの実効的な約束に頼りながら、このようにして、この恵みを確信することができる**」（三四項）。み言葉と目に見えるサクラメント、これによって神の恵みと救いの確かさが繰り返し与えられるのです。

義とされた者が行うよい行い

よい行いについての誤解と論争は絶えることがありません。キリストによってのみ、恵みによってのみ、信仰を通してのみと「ノミ」を強調することと、よい行いの勧めとの関係が曖昧であっては実際のキリスト者の生活に支障をきたします。

「よい行い――信仰と希望と愛におけるキリスト者の生――は、義認に由来し、義認の実である。義とされた者がキリストにあって生き、与えられた恵みによって行為するとき、聖書の言葉を用いれば、『よい実』をもたらすのである。義認のこの結果は、生涯にわたって罪と闘うべきキリスト者にとっては、同時に達成すべき義務でもある。それゆえ、聖書においてイエスも使徒たちも共に、キリスト者に対し愛の行いを実行するよう勧めているのである」（三七項）。

前述の「信仰により、恵みゆえの義認」において、あくまでも義認は恵みによるとの大原則が確認されています。その上で、「キリスト者は実践がないままにとどまることはありえず、そうあってはならない」（二五項）との、また「律法と福音」（三七項）との結びつきで、この三七項でも「よい行いは……義認に由来」することを前提にした上で、よい実をもたらすことは「達成すべき義務」と言い、「愛の行い」の実行が勧められています。しつこいと思えるほどに繰り返される義認の恵みとそれへの応答としての人間の新しい生き方の順序と、よい実を生み出すことの勧めは七つの共通理解の中でも大きな比重を占めています。

三　『共同宣言』の自分自身と他の諸伝統にとっての意義

『共同宣言』から生み出されたもの

ルターが宗教改革の烽火(のろし)を上げてからほぼ五〇〇年を経た一九九九年の、まさに「九五箇条の提題」発表と同じ一〇月三一日に、ルーテル・カトリック両教会の代表によって署名され、神の前で、また全世界に向けて発表された『義認の教理に関する共同宣言』は、おそらく後代のキリスト教史に、宗教改革以来の画期的な世界史的出来事として記録されるでしょう。

エキュメニズムというのはただ単に諸教派が仲良くするというだけではありません。「教理は分裂させるが、奉仕は一致させる」というのもある意味真実ですが、だからと言って肝心な福音理解の違いを棚上げしておくのではなく、地道に真摯に聖書に立ち返りながら、理解の相違を修正していき、多様性を保ちながらも、共に信仰告白をし、共に礼拝を守り、そこで共に聖餐に与かることができるように努めることこそ、真のエキュメニズムであり、ルーテル・カトリックはその最良の手本となりました。

この両者を分裂させていた義認の教理理解についての『共同宣言』があったからこそ、その一四年後、宗教改革五〇〇年記念を前に両教会は『争いから交わりへ――二〇一七年に宗教改革を共同で記念するルーテル教会とカトリック教会――』（二〇一三年）を発表し、過去の反省と将来への協働を約束して、事実二〇一六年にローマ教皇とルーテル世界連盟議長の共同司式で記念礼拝を執り行いました。翌二〇一七年には日本でも日本福音ルーテル教会とローマ・カトリック教会が長崎で共同で平和を目指しての共同礼拝を持つことができました。

五〇〇年前の敵対的な態度を改め、この『共同宣言』において次のように宣言しました。「**一六世紀の教理上の断罪は……この『宣言』において提示されているルーテル諸教会の教えは、トリエント公会議の断罪に当てはまるものではない。『ルーテル教会信条集』における断罪は、この『宣言』の中に提示されたローマ・カトリック教会の教えに当てはまるものではない**」（四一項）。この宣言の意味は限りなく重いのです。

さらに注目すべきは、この『義認の教理に関する共同宣言』はルター派とカトリック教会の二教会間の合意にとどまらず、国際レベルで、あるいは地域レベルで、世界メソジスト協議会、聖公会、改革派・長老派、世界改革派教会共同体などでも承認され、共通の理解が分かち合われることになりました。

改めて福音理解を深める

私は、この『義認の教理に関する共同宣言』は同じキリスト教の諸伝統・教派教会との間の和解と一致のために大きな貢献をしたことだけでなく、もう一つ見落とすことのできない大きな意義があったと思っています。それは私たちがこれこそルター派の福音理解だと信じて疑わなかったものを、カトリック教会との対話を通じて、改めて学び直し、再確認したり、認識を広げたり修正したりすることができたことです。神を、キリストを信じていると言っている自分は何者なのか、自分が信じている福音を改めて言葉にしてみるとそれはどういうものなのかを問い直すときに、この『共同宣言』を学び直すことは何と益することが大きいのでしょうか。

終末における神の国の完成の時まで続くこの世におけるキリスト教会としての「共同の証し・宣教・奉仕の旅」を手を取り合って続けていくことの喜びを噛み締めています。

共に記念するために
――『争いから交わりへ』

一　一冊の書物に凝縮された歴史、相互理解、将来の課題

ルーテル・カトリック両教会の代表が『義認の教理に関する共同宣言』（一九九九年）に署名しそれを公表したからといって、それだけで五世紀近くも分裂状態にあった両教会が共に宗教改革五〇〇年を祝えるかと言えば、そう簡単ではありません。教理上の共通理解だけでなく、互いに自分たちの過去を総括し、現在という時代の見方、そこでの生き方を共有して初めて未来へと共同の歩みを踏み出すことができるのです。二〇一七年に宗教改革五〇〇年の記念すべき年を迎えるにあたって、両教会は『共同宣言』後も熱心にそのための準備作業を積み重ねました。その成果がこの『争いから交わりへ』です。

書名が示すこと

『争いから交わりへ――二〇一七年に宗教改革を共同で記念するルーテル教会とカトリック教会』（一致に関する

ルーテル＝ローマ・カトリック委員会著、二〇一三年。ルーテル／ローマ・カトリック共同委員会訳、二〇一五年）、この書名にはいくつもの鍵が隠されています。

原著ではConflictコンフリクトですが、邦訳作業中は長いこと「対立」と訳してきました。たしかに対立状態でしたが、歴史の現実を正直に見つめて「争い」に直しました。キリスト教二〇〇〇年の歴史の内、西方教会ではこの五〇〇年は分裂状態でした。ただそっぽを向いていたのではなく、争っていました。一七世紀には三〇年戦争と呼ばれる宗教戦争もありました。今でこそ相互非難は収まっていますが、そうは言っても、同じキリスト教会同士なのに二一世紀になった今でも共同で聖餐を祝えないままです。背後には長い不一致と争いの歴史があったのです。

第二に、「交わり」と言いますが、ティーパーティー・エキュメニズム（表向き仲良くすること）では何の役にも立ちません。エキュメニズム（教会一致運動）とは、すべての人が一つとなるように（ヨハ一七21）との主イエスの遺言とも言うべき切なる願いへの真摯な応答なのです。もちろん「一つ」と言っても組織的な統合、合併を目指しているわけではありません。教会ですから「平和のきずなで結ばれて、霊による一致を保つ」（エフェ四3）のです。なぜなら「主は一人、信仰は一つ、洗礼は一つ」（エフェ四5）だからです。しかも、それは霊的な現実でありつつ、なお「見える一致」を目指します。「見える一致」の最も具体的な表れとは、たとえ異なる伝統を持とうとも、互いに信頼し合い「共に祈り、共に賛美し」、つまり「共に礼拝し」、さらにそこで「共に聖餐に与かる」ことです。もちろん「共に宣教し」「共に奉仕し」ながらのことです。今は「見える一致」への長い道程をゆっくりと歩いているところです。

三番目は「共同で記念する」です。昨今は礼拝をすることも「礼拝を祝う」という言い方がよく使われるようになってきました。今回はとくに宗教改革五〇〇年です。「共同で祝う」という言葉が最もふさわしいようですが、両教会はあえて「祝う」という言葉を避けました。なぜでしょう。なぜ「共同で祝う」のではなく「記念する」なのでしょうか。それは、宗教改革で生じた「教会分裂」の過去を単純には祝えないからです。ですから、今こそ深刻な反省、悔い改めに立って、新たな出発を決意するときだとの認識を共有したのです。

変えられない歴史を新たに見直す

実際に起こった出来事、たとえば、カトリック教会によるルターの破門、あるいはルターによるカトリック教会（ローマ教皇）への非難、そのこと自体は事実ですから変えられません。しかし、宗教改革の前史となる中世のことを、長くプロテスタント側がそう捉えていたように、今もあれを完全に暗黒の時代と捉えるか、逆に全面的な光の時代と捉えるのか、これは新しい研究に謙虚に聴いていけば、固定的な理解を変えることができます。ルターと宗教改革とその後の五〇〇年の歴史も、正の遺産ばかりなのか、それとも同時に負の遺産もあったのかという認識も、歴史を見直す作業をすることで、修正することができます。

三二年間の真剣な神学対話の結果、遂に「**義認の教理に関する基本的諸真理についての合意**」がルーテル側とカトリック側の間に存在することと、この合意の光のもとでは、一六世紀に双方からなされた「**教理上の断罪は今日パートナーにはもはや妥当しない**」こととを共に宣言できるようになったのです。だから、両教会はこの教理に関する限り、両者間の相違はもはや教会を分裂させるものではないとの認識を世界に公表する迄になったのです。それが『義認の教理に関する共同宣言』なのです。

このような私たちが継承してきた両教会の歴史を「**新たに見直す**」という作業を「一致に関するルーテル＝ロー

マ・カトリック委員会」は誠実に、謙虚にやってきたのです。その成果が『争いから交わりへ』なのです。

ここがゴールではない

本書は変えられない歴史を新たに見直しただけの、言わば後ろ向きの歴史書にとどまりません。それを踏まえた上で、これから両教会はどう生きていくのかというところに踏み込んでいます。「五つのエキュメニカルな責務」という表題のもとで未来への真摯な取り組みの決意が述べられています。この結論は神学者たちあるいは教会指導者たちだけのものなのか、それにこの私も同意して生きていくのか——、その意味では本書は他でもない、私たち一人ひとりの(ルター派の)キリスト者への問い掛け、あるいは呼び掛けだと言えるでしょう。

歴史的な宗教改革はたしかにあの一五一七年に起こった出来事ですが、本当の宗教改革は終わりなく改革をし続けるものです。二〇一七年の宗教改革は宗教改革五〇〇周年というだけではなく「五〇〇年目の宗教改革」であり、二〇一八年のそれは「五〇一年目の宗教改革」であるはずです。

カトリック教会の光延一郎神父(本書の共訳者)は「教会の一致を再び取り戻すことは、同時に宗教改革を完成させること」(本書所収の解説)と仰っています。宗教改革はあくまでre-formationリ・フォーメーション再形成を目指すものです。しかも、永続的な運動です。ですから、これによって教会に分裂が起こり、しかも固定化したままでいいはずがありません。光延神父の言われる「教会の一致を取り戻すことは、宗教改革を完成させること」という言葉を噛み締めたいものです。そのためにもまずは『争いから交わりへ』を丁寧に学んでいきましょう。

二　興味深い本書の六章から成る構成

本書は六章から構成されています。ルター派の立場からの宗教改革礼賛でもなく、カトリックから見た宗教改革批判でもないことが、その目次からすぐに分かります。「新たな視点」「（両教会の）対話に照らして見た……」「共同の記念」「エキュメニカルな責務」、どれをとってもこれまでになかった斬新さ、本書ならではの貴重な展開です。現状認識、過去の見直しと総括、今後の課題が熱く述べられます。その目次とはこうです。

第一章　エキュメニカルでグローバルな時代に宗教改革を記念する
第二章　マルティン・ルターと宗教改革を見る新たな視点
第三章　ルターの宗教改革とカトリック側からの反応に関する歴史的描写
第四章　ルーテル教会とローマ・カトリック教会の対話に照らして見たマルティン・ルターの神学の主要テーマ
第五章　共同の記念に召されて
第六章　五つのエキュメニカルな責務

三　〈第一章〉今という時代の捉え方

五〇〇年前、いえ一〇〇年前と比べてもこの二一世紀初頭という時代は全く違います。それを本書は二〇世紀の特徴を「**エキュメニカルな時代**」と喝破します。その大きな転換点は、世界教会協議会（ＷＣＣ）の成立（一九四八年）と第二バチカン公会議の開催（一九六二―六五年）です。カトリック教会で一〇〇年ぶりに開かれた第二バチカン公会議で示された教会観は「教会はキリストにおけるいわば秘跡、すなわち神との親密な交わりと全人類一致のしるしであり道具である」（『教会憲章』）であり、それゆえに「人は皆、この唯一のからだに完全に合体しなければならない」（『エキュメニズムに関する教令』）と表明しました。

ルーテル世界連盟（ＬＷＦ）とローマ・カトリック教会（教皇庁キリスト教一致推進評議会）の神学的対話は、エキュメニカルな和解と一致を目指して一九六七年に始まり、着実に成果を上げてきました。その最新のものが本書です。

日本でも一九八四年から両教会の公式の対話が始まり、一九八八年に「洗礼の相互承認」に至り、一九九八年には両教会の委員が分担執筆した原稿を委員会で一字一句検討確認した『カトリックとプロテスタント――どこが同じで、どこが違うか』を出版し、二〇〇四年に『義認の教理に関する共同宣言』の邦訳刊行、その出版の記念礼拝、二〇一四年に聖公会と三者で「『エキュメニズム教令』五〇周年記念合同礼拝」を開催。本書の出版が二〇一五年、そしていよいよ二〇一七年に宗教改革五〇〇年を記念しての合同礼拝が実現する運びとなりました。

両教会は現代を「エキュメニカルな時代」と捉えるだけでなく、「**グローバル化の時代**」「**世俗化の拡大**」「**数多くの宗教が併存する環境**」であるゆえに「**新しい福音宣教の必要性**」「**信仰の共通の証し**」を求めています（4～15項。以下括弧内の数字は項を表わす）。

四　〈第二章〉歴史的な出来事への新たな視点

本書の歴史への基本的な姿勢はこうです。「**過去の出来事は変えることはできないが、過去のことで記憶されていることと、それがどのように想起されるのかは、時間の経過と共に確かに変わることがあり得る**」「**大切なのは、違った歴史を語ることではなく、この歴史を違った仕方で語ることである**」（16）。私たちも宗教改革やその後の分裂の歴史だけでなく、すべからく歴史というものに対してこういう姿勢で臨みたいものです。

宗教改革研究に欠かせない、その背景としての中世についてですが、昨今の「**中世研究がもたらした貢献**」は、私たちが持っている（刷り込まれている）固定観念を覆します。中世とはもはや「**完全な暗黒の時代**」でも「**全面的な光の時代**」とも見られていないと言うのです。「**大きな対立の時代**」であって「**外面的な敬虔さともっと深い内面性の間の対立**」「**業**（わざ）**志向の神学……と、神の恵みへの全面的依存という確信の間の対立**」「**宗教的義務に対する無関心と、……真剣な改革との間の対立**」（19）だったと教えてくれます。

さらに興味深いのは「**二〇世紀のカトリックのルター研究**」です。「**ルターは、完全にはカトリック的とは言えない一つのカトリック主義を自らの中で克服した**」（21）。ルターは「**誠実な宗教的人間**」「**良心的な祈りの人**」（22）、これは画期的なルター理解・評価です。

分裂の公式な宣言書と見られていた『アウグスブルク信仰告白』（一五三〇年）の意図は「**根本的な改革的関心事を表明することだけでなく、教会の一致を保とうとすること**」（23）だと見ることができるようになったのです。

極めて注目すべきことですが「（第二バチカン）**公会議は、ローマ・カトリック教会の外でも、聖化と真理の諸要素があることも承認した**」（27）のです。それとともに「**ルターの改革することへの関心事を尊重**」（28）するとも表明するようになったのです。同時にルーテル側も宗教改革が「**神学的洞察と政治的利害とが複雑に絡み合っていたことを認識**」し、「**自らの伝統の諸側面に対して自己批判的になる**」（31）必要を認めたのです。エキュメニカルな対話というものが上記のような変化を生み出し、あるいは後押しし、その中で営まれるこのような対話は「**キリスト教の真理を共同で探究する**」（34）ことだと確信するに至ったのです。

五　〈第三章〉過去の出来事を想起する共通の道

誰が何をどうしたのか、その意図は何だったのか、その結果はどうなったのか。それについて冷静に、かつ共通の認識を持てるようになったのです。どうしてこの章が必要だったのでしょう。ルーテル教会の人は以下の宗教改革に関する記述はほとんどよく知っていることでしょう。しかし、その次のトリエント公会議については、そういう名前の公会議は聞いたことがあっても、そこで反宗教改革の立場が固められたらしいというくらいの知識しかないでしょう。カトリックの人たちにとってはその逆でしょう。でも、相互理解のためには相手方についてのステレオタイプの批判的、否定的な先入観ではなく、正しい知識が必要です。

宗教改革の展開

狭い意味の「宗教改革」は一五一七年（「九五箇条の提題」）から一五五五年（アウグスブルク和議）までのことですが、しかし、この運動は広く政治、経済、文化と絡まり、ルターの意図をはるかに超えたと言えます。

「贖宥（しょくゆう）」とは「**その罪科がすでに赦されている罪ゆえの有限の罰の免除**」のことだと理解されていました（だから、日本語で免罪符という言い方は正確ではありません）(41)。ルターは「**贖宥の慣行はキリスト教の霊性を破壊していた**」(42) という点を恐れたのでした。ルターは贖宥の効力、ひいては教会の宝の本質を問題視して討論を求めて提題を発表したわけですが、ローマは「**ルターの教えが教会の教理と教皇の権威を傷つけるのではないかと、憂慮した**」(45) のです。彼は審問されることになりました。「**一五一八年一〇月一三日、ルターは厳粛な『プロテスタティオ（抗議）』の中で、自分が聖なるローマ教会と一致しており、自分が間違っていると確信させられない限り、撤回することはできない、と主張した**」(47) のです。

教皇は大勅書『エクススルジェ・ドミネ』でルターを断罪、ルターはそれを焼却。結果、破門の身となりました。教皇は聖書の権威に服従せず、自らを聖書の上に置いたとルターは批判します (53)。さらに、ルターはヴォルムス国会で自説の撤回を拒否。国会は彼を法益被剥奪者に処しました。

彼の福音理解によって生じた変化には、二種陪餐の実施、司祭や修道士の結婚、断食規程の緩み、ときに聖画像や聖遺物への蔑視などがあります。しかし、ルターは幅広い多面的な改革を望みましたけれども、新しい教会を設立しようとは考えてもいなかったのです。すべての受洗者の祭司性（全信徒祭司性）を強調したので、教会改革では信徒の積極的な貢献が起こりました。

改革運動の進展に伴い教会巡察の必要性が生じ、牧師のためのハンドブックも提供されるようになります。聖書を民衆の手に届けるためにまず新約聖書をドイツ語に翻訳し、さらに教理問答を著しました。『小教理問答』は庶民の間で信仰の知識を著しく高めました。賛美歌は信徒の礼拝参与を促進し、またルター派の霊性の中で永続的な役割を果たしたのです。地域教会のための牧師の養成にも力を注ぎました。

宗教的対立の克服に向けた神学的試みとして『アウグスブルク信仰告白』（一五三〇年）がメランヒトンによって起草されましたが、対立は収まりませんでした。シュマルカルデン戦争（一五四六―四七年）が起こり、アウグスブルク和議（一五五五年）により『アウグスブルク信仰告白』に忠実な領邦と都市はカトリックの領邦と並んでドイツ帝国内で存在が公に認められました。君侯と行政官には臣下の宗教を決定する権利が与えられたのです。

相違点を強調したトリエント公会議（一五四五―六三年）

宗教改革という大きな揺さぶりを敬虔したカトリック教会は公会議を開いて、態勢を立て直します。ルター派の「**聖書のみ**」という強烈な主張に対して、トリエント公会議は、福音は「**書かれた書物と書かれざる伝統の中に**」保たれていると主張します（聖書と伝統）。しかし、両者の関係には踏み込んでいないことに注意しましょう（80）。

肝心の「**義認**」に関してですが、ルター派が信仰義認、カトリックは行為義認だと単純化することはできません。カトリックは「**業（わざ）による義認というペラギウスの教理と信仰のみによる義認を共に明確に拒絶する一方で、信仰を第一義的には啓示された教理への同意として理解した**」「**義認の本質は罪の赦しだけではなく、超自然的愛による『内的人間の聖化と刷新』でもある、と宣言した**」（82）。また、「**サクラメント**」については「**公会議はミサの犠牲的性格に対する改革者たちの批判に応えて、ミサは十字架の犠牲を現在化する贖罪の犠牲であると述べた**」（85）。私たちはカトリックの立場をこのように正確には理解していなかったのではないでしょうか。

公会議は「**司牧職の改革**」にも着手して、説教を行うことを要求したと言います。「**神の言葉をいっそう効果的に宣べ伝えることを促進した**」（87）のだそうです。

しかし、明らかなことは、トリエント公会議は「**特定の教理的立場を断罪**」し、その決定は「**第二バチカン公会議に至るまで、カトリックのアイデンティティの形成の基礎となっていた**」（88）ことです。両者の隔たりを克服するためには、やはり大きな努力が必要だったのです。

六　〈第四章〉ルターの神学の四つの主要テーマ
――ルーテル教会とローマ・カトリック教会との対話に照らして

本章の前提として、ルターは中世後期の世界に深く根差していたこと、中世後期の諸神学に対して受容的であると同時に、批判的であり、時にその限界線を越えていたこと、聖書解釈の研究に専心したこと、修道・神秘神学の伝統を受け継いでいたことなどを押さえておく必要があります。この章ではルター神学の中でも主要なテーマを四つに絞ったうえで、ルターの見解、それへのカトリック側の見解、そして五〇〇年を経た現在、両教会がそれぞれの教会の教理を拘束する強さで共通して認めた神学的立場を主に『義認の教理に関する共同宣言』でどこまで歩み寄れたかを三段式で紹介します。

義認

ルターが受けた教え、またそれによって良心の苦悶を経験した中世以来の教えは「**神は、すべてにまさって神を愛する行為を果たすことによって、自分の罪を痛悔する人を赦す**」（102）でした。そうする人、そうできる人に神は恵みと赦しを授けてくださるのです。しかし、それができない人間はどうなるのか。そのような人間には神は赦しの宣言をされます。「**ルターは、神の言葉はそれが語る内容を創造する言葉であり、約束としての性格を持つ言葉である、と理解した**」「**人間は、自分自身から目を離し、神の約束の言葉だけに目を向け、それに全面的に信頼するようにと呼び掛けられている**」「**信仰はわれわれをキリストの約束の中に堅く据えるので、信仰者に完全な救いの確かさを与える**」(103)と確信したのです。「**信仰は、全面的に神の約束に依り頼む**」(104)ことなのです。

ただ、肝心なことは信仰、つまり神の約束に信頼することは「**人間の決断に属することではない**」(105)のです。信仰、信頼を創り出すのは「**聖霊**」なのです。そのことを前提にして、神と人間の関係をこう語ります。「**神ご自身の一方的な働きかけが、人間に対する救いの関係を確立する**」「**恵みの賜物は受けることができるだけ**」「**信仰によってしか受け取ることはできない**」「**救いは恵みのみによって生起する**」(106)。これがルターの主張でした。

人間とキリストの関係をルターは霊的結婚(魂が花嫁、キリストが花婿)のイメージを用いて、「**花婿の財産(義)は、花嫁の財産になり、花嫁の財産(罪)は、花婿の財産になる**」という「**喜ばしい交換**」(107)が罪の赦しと救いだと説明するのです。そのキリストは「**われわれのために**」「**われわれの中に**」信仰において現臨され、われわれは「**キリストのうちに**」存在するとルターは言います(108)。

そのように「**われわれがキリストの義に与かるときに、初めて義となることができる**」(112)と述べた上で、「**義であることと新たにされることとは、密接不可分に結びついている**」(113)と確信しています。両者の関係こそが大きな問題です。

ルターの宗教改革に決定的に対峙(たいじ)したと思われてきたトリエント公会議を見直すと、意外にもこう言明されています。「**一六世紀においてさえ、神の憐れみの必要性と自らの努力では救いを達成することができない人間の無能**

性については、ルーテル側の立場とカトリック側の立場の間には、重要な共通理解があった」(119)。しかし、カトリックは困惑したというのです。なぜなら全面的な恵みのみの主張から「**ルターが自分の行為に対する個々人の責任を否定しているのではないか**」と懸念したからです。トリエント公会議は「**人間の個人的責任と、神の恵みに協力する人間の能力とを強調**」したし、「**義とされた人間は自分の生涯の中で恵みが開花していくプロセスに関与しなければならない**」(120)と主張したのです。カトリックは「**罪の赦しだけでなく、罪人の聖化も強調したいと願っていた**」(121)のでした。

　両教会はずっと対立していたのですが、『共同宣言』では共同して「**われわれの側のいかなる功績によってでもなく、恵みによってのみ**」「**義認は『恵みによってのみ』、信仰を通してのみ起こり、人間は『行いとは無関係に義とされる』**」と宣言したのです。そこを共通して告白しますが、ルーテル側の強調点は恵みのみを強調することで「**人間は義認をただ受け取ることができるのみ**」との立場に固守し、カトリック側は人間が救いに協力すると言って批判されることに対しては「『**協力**』**とは『人格的同意』のこと**」だと理解を求めました(124―128)。

　信仰と行いの統一性についても共通理解を表明しました。「**神の恵みの創造的力**」を確信し、「**神の掟は義とされた者にとって有効性を持ち続ける**」ことに同意し、「**キリストとの交わりの深化という観点からよい行いの価値を認める**」のでした。ですから、ルター派は「**神の恵みの働きは人間の行為を除外しない。神は意欲も達成もすべてを行われて、われわれを動かされる**」(130―134)と承認しています。

　カトリックを戸惑わせた「**義人にして同時に罪人**」というキリスト者理解についても、『共同宣言』では、義とされた人間にもある「**古い人間の自己中心的な欲望による神への対抗心**」(135)を両者共に認めたのです。

争点の一つだった聖餐理解については、「**当時の教理に対するルターの反論は、イエス・キリストの現実の現臨を否定したということではなく、主の晩餐における『変化』をどのように理解するかに関わりがあった**」（142）とし、カトリックの「**実体変化する**」という説に対して、ルターは「**サクラメントにおけるキリストの現実の現臨を強く強調し**」、キリストの体と血とがパンとぶどう酒という形態「**の中に、と共に、のもとに**」現臨していることを主張したのです。その際「**属性の交流**」という説明の仕方を採用しました。

カトリックのミサ理解で犠牲を捧げると言っていたことを批判したルターですが、その真意は「**キリストは主の晩餐においてキリストを受け取る者にご自身をお与えになるが、キリストは賜物として信仰において受けることができるだけで、献げられるのではない**」「**聖餐を犠牲として理解することは、聖餐はわれわれが行い、神に献げるよい行いであることを意味していた**」ということだったと述べます。「**それにもかかわらず、ルターはミサの中に犠牲的要素、すなわち感謝と賛美の犠牲を見ることができた**」（146―148）ことは記憶されていいことです。カトリックとしては「**『実体変化』という概念をルターが拒絶したことは、キリストの現実の現臨の教理がルターの神学の中で完全に肯定されているのかどうかという疑問**」を持ったからだと説明しました（149―151）。

『共同宣言』では、両者の「アナムネーシス」（記憶）概念の回復が共通の聖餐理解への大きな手掛かりになりました。そして両者は共に「**主の晩餐におけるイエス・キリストの現実の現臨を肯定する**」（154）ことと、「**主の晩餐においてイエス・キリストは『われわれの罪のために死なれ、われわれの義認のために復活された十字架の主として、世の罪のための一度限りの犠牲として、現臨される』**」こと、さらに「**主の晩餐は、『十字架の出来事を真に現**

在化する』」こと（157―159）で同意したのです。

職務

ルターによれば、信仰者とキリストの間で起こる「**喜ばしい交換**」により「**信仰者はキリストの属性に与かり、そのことでキリストの祭司としての務めにも与かる**」ことを大前提とした上で、しかし「**すべてのキリスト者が祭司であるのは事実であるが、すべての者が牧師であるわけではない**」（162―163）と認め、「**聖職按手を受けた者の職務は、教会全体のための公の奉仕にある**」のであり「**すべてのキリスト者がお互いに祭司であることができるように、彼らに奉仕している**」「**神が奉仕の職務を定めた**」「**按手は、教会全体の奉仕へと向けられた按手**」（165―167）であると述べています。

中世後期には受洗者全員の尊厳と責任とは適切には強調されていなかったけれども、第二バチカン公会議は「**教導職は神の民としての教会の神学を示し、『キリストのからだの建設に関する、すべての信者に共通の尊厳と働きについては、真実に平等である』と主張した**」（173）のです。ですから「**役務的祭司職**」（聖職者の務め）と合わせて「**受洗者の祭司職**」（全信者の務め）を認めたのです（174）。

そこから本書は職務に関する共通の理解として以下のことを挙げます。「**全受洗者の普遍的祭司性**」をはじめ、按手を伴う職務の「**神的源泉**」「**按手を受けた役務者の根本的務めは福音の宣教**」「**サクラメントの執行に対する責任**」「**（按手）の祈り……は『聖霊と聖霊の賜物を求める嘆願』**」「**より地方的、より地域的**」な職務としての「**エピスコペ**」（監督、司教）、さらには「**教会は、使徒的福音に対する忠実さを根拠に使徒的である**」ことも、職務は

「普遍的教会への奉仕」であること（177―186）等々です。

職務を理解する際の相違も依然残っています。女性の聖職按手の是非もその一つですが（176）、使徒的継承と結び付く**「司教職」**もそうです。司祭の「**サクラメンタルなアイデンティティ**」を強調し、「**特別な方法でキリストの祭司職に参与する者としての司祭**」というカトリックの理解からは「**ルーテル教会の按手はサクラメンタルな徴としての完全性に欠けている**」「**ローマ司教は『教会の上に完全・最高・普遍の権能』を持っている**」（190―192）という見解が現れます。

そうではありますが「**カトリック教会の職務保持者とルーテル教会の職務保持者の務めが、広い範囲で互いに対応していたことも重要な意味がある**」（193）との共通認識に至っています。

聖書と伝統

ルターは「**聖書をその上にあらゆる神学的発言が直接的にあるいは間接的に基づいていなければならない第一原理**」とみなし、聖書を「**その中で神がわれわれを孕み、育み、産み出す神の母体**」と呼び、「**聖書はあらゆる伝統に対立しているわけではなく、いわゆる人間による諸伝承だけに対立していた**」（196―200）と理解していたのです。

それに対してカトリック側は「**教会の体験は、教会生活は聖書だけには還元できない多様な要素によって豊かにされ、規定されているという事実**」があり、トリエント公会議は「**聖書と使徒に由来する書かれざる伝承**」を取り上げたのですが、しかしそれは「**使徒に由来する伝承と、……二次的で可変的な教会の伝承とを区別**」することを要請します。その上で「**聖書の解釈は教会の教導権に導かれねばならない**」（201）と言うのを忘れませんでした。

第二バチカン公会議で「**教会生活における聖書の役割が強く強調**」(204)されたことは特筆されなければならないでしょう。

その結果今や「**ルーテル教会とカトリック教会は聖書と伝統については大幅な一致があるので、相互に違った強調点は、それ自体で現在の教会の分離状態を維持することを要求しない。この領域では、和解された多様性の中に一致が存在している**」(210)との共通理解に立ちました。

教会

教会観に違いがあると思われてきた両教会ですが、ルーテル教会は教会を「**聖徒の集まりであって、その中で福音が純粋に教えられ、聖礼典が正しく執行される**」(『アウグスブルク信仰告白』七条)と定義しました。第二バチカン公会議はまず「**教会はキリストにおけるいわば秘跡、すなわち神との親密な交わりと全人類一致のしるし、道具である**」(『教会憲章』一項)とサクラメント性の枠組みで説明しました(213—214)。

今や両教会はこう言います。「**カトリック教会とルーテル教会は共に、キリストにおいてのみ恵みのみによって授けられ、信仰によって受け取られる救いを証しする。両教会は共に信条を唱え、『一つの・聖なる・普遍の(公同の)・使徒的教会』を告白する。罪人の義認と教会とは根本的信仰箇条である**」(『教会と義認』四項)(216)と。

以上、四つの主要なテーマと教会観についての両教会の現在の理解は、私たちが予想していたよりもはるかに共通点がありました。残る相違点についてはその本意をそれぞれ理解を深めました。

七 〈第五章〉そもそも「共同の記念」の前に必要な備え

教理あるいは神学的立場をめぐっての対話とそこからの共通理解が教会間の和解と一致のために必須であるのは言うまでもありません。しかし、教理上の歩み寄りが教会同士の歩み寄りにとって必要にして十分な条件ではありません。『争いから交わりへ』の第五章には、共同の記念の基礎と備えとして極めて大切なことが挙げられています。これまでの自己の在り方への真摯な反省がなければできないことばかりです。

一致と共同の記念の基礎である洗礼

和解と一致のために刮目（かつもく）しなければならないことの一つに洗礼に関するカトリック教会の次の新しい理解があります。第二バチカン公会議は洗礼を受け、キリストを信じているが、ローマ・カトリック教会に属していない人について「**信仰によって洗礼において義とされ……キリストに合体され、それゆえに正当にキリスト信者の名を受けているのであり、カトリック教会の子らから主における兄弟として当然認められる**」と教えていることです(220)。平たく言えば、これまではカトリック教会以外の教派教会のキリスト信徒を公式には主にある兄弟姉妹と認めていなかった姿勢を大転換するというのです。大きな喜びです。

カトリック教会もルーテル教会も共にキリストの一つの体に属していながら、分離された共同体として五世紀にわたって生きてきた歴史が厳然としてあります。それを克服するためには、両者を「**結び付けているもの**」と「**分離しているもの**」を正しく認識することが必要なのです。ルーテルが宗教改革五〇〇周年を祝おうとするとき、「**神学的な責任を自覚する者は誰であれ、キリスト者相互の分離を祝うことはできない**」(224)のです。

現在のルーテル教会がルターと改革者たちに感謝するのは「**イエス・キリストの福音とイエス・キリストに対する信仰の理解**」のゆえであって、今やそのことの多くを分かち合っていることが明らかになったカトリック教会と「**福音の喜びを共有する**」(225)ことを共に喜びたいのです。これが「結び付けているもの」です。

しかし、同時に、「**ルーテル教会にとってもカトリック教会にとっても、想起されようとしている人物や出来事にある失敗や過ち、罪責と罪に対する痛みを感じる機会ともしなければならない**」(228)という深刻な自己批判的認識に立つようになったのです。

ルーテル教会がこれまであまり触れないできたか、何らかの理由で正当化ないし弁明してきた事柄として四点挙げています。私たちはルーテル教会の人間ですから、229項に記されていることを省略しないで読みましょう。

「**この機会に、ルーテル教会はマルティン・ルターがユダヤ人に対して行った悪質で侮辱的な発言も想起するであろう。ルーテル教会はそうした発言を恥じており、深く嘆いている。ルーテル教会はルーテル教会当局による再洗礼派の迫害と、マルティン・ルターとフィリップ・メランヒトンがこの迫害を神学的に擁護した事実とを深い後悔の念をもって認識するようになった。ルーテル教会は、農民戦争の間にルターが農民に対して行った激しい攻撃**

も嘆かわしくも思っている。ルターと宗教改革の暗部に対する認識は、ルターとヴィッテンベルクの宗教改革に対するルター派神学者たちの批判的態度と自己批判を引き起こしてきた。ルーテル教会は、教皇制に対するルターの批判の一部には同意するが、今日、教皇を反キリストと同一視するルターの姿勢は拒否する」(229)。

ルターの一つひとつの発言には、一六世紀のドイツという歴史的社会的脈絡があり、彼なりの神学的理由はあったことを丁寧に見た上で(それ自体は詳述されていない。総括的には231―232項を参照のこと)、それでもなお、それらを悔い、嘆くと言明しているのです。彼の「福音の再発見」ともろもろの業績を正しく評価するとともに、時代の中での人間としての限界をも認め、私たちのこれからの歩みの糧としなければならないでしょう。

両教会は「**相手を誤解しただけでなく**」「**相違を誇張し**」「**相手を戯画化**」することも多く、「**相手に耳を傾け、相手の関心事を真剣に受け止めようとする意志は不十分**」「**共通に保持しているものを探すことで解決を目指すことよりも、しばしば意図的に対立を煽**(あお)**る**」ことが多く「**偏見と誤解**」が大きな役割を果たしたことを認めています(233)。

その上で、教皇パウロ六世の赦しを求める姿勢や第二バチカン公会議の表明を伝えます。その上で「**一致に反してカトリック教会が犯した罪の告白**」として、カトリック教会の確信は「**使徒からの伝統と教父たちの信仰に忠実に従って、ローマの司教の役務を、また、これによって目に見える一致のしるしと保証を守り伝えているということです。この確信は、他の多くのキリスト者たちには何か納得しがたいことであり、過去のいくつかの苦い思い出もこの人々の心に刻まれています**」と認め、「**こうしたことの原因となっている限りでは、先のパウロ六世とともに、わたしもゆるしを願っています**」とヨハネ・パウロ二世がかつて述べたことを紹介しています(235)。

また「**一致に反してルーテル教会が犯した罪の告白**」として、ルーテル世界連盟は「**ローマ・カトリック教会と**

その神学に対する改革者たちの判断は、論争的歪曲から完全には自由になっておらず、その歪曲は部分的には今日まで存続させられてきた」「**こうした論争的要素がわれわれのローマ・カトリック教会の兄弟たちに与えた躓きや誤解について深い遺憾の念を感じている**」（236）旨を一九七〇年に宣言しました。他のキリスト教の伝統、とりわけ再洗礼派・メノナイトに対しても「**不適切で、誤解を招き、傷つける描写の故に、神とメノナイトの姉妹や兄弟からの赦しをお願いする**」との宣言を再掲しています。

いささか長くなりましたが、この第五章はそれ以外の章より小さい価値を持つのではないことを共々に確認し、これからのエキュメニカルな歩みの基本に据えたいものです。過去は変えられなくても、過去を見る見方は変えることができるのです。

八　〈第六章〉五つのエキュメニカルな責務

上記第一から五章で吟味し、確認したことから共通の認識に立って二〇一七年の宗教改革五〇〇年を共同して記念することができるようになったわけですが、その際に、そしてこれからの歩みを重ねていく上でどうしても堅く決意しておかなければならないことを五点挙げています。もはや解説は不要でしょうから、それら五つの責務を噛み締めながら読んでみたいと思います。できたら第六章全部（238―245）をお読みください。

第一の責務　**カトリック教会とルーテル教会は、相違を見る方が容易く、また相違を経験することの方が容易であっても、共通に保持しているものを強化するために、分裂という視点からではなく、常に一**

致という視点から始めなくてはならない。

第二の責務　ルーテル教会とカトリック教会は、相手との出会いと双方の信仰の証しとによって、絶えず自分自身が変容させられねばならない。

第三の責務　カトリック教会とルーテル教会は、目に見える一致を求め、具体的な歩みの中で目に見える一致が何を意味しているかを共に練り上げ、繰り返しこの目標に向かって前進することに改めて努力しなければならない。

第四の責務　ルーテル教会とカトリック教会は、現代にとってイエス・キリストの福音が持つ力を共に再発見するようにしなければならない。

第五の責務　カトリック教会とルーテル教会は、世に対する宣教と奉仕の中で、神の憐れみを共に証ししなければならない。

九　『争いから交わりへ』が今日の日本のルーテル教会に問いかけるもの

私たちが背負う過去とは

国際レベルでの、高度で精緻な神学的論議を経ての『争いから交わりへ』と共同での記念礼拝の意義はとてつもなく大きいのでしょうが、それが果たしてこの日本で信仰生活を送る私たちにどのような意味と意義があるのでしょうか。そもそも私たちはかつて血で血を洗う宗教戦争をキリスト教の内部でしたことなどありません。激しい神学論議を戦わせて教会が分裂した記憶もあまりありません。確かにそうです。日本にキリスト教をもたらした教会と宣教師たちが背負ってきた、いわば負の遺産をそのまま継承してきただけなのです。

プロテスタントは自分たちの日本での始まりを江戸時代末の宣教師たちの来日に見るでしょうが、教会の外から見れば一五四九年のザビエルの来日と布教の開始こそが日本キリスト教史の起点なのです。ザビエルも切支丹も迫害と隠れキリシタンも知っていても、それを今日の私たちのキリスト教信仰の祖先だと実感として思っているでしょうか。

日本宣教以前のいがみ合った過去とは無関係に、キリスト教の受容には（少なくとも数的に見る限りは）およそ消極的に見えるこの日本で、カトリックもプロテスタントもどちらもごく小さい信仰者の群れである教会として、互いに親しく交わり、助け合い、手を取り合って宣教と奉仕に勤しんできたと言えるでしょうか。日本聖書協会を媒介としてプロテスタント、カトリック双方が協力して一九八七年に『新共同訳聖書』を刊行したことは極めて大きな出来事ですが、もっともっと双方の協力は可能なはずです。

一方でプロテスタントの信徒たちもカトリック信者である遠藤周作の小説のイエス・キリスト理解に大いに影響を受け、カトリックの信者たちもきっとプロテスタントの三浦綾子の描き出す人間と信仰に養われたことでしょう。カトリック信者とプロテスタントの信徒の結婚も少なくはないでしょう。このように実際の生活の上（草の根レベル）での相互乗り入れはかなり進んでいるのです。

だからこそ、教会と教会が公式に相互に認め合い、親しく交わり、助け合うことが可能になるように、地道な神学対話と誠実な協働が求められていて、その最も目に見える証しが、共に奉仕することと同時に、共に礼拝し、そこで共に主の晩餐に与かることなのです。

相手を知ることと自分を知ること

言うまでもなく対話は相手があってのこと。少し興味関心のある相手と顔と顔とを会わせ、言葉を交わしていく中で、外見だけでは分からない相手の人となりや背景を知るようになり、親しみは増し、共に行動することへと進み、さらにそれぞれが最も大事にしている信仰についても分かち合い、いつしか一緒に祈ったり賛美したりしながら、共に礼拝し共に信仰告白していくようになるでしょう。先入観はなくなっていき、力を合わせて宣教や奉仕が展開されていきます。それが世界で起こっている宗教間対話の成果です。各地で開かれている朝祷会もテゼーの賛美と祈りの会もそうですし、キリスト教ラジオ放送ＦＥＢＣの出演者も実にエキュメニカルです。

でも、対話によって開けてくるのは相手について知ることばかりではありません。実はこれまた大切なことですが、対話を通して自分自身と自分が奉じているキリスト信仰をよりよく見直し、再確認したり微調整したりする貴重な機会となるのです。

恵みのみの信仰義認論は繰り返し聞いてきたことでしょうが、福音あるいは罪の赦しとよい行い、隣人への愛の奉仕と広く社会（世界）への正義と公平と慈しみのための働きの関係を学び直すチャンスです。私たちが思っている以上にルターの視野は広く、関心は多岐にわたっていて、なおかつそれらは聖書的・神学的に裏打ちされています。自然や環境にも、社会や政治にも信仰者であるが故に関心と責任を感じているのです。

当初はサクラメントにも含めていたほどの悔い改めの重要性、カトリック教会の伝統の典礼の美しさや霊性の豊かさもルーテル教会も継承していいのです。

全信徒祭司性をルター派の専売特許と思っていたかも知れませんが、いつの間にか単なるスローガンになっていませんか。今や信徒使徒職の訴え方や養成の努力はカトリックの方が強くなってはいないでしょうか。

異なる伝統の教会との対話を、自分自身の伝統を見直す機会また再確認や微調整の機会としたいものです。

今、この日本で福音を聴き直す

ルターの宗教改革は、それまで一五〇〇年も続いてきたキリスト教を彼が生きていた一六世紀のドイツという時代と社会の中で福音を聴き直そうとする試みでした。自分自身のためであり、同時代を生きる自分の同胞たちのためでした。聖書は後生大事にしまっておかれるべき聖なる古文書ではなく、今ここでこの私（たち）に向けてそれを通して神が語りかける神の言葉なのです。ひたむきにみ言葉に聴くこと、説教を通して、また仲間たちと共にあるいは自室で一人で、み言葉に聴くことに励みましょう。

あの宗教改革から五〇〇年経た今の時代を『争いから交わりへ』では「エキュメニカルでグローバルな時代」と捉えました。まさにそのとおりです。同時に、私（たち）は二一世紀初頭の日本という「今ここで」をどう捉えているでしょうか。ＧＤＰでは世界第三位かもしれないけれども、子どもたちの七人に一人は「貧困」、世界有数の高齢社会での高齢者の「孤独」、障がい者だけでなくだれでもが評価の基準とされるところの、存在そのものというよりも「生産性」という価値観、依然としてなんらかの線引きで内と外を区別しては異なる存在を「差別・排除」しようとする心性、その中で生きていく自然や環境を「破壊しようとする力」、それらによって醸し出されている漠然とした現在と将来への「不安」……私（たち）と同胞はこれらの生を脅かすもろもろの力のもとで生きています。それが現代です。その人々にとっての生きる力と喜びと希望とはいったい何なのでしょうか。それらに対してキリスト教が伝えようとする福音はどう関わり、どう役に立つのでしょうか。

宗教改革とは、そのような今生きて働き語りかける神の言葉の探究の営みであり、福音の神髄の再解釈の努力であり、そのような務めを託された教会の在り方の変革と再形成の運動なのです。ルター以来の連綿と続けられてきたこの精神運動は、今や大切なパートナーを回復してきたのです。だから、五〇〇年前にドイツで行われたように、いえ、それよりももっと力強く、もっと入念に現代日本でなされなければなりません。苦しみ悩む人々に寄り添い、耳を傾けながら、ともどもに神の言葉を新たに聴き、聖霊に導かれながら、与えられたその言葉を、いのちの糧を求めている人々と分かち合っていきましょう。そうすることで私たちなりの五〇〇年目の宗教改革を生きていきましょう。

参考文献

ルターの著作と基本文献

『ルター著作集』第一集第二、五、六、八巻、第二集第八巻、徳善義和他訳、聖文舎、一九六三〜一九九二年。

『ルター著作集』第二集第九巻、徳善義和訳、リトン、二〇〇五年。

『ルター著作選集』ルーテル学院大学・日本ルーテル神学校ルター研究所編、教文館、二〇〇五年。

『宗教改革著作集』第三巻、徳善義和・俊野文雄・三浦謙訳、教文館、一九八三年。

『ルーテル教会信条集〈一致信条書〉』信条集専門委員会訳、聖文舎、一九八二年。

『ルターと宗教改革事典』日本ルーテル神学大学ルター研究所編、教文館、一九九五年。

徳善義和編著『マルティン・ルター――原典による信仰と思想』リトン、二〇〇四年。

徳善義和『キリスト者の自由――訳と注解』教文館、二〇一一年（『キリスト者の自由　全訳と吟味―自由と愛に生きる―』新地書房、一九八五年）。

徳善義和『ルターと賛美歌』日本キリスト教団出版局、二〇一七年。

徳善義和『マルチン・ルター――生涯と信仰』教文館、二〇〇七年。

『教会讃美歌』日本福音ルーテル教会讃美歌委員会編、日本福音ルーテル教会、一九七四年初版、二〇〇〇年部分改訂。

『讃美歌21』日本基督教団讃美歌委員会編、日本基督教団出版局、一九九九年。

ルター『エンキリディオン小教理問答』ルター研究所訳、リトン、二〇一四年。

メランヒトン『アウグスブルク信仰告白』ルター研究所訳、リトン、二〇一五年。

ルター研究所編訳『「キリスト者の自由」を読む』リトン、二〇一六年。

ローマ・カトリック教会／ルーテル世界連盟『義認の教理に関する共同宣言』ルーテル／ローマ・カトリック共同委員会訳、教文館、二〇〇四年。

一致に関するルーテル＝ローマ・カトリック委員会『争いから交わりへ――二〇一七年に宗教改革を共同で記念するルーテル教会とカトリック教会』ルーテル／ローマ・カトリック共同委員会訳、教文館、二〇一五年。

その他の参考文献

皆川達夫監修『ＣＤで聴くキリスト教音楽の歴史　各曲解説・歌詞対訳Ｉ』日本キリスト教団出版局、二〇〇一年。

雨宮栄一『ユダヤ人虐殺とドイツの教会』教文館、一九八七年。

雨宮栄一・森岡巌編『罪責を担う教会の使命』新教出版社、一九八七年。

石居正己「ルターにおけるユダヤ人問題」『ルター研究』第三巻、一九八七年。

E・ベートゲ編『ボンヘッファー獄中書簡集』村上伸訳、新教出版社、一九八八年。

Eric W. Gritsch and Marc H. Tanenbaum, *Luther and the Jews*, Lutheran Council in the USA, 1983.

Lectures on Genesis Chapters 1-5, Luther's Works Vol.1, Concordia Publishing House, 1958'

The Book of Concord: The Confessions of the Evangelical Lutheran Church, eds. by Robert Kolb and Timothy J. Wengert, Fortress Press, 2000.

Historical Dictionary of Lutheranism, eds by Günther Gassmann with Duane H. Larson and Mark W. Oldenburg, The Scarecrow Press, 2001.

ルターの著作および研究書は邦文だけでも膨大な量にのぼり、その中で参照したものは少なくないが、ここに挙げているものは本書の中で直接言及したり引用した文献に限定した。

初出一覧

ルターにとっての福音の喜び

上智大学神学部夏期神学講習会（二〇一五年）、片山はるひ・高山貞実編著『福音の喜び――人々の中へ、人々と共に』（日本キリスト教団出版局、二〇一六年）所収

五〇〇年目の宗教改革　争いから和解と一致へ

日本キリスト教団西東京教区全体研修会（二〇一七年）、『ミニストリー』三三号（キリスト新聞社、二〇一七年）所収

宗教改革の精神と現代日本人の心

日本エキュメニカル協会講演と音楽の集い（二〇一七年）、『エキュメニカル情報』三六号（二〇一八年）所収

Doing ではなく、Being で――宗教改革の精神が現代に語り掛けること

聖学院大学創立記念講演会（二〇一七年）、『キリスト教と諸学』三二号（二〇一九年）所収

義人にして、同時に罪人

上智大学神学部夏期神学講習会（一九九四年）、岩島忠彦・井上英治編著『罪と恵み――神の前に立つ人間』

初出一覧

（サンパウロ、一九九六年）所収

福音に聴き、福音を証しする教会

日本福音ルーテル教会東海教区伝道セミナー（二〇一七年）、『福音に生き、福音を伝える教会』（日本福音ルーテル教会東海教区宣教部、二〇一七年）所収

ルター派教会、その歴史と特徴　書き下ろし

賜物と課題としての全信徒祭司性

『福音と世界』（二〇一七年一月号）、新教コイノニア『宗教改革と現代』（新教出版社、二〇一七年）所収

「キリスト者の自由」と自己実現

ルーテル学院大学・神学校一日神学校（二〇一七年）

愛の奉仕

ルター研究所編著『「キリスト者の自由」を読む』（リトン、二〇一六年）所収

礼拝に表されたルターの思い（初出題「ルターの思いを形にして――礼拝の心を表す式文」『礼拝と音楽』一〇一号（日本キリスト教団出版局、一九九九年）所収

ルターの礼拝改革と賛美歌

キリスト教音楽講習会（二〇一七年）

神の創造と人間の責任

ルター研究所秋の公開講演会（二〇一二年）

ルターの負の遺産――ユダヤ人との関わりで
日本福音ルーテル教会東海地域教師退修会（二〇一七年）

二枚の石の板と一つの御心――十戒　書き下ろし

「我信ズ」の心――使徒信条
日本福音ルーテル三鷹教会礼拝（二〇一五年）

「天にましますわれらの父」に地上から祈る――主の祈り　書き下ろし

福音的、公同的な信仰告白――アウグスブルク信仰告白
日本福音ルーテル教会九州教区九州セミナリオ（二〇一五年）

われわれは共にこう告白する――『義認の教理に関する共同宣言』
日本福音ルーテル教会西教区関西地区一日修養会（二〇一六年）

共に記念するために――『争いから交わりへ』
日本福音ルーテル教会西教区関西地区一日修養会（二〇一六年）

題名および文章を一部改題したり加除訂正をしている。

あとがき

ぎっしり詰まったファイルや箱を開けて説教原稿また講演原稿やレジメ、印刷された論稿の抜き刷りを読み返しているうちに出版を思い立ち、本書の構想を練り、原稿の取捨選択、加除訂正を行いながら半年以上を費やして準備を進めました。退職し時間も出来、幸い体調もよくなってきた二〇二〇年の前半のことでした。諸般の事情で出版は二〇二一年のイースターの頃となりました。

二〇一七年はルターの宗教改革五〇〇年を記念する年でした。もちろんルター派教会にとってはことのほかそうでした。これはプロテスタント教会、いえ、今ではキリスト教界全体にとって大きな意味のある年でした。

ルーテル教会では、洗礼準備の際はルターの『小教理問答』で信仰を学びます。主日ごとにルター派の伝統に則った礼拝式文を用いた礼拝に参加します。ルター派の神学によって訓練を受けた牧師からみ言葉の説き明かしを聴き、聖礼典に与かり、ルター派の霊性を湛えた賛美歌を歌います。こうして、いちいちルターの名前を口に出さなくても、ルターの信仰と神学を媒介にしてキリスト教を学び、信仰を育まれ、キリストに従う生き方へと導かれるのです。私もまた生まれてこの方そのようにして育てられてきました。

五〇〇年記念は改めてルターを学ぶ機会でした。私もさまざまな機会にルターと宗教改革について語り、執筆しました。そうは言っても、文章（テキスト）はそれが置かれた文脈・脈絡・背景（コンテキスト）の中で読まれ解釈されなければなりません。今日はルターの時代から五世紀も経っています。中世末期のドイツではなく、ポストモダンと呼ばれる二一世紀の日本です。宗教事情だけでなく、政治体制、社会構造、経済の仕組みと規模、医学を含めた科学技術、また人々の考え方や価値観も驚異的に変化し、その変容過程はさらに進行中です。

そのような新しい状況の中でルターの著作も読み直されなければなりません。しかし、幸いにも、ルターはものごとを「根源的に」考える人でした。それは、ものごとを「神の前で」突き詰めて考えたからです。五世紀に及ぶ変化が起こっていても、現代のもろもろの新しい課題を考え、取り組んで生きるために不可欠な視点を彼は示してくれていると実感しています。

また、彼は、時代がいくら変わろうとも変わらない人間の「根本的な」問題、つまり「神の前での罪とそれからの救い」の問題、「罪人の赦しと新しいいのちの賦与」という福音の証示をしてくれていると確信しています。一七歳の時から今に至るまで私自身は折に触れ峻厳なる神の前での自分の弱さと破れ、罪を思い知らされ、そのたびに自己免許の義認（安価な恵み）ではなく悔い改めと「恵みのみによる義認」と新生への押し出し（高価な恵み）をルターから指し示されました。イエス・キリストに発し、使徒パウロから改革者ルターへと継承されてきた福音理解は今も変わらず生きて働いています。

神学生として五年、留学で四年の神学の研鑽の時が与えられ、按手を受け引退するまでの四二年間日本福音ルーテル教会の牧師としての務めを託され、そのうち三四年間半をルーテル学院大学・日本ルーテル神学校での働きに用いられました。この間、ルーテル学院で教職員仲間と共に教育に従事し学生たちと共に学びました。併せて全国の教会で説教と講演の奉仕をし、多くの熱心な信徒と教職の方々との主に在る交わりをいただきました。教派を超えて様々な団体や大学での出会いがあり、国内外での研究発表の機会もありました。分に過ぎた恵まれた半生でした。その集約のひとつとして、また感謝のしるしとして『ルターの心を生きる』と題した本書を上梓できることをうれしく思います。ルターの信仰と神学を学び直すために少しでもお役に立てれば幸甚です。

お礼を申し上げるべき方々は枚挙に暇がありません。しかし、今回はその代表として、私に神学の手ほどきをしてくださり、牧師また教員になった後も教会と大学・神学校内外でのさまざまなお働きに加えてくださり、信仰と学問と人生の大先達として不肖の弟子を今日までお導きくださった恩師であり、ルター研究の第一人者である徳善義和先生に、まことにささやかな本書を心からの感謝をこめて献呈いたしたく存じます。米寿を超えてもなお健やかにお過ごしくださるように祈ります。

ルーテル学院大学図書館のスタッフの方々には資料の収集でお世話になりました。

出版のための一切の労を例によって丁寧に取ってくださったリトンの大石昌孝氏に感謝します。

「あなたがたには自分の命がどうなるか、明日のことは分からないのです」。その通りです。しかし、いえ、だからこそ「あなたがたは、『主の御心であれば、生き永らえて、あのことやこのことをしよう』と言うべきです」(ヤコ四14、15)との聖書の一節を噛み締めながら、これからの日々を送っていけるよう願っています。

二〇二一年一月

横浜の寓居にて、

江藤　直純

著者紹介

江藤直純（えとう　なおずみ）

1948年熊本市生まれ。
一橋大学社会学部、日本ルーテル神学大学（現ルーテル学院大学）、日本ルーテル神学校卒業。立教大学大学院修士課程修了。シカゴルーテル神学校大学院博士課程修了（神学博士 Th.D.）。
日本福音ルーテル教会教職授任按手礼（1976年）。大江教会（1976-79年）・三鷹教会（1985-88年）牧師。ルーテル学院大学・日本ルーテル神学校へ出向（1983-2018年。2002年から神学校長、2014年から大学学長）。現在は日本福音ルーテル教会引退教師。

共著『カトリックとプロテスタント』（教文館、1998年）、共編著『社会福祉と聖書』（リトン、1998年）、共著『信徒として生きる』『宣教と奉仕の理論と実際』『神の民の歩み』『人生6合目からの歩み』（日本福音ルーテル教会、2004〜2012年）、共訳書に『義認の教理に関する共同宣言』（教文館、2004年）、『争いから交わりへ』（教文館、2015年）、他。
論文 “Bonhoeffer's Idea of Religion”（シカゴルーテル神学校、1984年）、「ボンヘッファーにおける『苦しみ給う神』―ルターとの関わりで」（『ルター研究』2巻、1986年）、「神の民としての信徒論」（『ルーテル学院大学・日本ルーテル神学校研究紀要』30号、1996年）、「ルターにおける社会悪の理解」（『ルター研究』8巻、2002年）、「キリスト教的人間観と福祉教育」（『キリスト教社会福祉研究』37号、2004年）、「告解と赦しと和解の神学試論―ボンヘッファーに学びつつ」（『聖学院大学総合研究所紀要』63号、2017年）、「徹底して受動的、徹底して能動的―『キリスト者の自由』の使信とその問い掛け」（『ルターと宗教改革』7号、2017年）他多数。

ルターの心を生きる

発行日　2021年3月31日

著　者　江藤直純
発行者　大石昌孝
発行所　有限会社リトン
101-0061　東京都千代田区神田三崎町2-9-5-402
TEL 03-3238-7678 FAX 03-3238-7638
印刷所　株式会社 TOP印刷

ISBN978-4-86376-086-8